城市记忆

书写上海城市更新实践

URBAN MEMORIES
Practices of Urban Regeneration in Shanghai

俞斯佳 主编

同济大学出版社·上海
TONGJI UNIVERSITY PRESS·SHANGHAI

《城市记忆：书写上海城市更新实践》
编委会

主　编：	俞斯佳
指导单位：	上海市城市规划行业协会
	上海市城市规划学会
	上海市建筑学会
编写单位：	上海现代城市更新研究院
	上海市国际股权投资基金协会
	上海市建纬律师事务所
	仲量联行
总顾问：	毛佳樑　伍　江
学术顾问：	王伟强　庄　巍　李孔三　伍彦心　沈晓明　宋仲春　张　松
	郁敏珺　郑岳肖　俞　进　俞　挺　徐岱雄　席闻雷　奚荣庆
	黄　岩　薛理勇
编　委：	孙嘉琳　凤晓龙　李华治　朱琳祎　张雨放　周　晔
编写人员：	王　文　韦思彤　白若凌　宁雪婷　许志成　宋　倩　肖艺蕾
	张业海　吴志武　邹　翙　沈　蕊　陈媛媛　罗　鸣　罗凯中
	郑　爽　俞清蘅　宣兆广　骆　旸　韩　璐　遆羽静　潘　理

鸣谢： 上海市城市更新及其空间优化技术重点实验室　　恒基兆业地产有限公司
上海市城市更新开拓者联盟　　中国建筑第八工程局有限公司
上海市长宁区规划和自然资源局　　上海中建东孚投资发展有限公司
上海市长宁区建设和管理委员会　　上海重固投资发展有限公司
上海市静安区规划和自然资源局　　上海同济城市规划设计研究院有限公司
上海市徐汇区文化和旅游局　　同济大学建筑设计研究院
上海市徐汇区规划和自然资源局　　华建集团华东建筑设计研究院有限公司
上海市徐汇区建设和管理委员会　　华建集团历史建筑保护设计院
上海市建筑学会城市更新专业委员会　　上海营邑城市规划设计股份有限公司
徐家汇书院　　上海水石建筑规划设计股份有限公司
上海市徐汇区人民政府天平路街道办事处　　上海翡世景观设计咨询有限公司
上海市杨浦区人民政府五角场街道办事处　　同济原作设计工作室
上海光明食品国际有限公司　　阿科米星建筑设计事务所
上海实业（集团）有限公司　　刘宇扬建筑事务所
上海地产投资发展有限公司　　上海章明建筑设计事务所
上海城投置地（集团）有限公司　　Wutopia lab
上海市北高新（集团）有限公司　　COLORFULL昱景设计
上海杨浦滨江投资开发有限公司　　Lab D+H景观与城市设计实验室
上海静安置业（集团）有限公司　　GVL怡境国际设计集团
上海徐家汇商城（集团）有限公司　　四叶草堂
上海外滩投资开发（集团）有限公司　　SASAKI事务所
上海外滩老建筑投资发展有限公司　　BDP建筑事务所
上海苏河湾（集团）有限公司　　HDR建筑事务所
上海露香园建设发展有限公司　　ARQ建筑事务所
上海杨树浦发电厂有限公司　　David Chipperfield建筑事务所
华润置地有限公司　　AS+P建筑事务所
信德集团有限公司　　隈研吾建筑都市设计事务所
旭辉集团股份有限公司　　让·努维尔建筑事务所
上海宝华企业集团有限公司　　奥雅纳工程咨询有限公司
光大安石投资（咨询）有限公司　　法国JFA建筑事务所
上海洛克菲勒集团外滩源综合开发有限公司　　Kokaistudios事务所
百仕达控股有限公司　　建斐建筑咨询有限公司
上海锦和商业经营管理股份有限公司

序 言

推进城市更新
留住城市记忆

毛佳樑
上海市城市规划行业协会 首席专家

上海是一座充满历史气息、生机蓬勃的国际大都市,更是一座承载着温情和记忆的人民城市。在新时代、新发展的大背景下,我们在城乡建设和城市更新中,如何保留历史与记忆是一个值得深入思考的课题。

城市记忆是一种理性和感性相融合的群体性记忆,反映了一座城市深厚的历史文化底蕴和独特的地域特色风貌。想要留下城市记忆,除了做好城市更新的"形",更关键的是要体现城市更新的"神"。

在工作思路上,推动城市更新需要妥善处理好3个方面的关系:一是城市发展与风貌保护的关系,两者相辅相成,并不矛盾。打好城区"留改拆"的组合拳,做好风貌保护的同时不断提升城市功能、推动产业转型、促进城乡发展,可以更好地保留城市记忆。二是成片更新与零星更新的关系,成片更新是大方向,零星更新可因地制宜,调动社会各方积极性,有利于解决生产、生活中的具体问题。在"上海2035"和各区总规的指引下,城市更新过程中可以将零星与片区统筹,做好更新设计的实施方案,既能有效地解决居民急难愁盼的问题,也能挖掘闲置资源并将之转型为高效利用的功能性设施或服务。要先易后难、点面统筹、远近结合、上下联动,积小胜为大胜,做到"面上守得住,点上有突破"。三是用情、用心和用力的关系,我们大家对上海这座城市充满了感情,在保护更新工作中应深入分析问题,合力解决困难,为更新工作做好积极探索。

在运作机制上,要通过创新实践加强更新行动计划的系统性和可操作性。历届市委、市政府领导对城市更新工作高度重视,各区领导也非常支持,广大规划工作者全身心投入,城市更新工作取得了阶段性成果。2021年8月25日,上海市第十五届人民代表大会常务委员会颁布了《上海市城市更新条例》;2022年11月,上海市规划和自然资源局等四部门联合印发了《上海市城市更新指引》。面对新形势、新要求,城市更新工作更需要进一步落实新理念、新机制,在实际项目研究和实施中探索多种路径,在政策层面需要有所突破,在管理层面需要更加精细的协同,关注所涉及的政策、规划、产权、资金、运营等难点、痛点,提升精细化管理水平,形成政府协调推进、市场积极投入、各方主动参与的新格局。

本书通过"城市记忆"的视角来观察城市更新工作的发展进程,是一次很有益的尝试,是对近年来城市更新实践的一次梳理和回顾。相关专家也提出了许多有益的观点和建议,值得城市更新中管理者和参与者更多地讨论和思考。

城市更新应该坚持"以人民为中心"的目标导向。"人民城市人民建,人民城市为人民",通过城市更新推动高质量发展。同时,也要以问题为导向,改善区域的生产、生活、生态的环境,让人民群众有更多的获得感和安全感。让我们大家共同努力,一步一个脚印,把城市更新工作做好,推进上海城市建设和管理工作的可持续发展。

目 录

线上资源
扫码获取更多资源

序言　推进城市更新　留住城市记忆

01 城市记忆与城市更新

从"千城一面"到"城市记忆"	2
城市记忆的内涵与价值	6
上海城市记忆调查	9
"城市记忆"城市更新的使命	18
"城市更新"城市记忆的延续	20

02 城市更新大家谈

城市有机更新的温度（伍江）	24
城市记忆与烟火气（薛理勇）	28
历史建筑保护与城市更新（李孔三）	34
从生活出发的城市更新（俞挺）	38
社区更新的实践与思考（王伟强）	44
15分钟社区生活圈打造（俞进）	50
工业遗产的保护与更新（张松）	56
影像记录上海城市空间变迁（席闻雷）	60
历史文脉与生活和谐相融（沈晓明）	66

03 上海城市更新实践

历史沿革　五个阶段	72	光明东滩源	98
更新对象　四种类型	73	不锈钢地区城市更新	100
城市温度	74		
黄浦江两岸公共开放空间	76	**商圈焕活**	104
苏州河两岸公共空间	80	张园保护性综合开发	106
徐汇跑道公园	84	徐家汇T20大厦	110
"上海低线公园"		南京东路世茂广场	113
——苏州河中环桥下空间	86	锦沧文华广场	116
		黄浦区160街坊保护性综合改造	118
园区赋能	88		
静安区中环两翼产业用地区域更新研究	90	黄浦区179街坊保护性综合改造	120
杨树浦电厂	92	锦和越界陕康里	122
绿之丘	95	恒基·旭辉天地	124

裕通面粉厂宿舍旧址改造	128	创智农园	144
苏河湾万象天地	130	永嘉路口袋公园	146
洛克·外滩源	132	徐汇区天平路街道建新社区综合更新	148
社区营造	**136**	"漫步番禺"街区更新	152
曹杨新村更新	138	青浦章堰村	156
长白社区228街坊更新	142	老城厢露香园片区改造	158

04 城市更新多元主体

城市更新中的各类主体分析	164
城投企业如何参与城市更新？	170
国资企业更新实践：长阳创谷 工业老厂蜕变世界级科创园区	176
国有投资机构更新实践：TOD驱动城市发展 上海第一座不停运地铁站改造始末	180
地产投资机构更新实践：城市更新"商管+资管"模式如何打造？	183

05 城市更新永续运营

七大核心驱动要素，助力城市更新运营价值提升	190
运营要素一　构建产业生态	192
运营要素二　赋新城市文脉	196
运营要素三　秉承绿色发展	198
运营要素四　整合交通价值	202
运营要素五　发力智慧更新	206
运营要素六　激活城市空间	208
运营要素七　化解社区矛盾	216

06 附录

国内城市更新实践	**222**	上海城市更新法规政策演变	248
南京石榴新村	223	《上海市城市更新条例》解读	252
深圳南头古城双年展展场	226	上海城市更新实施流程	254
南京小西湖街区保护与再生	228	2022—2023年长三角三省一市城市更新法规政策述评	258
北京西城区菜市口西片老城保护和城市更新	230	上海城市更新政策"进化"：上海城市更新方式探索与变迁	263
重庆红育坡老旧小区改造	232	上海城市更新的"羽化成蝶"：更新规则体系的建立与操作系统革迁	268
杭州浙工新村危旧房有机更新	234		
城市更新政策解读	**236**	**参考文献**	**270**
国家层面城市更新法规政策	237		
长三角城市更新法规政策	239		
上海城市更新法规政策	244		

后记　有温度的城市更新	**278**

外滩"铛铛铛"的钟声回荡耳旁，小马路昏黄的路灯将梧桐投影在墙上，谁家在烧晚饭，传出一阵阵肉香……当我们提起一座城市时，我们会想起什么？在长期从事上海城市更新实践的过程中，我们关注到"城市记忆"这个与空间、历史、人文息息相关的话题。在一幢幢高楼拔地而起的同时，我们的城市面貌是不是越来越模糊了？那些温情脉脉的城市记忆，又散落在什么地方？带着这样的疑问和好奇，我们展开了问卷调查，将人们脑海中对上海的城市记忆与城市空间对应起来，探求城市记忆的内涵与价值，观察城市有机生命体更新的种种轨迹，进而思考我们需要什么样的城市，我们该如何让城市更美好。

01

城市记忆与
城市更新

城市记忆的内涵与价值

一个地方的特征是由发生在那里的事件所赋予的。……是这些**时刻的活动，参与其中的人，以及特殊的情境**，给我们的生活留下了记忆。

——C. 亚历山大 《建筑的永恒之道》

历史遗留的地方空间对于地域文化认同的建构有非常大的贡献，因此主张通过研究碎片化的**记忆场所**来拯救残存的**民族记忆**与**集体记忆**，找回群体的认同感与归属感。

——皮埃尔·诺哈 《新史学》

对一座城市历史的记忆是一种集体记忆，虽然历史记忆只是个人的印象，但是每个人的记忆参照物都是固定的，其中包括各种**建筑、街道、河流**等物化的因素和**语言、风俗**等非物化因素，这些都能引起人们在感情上的共鸣，它们是城市历史记忆的载体，为城市居民所共有。

——阿尔多·罗西 《城市建筑学》

"**城市记忆**"是城市形成、变迁和发展中具有保存价值的历史记录。

——王军 《城市记忆·西安30年》

建筑的新时间因此就是**记忆**的新时间。它取代了历史。……随着记忆的引入，物体既**表现了自身**，又带有以往**自身的记忆**。

——彼得·艾森曼 《记忆之屋：类比的文字》

城市，它是一种**心理状态**，是各种礼俗和传统构成的整体，是这些礼俗中所包含，并随传统而流传的那些统一**思想**和**感情**所构成的整体。……城市已同其居民们的各种重要活动密切地联系在一起，它是自然的产物，尤其是人类属性的产物。

——R.E. 帕克 《城市社会学》

我们一般认为记忆是属于个体官能。不过，有些思想家一致认为，存在着这样一种东西，它叫作**集体记忆**或者**社会记忆**。

——保罗·康纳顿 《社会如何记忆》

唤起**记忆**，即唤起**责任**。缺少一项，怎么思考另一项？

——德里达 《多义的记忆——为保罗·德曼而作》

城市是一本打开的书，从中可以看到它的抱负。让我看看你的城市，就能说出这个城市的居民在**文化**上追求的是什么。

——伊罗·沙里宁 《城市的形象》

组成城市的是**空间面积**与**历史事件**之间的联系。

——伊塔洛·卡尔维诺 《看不见的城市》

城市和人一样，也有记忆，因为它有完整的生命历史。从胚胎、童年、兴旺的青年到成熟的今天——这个丰富、多磨而独特的过程全都默默地**记忆**在它巨大的**城市肌理**中。

——冯骥才 《城市为什么需要记忆》

只有当所有人都是城市的**创造者**时，城市才有可能为所有人都提供一些东西。

——简·雅各布斯 《美国大城市的死与生》

存在着一个所谓的**集体记忆**与记忆的**社会框架**，从而我们的**个体思想**将自身置于这些框架之内，并汇入能够进行回忆的记忆中去。

——莫里斯·哈布瓦赫 《论集体记忆》

我们并不是像看照片或幻灯片那样地看待环境。……我们融入其中，并以这样的方式参与进去：以所有的**感官**，并以不同的方式——即作为个人、作为种族的、社会的或文化的一员。

——阿摩斯·拉普卜特 《建成环境的意义》

城市在建构日常生活的方式和文化体验，以及在其空间内建立和消解**集体与个人**的意义并形成身份认同方面，都发挥了关键的作用。

——德波拉·史蒂文森 《城市与城市文化》

城市是靠**记忆**而存在的。

——刘易斯·芒福德 《城市发展史》

上海作为历史文化与现代文明融合的国际化大都市，拥有丰富多元的城市记忆。2023年，我们开展开放式问卷调查，以长期居住在上海的受访者为主，覆盖了从"50后"至"00后"的全年龄段人群。统计数据涵盖商业商圈、旅游景点、娱乐场所、交通枢纽、美食记忆、城市印象等多种类型。调查结果显示，人们对于上海的印象与记忆几乎覆盖了全市各大区域，中央活动区、五大新城及其他各区镇皆有提及。

受访者长期居住/工作地主要集中于上海主城区，在浦东新区的受访者占最大比例，居住或工作于徐汇区、闵行区的受访者比例占比紧随其后。

扫描二维码，填写调查问卷，告诉我们您的"上海城市记忆"。

上海城市记忆调查

上海城市记忆热力图

01 城市记忆与城市更新

对上海中心城区的城市记忆调查显示，主要被提及的区域包括衡复风貌区、外滩区域和南京路步行街，这些地方以其独特的历史和文化底蕴深深地印刻在上海人民的心中。衡复风貌区展示了上海百年的历史与文化，外滩区域则是上海的地标之一，是城市发展的象征。淮海路、南京路是购物、娱乐和时尚场所聚集的重要道路，吸引了众多游客和本地居民。此外，虹口足球场、五角场、徐家汇、漕河泾和虹桥等地也被广泛提及。

上海城市记忆清单

道路 交通站点/线路

上海虹桥站、上海火车站、虹桥机场和浦东机场等与外地联系的主要交通站点在各年龄段受访者中都被高度提及。

90后+00后

武康路
安福路

上海虹桥站

武康路、安福路、愚园路、巨鹿路等道路在"90后"和"00后"的受访者里提及较多,这与网络的宣传有着重要关系。

80后

衡山路

上海虹桥机场

"80后"的受访人群关于上海记忆深刻的道路是徐汇的衡山路和虹口的甜爱路。

"70后"受访者中地铁1号线是最多被提到的记忆深刻的交通线路。

70后

衡山路代表性建筑

地铁1号线

50后+60后

淮海中路

老北站

"70后"和"50后""60后"的受访人群都较多提及南京路、淮海路和世纪大道。

"60后"受访人群在记忆深刻的交通站点/线路回答中提及较多的是老北站,这在其他年龄段人群中未被提及。

本次问卷采访了不同年龄人群在空间上的记忆，空间类型包括道路、交通站点/线路、商业商圈和活动场所。随着城市发展建设，城市形象不断更迭变化，不同年龄段人群记忆中的空间存在明显差异。

商业商圈

徐家汇、人民广场、新天地是"90后"受访人群比较喜欢的商圈，其中韩国街在其他年龄段人群里少有提及。

各年龄段受访者都提及较多的商圈是徐家汇、人民广场、南京路、外滩等。

八佰伴和南京东路步行街在"80后"和"70后"受访人群里提到的频率比其他两个年龄段人群高。

"50后""60后"受访人群提及较多的不是商圈，而是百货大楼或独立的店面，例如永安百货、大新百货（第一百货商店）等。

活动场所

"90后"的休闲活动主要是看展、购物、闲逛，提及的活动场所主要是美术馆、博物馆、游乐园以及各大商圈。

看展

"80后"主要活动是溜娃、游玩、散步，"70后"活动多为闲逛散步；两个年龄段都偏爱滨江和公园。

溜娃　游玩　散步

看电影

"50后""60后"的受访者表示记忆深刻的活动是看电影，娱乐活动场所主要是各大电影院。

上海城市记忆的多元印象

城市记忆的演变不仅体现在城市热点空间的转变,还体现在人们对于城市特定事物、事件的记忆。上海城市记忆的多元印象体现在方言、美食等生活的方方面面,对于上海的美食记忆,从上海的特色食品向更加多元化、国际化、品牌化、小众化转变,展现了上海作为全球城市,逐步与全球文化搭接的发展历程。

对于上海的城市印象由单一的印象向更多元的印象转变。相较从前在老上海人心中正面积极的印象，年轻人对上海的印象则更加强调双面性——既认为上海是一个生活多彩、活动丰富的大都市，又体验到了快节奏生活所带来的另外一面的城市记忆，"加班""卷""网红""高消费"等词汇在调查问卷中屡屡出现。

"城市记忆"
城市更新的使命

  城市更新是对城市空间的保留、改造、赋能，是城市发展、经济转型、社会进步等方面统筹考虑下多方的合作共建共享共治共赢，既是对老的城市记忆的延续，也在创造新的城市记忆。在保护和延续城市记忆的基础上实施高质量的城市更新，归根结底是以人为本、是对人的尊重。

在过去的几十年时间里，为促进地区经济快速发展，各地以大规模土地征收和拆迁模式迅速开展建设工作，在建筑风格上呈现出高度的相似性。在快速城镇化进程中，普遍存在的大拆大建模式往往忽略了对于城市风貌特色空间的甄别与留存。在进行统一规划和建设过程中，很多城市出现了"千城一面"的现象。

城市记忆是指一代代人对于城市历史、社会发展、集体文化、个体经历的记忆集合，是该城市独特文化和气质的重要组成部分。在老城区被推翻、重建、开发过程中，城市记忆也在悄然变化，既体现在城市历史空间的消失、区域风貌的削弱，更体现在传统生活方式的转变、文化活动的更迭。

注重城市记忆对保护历史文化遗产、增强城市认同感、促进可持续发展和推动旅游业发展都具有重要意义。多方专家学者提出城市风貌留存对城市历史文脉的影响，政府也进一步采取相应措施。

从"要像爱惜自己的生命一样保护好城市历史文化遗产"，到"城市管理应该像绣花一样精细"，从"让城市留下记忆，让人们记住乡愁"，到"避免千城一面、万楼一貌"。今天的城市更新行动作为抓手，着力起到传承延续城市文脉、提升城市居住品质和人民生活质量，不断增强人民群众的获得感、幸福感、安全感的作用。城市更新要在保护和延续城市文脉的基础上实施，让城市留下记忆，让人们感受城市文明的韵味。

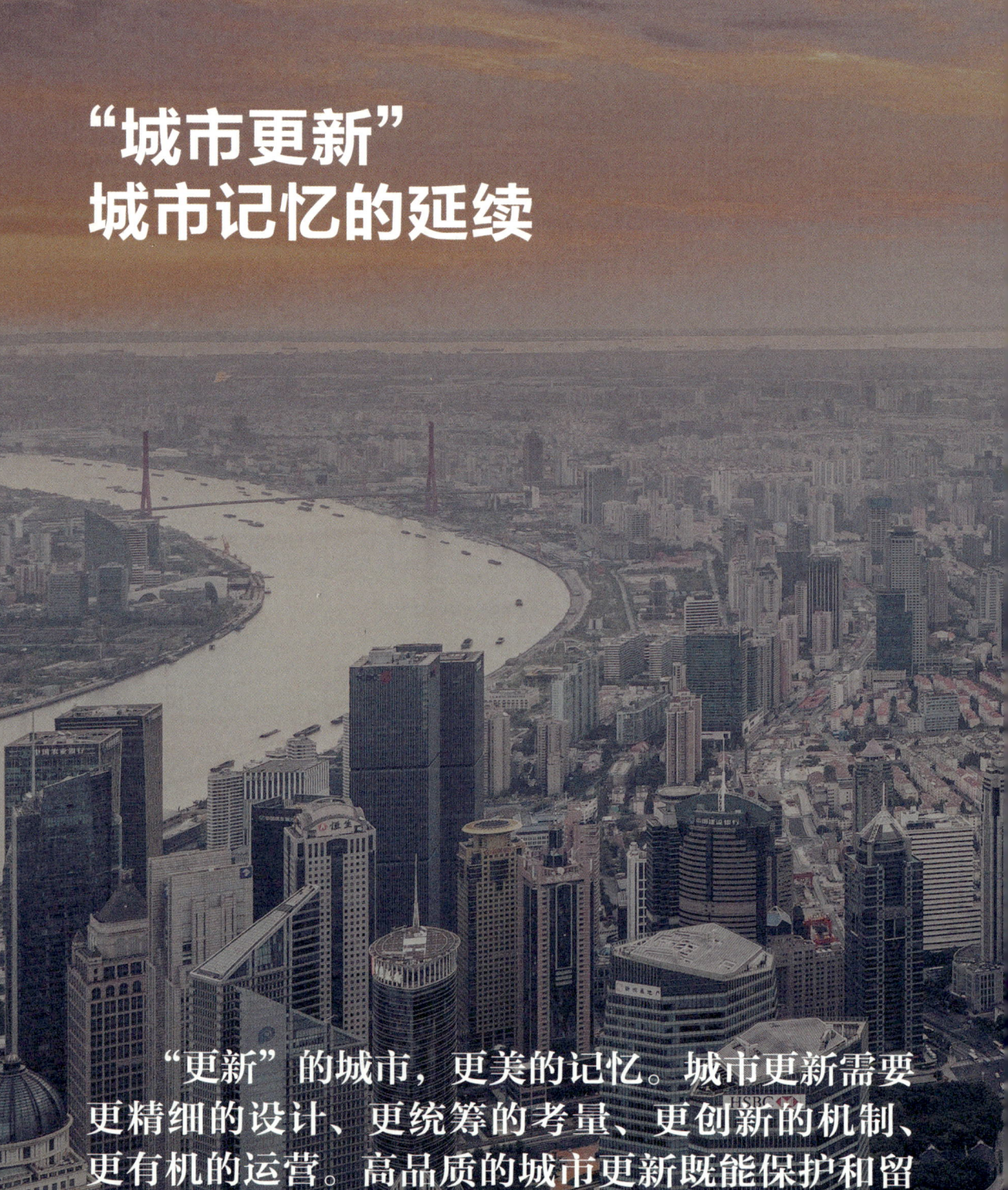

"城市更新"
城市记忆的延续

"更新"的城市，更美的记忆。城市更新需要更精细的设计、更统筹的考量、更创新的机制、更有机的运营。高品质的城市更新既能保护和留存城市风貌，让城市留下记忆，又能续写发展的城市文脉，彰显城市的独特魅力与生命力。

个人的城市记忆与城市发展息息相关,随着时代的发展,不同年龄段人群所拥有的城市记忆各不相同。物质空间与非物质记忆融合,形成了人们对于某座城市特有的印象。留存特定的城市空间,延续传统的生活习惯,对保护城市记忆有着极大的推动作用。

在保护与发展之间,延续城市记忆是当下城市更新的愿景与使命。上海作为特大型城市,外延增量式扩张的时代已经结束,进入以存量提升为主的内涵增长时代,城市更新是城市发展转型的必然阶段。过去在宏观的城市大规划中被忽略的"烟火气",现在需要通过精细化的更新设计将它再现。

城市更新需要因地制宜,需要多元化的胸怀,也需要量身定做的执着。面对上海这样超大型城市的更新,不同类型片区的城市记忆亦有不同。公共设施与空间需关注开放共享;提升焕活工业遗存需考虑废弃工业用地的发展转型与价值提升;商业商圈需注重市场需求动态与创新运营管理;老旧居住片区需兼顾历史文化保护与人居环境改善、社区公共设施提升。对于存量空间的改造需要考虑片区的历史背景、现状情况、未来发展诉求,需要统筹平衡的智慧,也需要直面痛点、破解难题的勇气。

城市作为一个有机生命体,城市记忆的延续需要生生不息的发展。相较于单纯保留大量历史建筑,空间的活化利用将更能促进城市生长出新的样貌与活力。对于传统文化活动、生活习惯、空间体验等非物质层面的保护与延续更有利于传承城市记忆,将城市的历史底蕴融入居民的日常生活。城市更新需要多元主体的共同经营管理,既需要设计、运营、机制、体制的多维度创新,更需要对现行法规的深度改革。

城市的发展日新月异，每个人都是参与者，每个人的记忆都和城市更新的精神内核息息相关；城市更新，又在塑造每个人新的记忆。在对城市记忆整体调查和宏观思考的基础上，我们也想听听一些个体的感受。因此，我们邀请了规划、建筑、文物、历史保护、影像等方面的九位"大家"，来谈谈他们对城市记忆和城市更新的理解，从他们角度各异、颇具洞见、平实有趣的叙述中，了解上海在人文精神延续、历史文化保护、功能服务提升、空间环境改善等方面做的努力，一窥城市有机更新的重要作用和独特魅力。

02

城市更新大家谈

城市有机更新的温度

伍江

同济大学建筑与城市规划学院教授
上海市城市更新及其空间优化技术重点实验室主任
法国建筑科学院院士
亚洲建筑师协会副主席
中国城市规划学会副理事长
上海市城市规划学会理事长
中国建筑学会建筑教育分会理事长
Architecture Asia 主编、《时代建筑》编委会主任

"一个城市要近人情，要有人情味，要为人所爱！"

城市有机更新分为不同的维度：首先是层次维度，城市更新是分层次的；其次是类型维度，城市更新有不同的类型；再次是过程维度，城市更新是一个完整的过程。城市更新与整座城市的发展紧密融合，任何一个环节，任何一个过程，任何一个阶段，都难以避开城市更新话题。

层次维度

城市更新的层次维度主要有宏观维度和微观维度。所谓宏观维度，是指过去那种功能性的、大片改造城市的行为。宏观维度今后仍会存在，因为城市会不断出现新的问题，所以我们说城市更新是以问题为导向的，由于城市病，城市出现了问题，需要不断地诊断与改善。城市要让生活更美好，但美好的城市生活并不是一个固结状态，今天美好，明天又可能会有新的问题出现，我们要不断地解决，这时就需要一些宏观维度的解决方法，它更多是一种自上而下的方式。但更多情况下是微观维度的，这是我们过去所忽视的。

如今，我们谈城市的增长、城市的进步，主要体现在品质的提升上。过去的城市更新更多强调数量的增长，今后强调的则是质量的提升。质量的提升既体现在宏观维度上，也体现在微观维度上。

类型维度

所谓更新，存在一个潜在前提，即它一定是在已有城市的基础上进行城市建设，绝不能如过去那般将城市拆除后，当作白纸一张，重新规划、设计与建造。城市除了需更加契合城市发展的有机规律外，还是人的物质产物，但人所有的物质产物均是文化与精神的产物，而文化和精神产物的一大特点在于沉淀。人的文明是逐步沉淀而来的，我们的城市若一直持续叠加，其文化厚度便会越积越厚，我们的历史文化也将愈发厚重，当然，我们的精神生活亦

有机更新的全过程

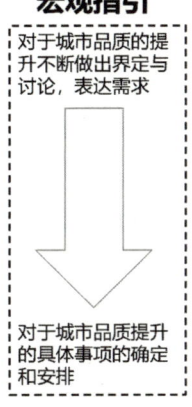

有机更新全过程示意

会更加丰富多彩。从这个意义上讲，城市更新就要解决新旧关系问题，我把新旧关系概括为3种：旧而新生、新旧共生、新而再生。

第一种是旧而新生，是说原来的东西在过去是为了某种用途而存在的，但今天这种用途已不复存在。过去我们常说"旧的不去，新的不来"，当旧的功能不再需要，就会拆除按照新的功能建造。然而今天我们意识到，这些旧的功能已经不存在的建筑，其精神功能与文化价值依然存在。如果它们随着功能的消失而消失，其文化也会随之消失。因此，我们要让它们保留下来。但是，它们又无法延续过去的功能，因此还得添加进新的功能，也就是要进行改造。这个改造既要恰如其分，又要让它们最大限度地保留历史文化的信息，同时还要适应今天的生活，我称之为"旧而新生"。我们有很多成功的作品，例如章明老师的作品——南市电厂的改造。

第二种是新旧共生。城市是有机的，始终在更新中，不可能永远全是新的，或者永远全是旧的，总是新旧合在一起，如何处理这个关系就很难了。一般而言，如果更注重建筑的文化价值，后来者对已经存在者就应该尊重，这和年轻一辈、晚辈尊重前辈是一样的道理。例如，上海的解放日报大厦前有新建筑，后有旧建筑，呈现出强烈的时代感，但并非模仿。我们不赞同小辈为了尊重前辈就一定要模仿老人，孙子尊重爷爷不是去模仿爷爷，而是应该尊重他，叫他一声"爷爷"，这才是我们应该做的。该是小孩就是小孩，该穿现代服装就穿现代服装，该是现代风格就是现代风格。我称之为"新旧共生"。

第三种是新而再生。任何新的都会变旧，今天是新的，明天就要思考如何处理新旧的关系。作为新建筑或者城市里的新细胞，要在初始就具备足够的弹性以适应未来，我称之为"新而再生"，任何事情都是要再生的，不断地再生、不断地新陈代谢。

过程维度

城市更新是环环相扣的，并非每座建筑、每座城市里的元素同时进行更新、规划、建设，然后一同完成。一定是今天你变旧，它是新的；明天它变旧，要重新再生，必然是相互融合的。这种情况下，整座城市每个部分的形成过程，从它的决策、规划、设计、建造、维护、运营，到思考是否需要改造，再到改造后又有新生，是一个完整的闭环，永不停息。整座城市中，无论是市民、政府管理者，还是开发商，若要参与一线的建设，都需要这样去思考。不能说仅负责规划，或仅负责建设，它们必定是紧密相连的，所以我称之为"过程维度"。

层次、类型、过程3个维度共同构成了城市有机更新的全过程，这个过程不是从起始到结束的直线，而是一个闭环，它没有起始，没有结束，永不停息。而这个"永不停息"的过程就是城市的生命，当然任何生命都有生死，城市也不例外。这个生死过程不是在一个人的生命周期内就能看到的。希望我们的城市，也就是人类的文明能够生生不息。

人性化

虽然城市有机更新的3个维度是抽象的、普遍的，但最重要的还是人性化特质。如何做到人性化呢？城市功能要人性化，城市空间要人性化，城市审美要人性化。今天，很多城市功能并不人性化，它们不是为每个人服务，而是为小部分人服务，甚至根本不是为人服务，这就不符合要为每个人服务的要求。空间的人性化指的是尺度，上海的"城市有温度、街道可漫步、公园可散步"，就是要打造符合人尺度

生生不息的街巷

充满温情的里弄邻里生活

人性化的里弄空间

的空间。审美的人性化,意味着美是给予人的,让人在这里感受到美,在日常生活中每分每秒都能感受到美,才是真正的美,所以这也是人性化。

城市更新的温度

一个城市要近人情,要有人情味,要为人所爱。首先应在尺度上近人,这一点是最基本的。非专业群众所理解的尺度就是城市的街巷,以及城市的市井味与烟火气,这都是城市中最贴近人的事物。无论城市如何更新、变化、改造,都不能让其消失,若其消失了,说明城市里已经没有人了。而一座没有人的城市就是没有生命的城市,这个城市便死亡了。我们希望城市活力永存就是要让里面的人一直存在。人如何才能一直存在呢?就是要在里面生活着,有人情味与烟火气。俗话说这就是人气,人气越旺,这个地方就越好。

高安路包子铺

徐汇滨江

漫步南昌路梧桐树下

城市记忆与烟火气

薛理勇

上海市规划委员会咨询委员会委员
上海市旧区改造专家委员会委员
上海市非物质文化遗产委员会委员
上海市地名学会副理事长
上海市食文化研究会副会长
上海市黄浦区规划土地委员会专家委员

"城市不是越干净越好,要允许一些'不干净'的、传统的、市民化的东西存在。"

城市记忆要还原真实的历史

现在大家提起记忆,似乎永远是美好的,即便痛苦的记忆,说起来也是好的。上海在全国人民的印象里,是开放最早、最文明、最西化的城市,收入也位于全国前列,城市历史上有很多有钱人。但这些都是记忆的误导。记忆是一个人的记忆,也就是属于你自己的,你记住的只是你所属年龄段的事物。我所记忆的是解放前的,例如,上海的马路从20世纪40年代到八九十年代一直都没改变。想把城市记忆留下来是对的,但我不希望留下的记忆是虚幻的、假象的。如果我们保留的东西不是真实的记忆,而是新编造的,那就没有必要。记忆实际上是历史,我希望还原真实的历史,不希望记忆被过度美化。

人的记忆也和活动区域有关,过去,人们的活动区域十分有限。我小时候,大多数人的活动范围是居家附近的步行范围,从家到学校和附近的菜场,一般不超过1 km,这是个人

上海街道

1936年大新公司（现上海市第一百货商店）

生活的记忆范围。另一种给人留下记忆的是城市公共性地标，例如，尽管我家离南京路较远，但我很小就知道大新公司、食品公司，以及淮海路的妇女用品商店。所以，人的记忆分为两种，一是自己生活的小圈子范围；二是城市里的公共性地标，但是地标不应局限于物质或者建筑本体。

重视历史文化"地标"

我们讨论地标，主要停留在有形、物质的层面，认为房子体量大、漂亮就是地标。外白渡桥、上海大厦建成以后，从近代到现在一直都是上海的地标，这是有形的。地标还有一个重要的概念，就是非物质的、文化的、无形的东西，可能是一个地名、一条街道，或者是商业氛围，就比如新天地。所以地标应该有两个概念，有形的和无形的，或者说物质的和非物质的。我们现在偏重的往往是有形的概念，而忽略了无形的概念。

陆家嘴原本是个地名，作为一个地名来讲，它的知名度很高。但在过去，许多人对陆家嘴并没有太多记忆，因为这里是工厂区，且有相当一部分是农村。所以上海人以前的记忆中没有浦东。过去过黄浦江远不如现在这么方便，因此浦东发展和浦西发展不一样。浦东开发是改革开放的重大战略决策，开发建设到现在已

外白渡桥和上海大厦

第一八佰伴开业

经有40多年，在总体规划上没有大问题，但零碎的问题很多。一开始以建造高楼大厦为主，但其他配套设施很少，例如小陆家嘴的经贸区，虽然是很小的区域，但生活设施配套十分缺乏，后来逐步增加了一些，如第一八佰伴（以下简称"八佰伴"）。

八佰伴的开业带来了比浦东高楼大厦落成更加轰动的景象，八佰伴名噪一时，因为改革开放

东方明珠塔和上海国际会议中心

以前,像这样的大型综合百货商场十分稀缺。同时,浦西百货公司的风头全被八佰伴压过,因为后者的购买形式和商品种类与前者不同。

八佰伴是浦东的地标之一,东方明珠塔则是浦东的另一个地标。东方明珠塔建设时具备一个功能——电视信号发射塔,但建成不久后,电视传播变为利用通信卫星传送,因此从没有发挥过实际功能,但它彰显了浦东开发的决心。当初建设时,浦东是个平地,东方明珠鹤立鸡群,是当时最高的建筑,而且它的位置选得很好,在陆家嘴的顶角上,所以在浦西的大部分地方都能看到它。东方明珠塔造型奇特,跟传统建筑不一样,既不像塔,也不像房子,原有的部分功能在建成后没有发挥作用,所以它的政治意义更强。后来,浦东新区的其他地标相继崛起,如金茂大厦、上海中心,它们比东方明珠塔更高、更庞大、更美丽。然而,东方明珠塔仍然是一座非常特殊的建筑,对于旅游业以及浦东新区,甚至是上海市而言,仍然是一个重要的地标。

浦东的开发本身无疑是一件大好事,甚至引领了全国的改革。然而,过于高耸的建筑只有在远处或比它更高的地方才能欣赏其全貌,而在其附近往往"只缘身在此山中"。虽然有很多建筑被称为浦东的地标,但能够给市民留下深刻回忆的很少,这是因为缺乏了非物质的内涵。因此,地标不能忽视历史和文化,也不能局限于物质或建筑本体。

老房子与城市建设

城市的建设与政府制定的政策息息相关。与现在的生活相比,我们小时候很清贫。改革开放以后,提倡"一年一个样,三年大变样",如果没有这个决定,很多交通问题都难以解决。所以必须拆掉一部分,再建设一部分。只有这一步走过来以后,上海才能在这么短的时间内崛起。当然还有其他原因,如房产住宅的改革等。

对于那些已经消失的事物,我唯一感到遗憾的是我的"故居"即将被拆除,那是我成长的地方。虽然感到遗憾,但拆除确实是必要的。现在许多从事建筑行业的人似乎被误导了,他

老街

上海成片旧里

们不了解建筑也有寿命限制。质量好的建筑寿命较长，较差的建筑寿命较短。建筑的寿命还取决于维修情况，而维修成本非常高昂。许多看起来保护良好的住房，如华业公寓，只有进入或居住其中才能了解实际情况。老旧的住房总是让人感到不满。公寓的维修费用甚至比建造成本还要高，却依然被保留下来。其实许多早期房屋的设计寿命只有20年左右。例如，福州路沿街的房屋基本上是在上海开埠后才建造的。早期的房地产开发项目成本低，房屋质量较差。

抗日战争以后，上海的城市建设基本停滞不前。尽管上海也打仗，但这里相对稳定，所以有钱人和没钱人都涌向上海。北方军阀都是有钱人，他们到上海也需要房子，所以他们的钱大多用于投资房地产，建造大量的房子，但总体来说这一阶段上海的城市建设是基本停滞的。1937年到20世纪90年代，上海的城市建设只进行了简单的一部分，所以在此之前建设的房子虽已超过其使用期限，但很多人仍居住其中。有些房子使用年限为30年，如果维护得当可以住60年，但用来住100年实在不合理。有些家庭三代人共同住在二级旧里，也没办法建造新房子，只能进行违章搭建。

文物保护重要的不是房子本身，而是房子中发生的事情。有些优秀历史建筑和文物保护点，不一定是真实的，因为有些所谓在此发生过的事现在难以考证，在当时确实需要多保护历史建筑的原则下，便将其划为保护建筑了。

陕西南路

上海小熟食店

1963年的上海小菜场

20世纪初的虹口三角地菜场

烟火气是市民的生活气息

不同时代的人有不同的生活习惯和收入水平。即便是同一个时代的人，也有不同的收入水平，有处于低层的，有处于中层的，也有处于高层的。一般来说，中层是主流，高层代替不了中层，低层也代替不了中层。收入差距在上海很明显，所以过去上海人把城市分为"上只角"和"下只角"。"上下"就是"高低"，这个概念不明确区分哪个范围的生活更好，而是用来区分富人集中的区域和穷人集中的区域。过去普遍认为西区好一些，东区作为老区建设了很多工厂，低收入的人比较多，生活水平相对差一些。追溯到更早的年代，东区和西区的菜场也不同。即便都在东区，虹口和杨浦的菜场之间也有差异，因为菜场受周边生活水平影响。那时，乌鲁木齐路的菜场和其他菜场不太一样，一直到解放初期都有相当于现在的门店，卖的都是进口食品和精挑细选的优良品种，包括一些罐头、包装类的食物。这里也卖蔬菜，

20世纪80年代的虹口三角地菜场

相对来说品种会更好。上海的菜场总体来说比较大众化，上海最大、资格最老的虹口三角地菜场，现在拆除了。

老百姓去怎样的菜场是根据生活习惯和收入水平决定的，收入水平提高之后，可能就不再喜欢过去的生活方式。现在菜场也有很大变化，一是带包装菜品的出现，让大家没有挑选的余地；二是移动支付取代了现金支付。现在

1988年虹口海拉尔路口梧州菜场

1988年彭泽路口江西北菜场

1988年唐山路商丘路口商丘菜场

市场里都是明码标价，扫码付款。过去人们买东西会讨价还价，这是件令人厌烦但同时很有趣的事情。有些老人进超市里买菜，把外面的叶子拿掉，留一棵菜心买走，这种情况也不能去谴责他们，所以有些菜市场干脆把菜先包起来。我认为这是一种发展趋势，但从管控上来看，包装好的蔬菜在质量上难以保证。

每个城市的烟火气是不一样的，上海的烟火气和北京的不一样，和一座城镇的烟火气也不一样。烟火气并不是烟和火，而是市民的生活习惯。不同的年代，不同的区域，每个地方的居民都有自己的生活习惯。市民生活也会改变，原本时髦的东西会变成平常，烟火气也会随之改变。城市管理者现在主张建设一些比较宽的街道，或者政府有意识地会配建广场，同时整顿街道，关停之前允许开业的马路市场。再如理发店，我家附近的几家理发店总是要求客人充值，让人很不喜欢。原来附近有几个老年人理发个体户，他们很了解我快速理发的需求，但现在也关门了。所以城市不是越干净越好，要允许一些"不干净"的、传统的、市民化的东西存在。天气冷了，马路上的空地可以

乌中市集

有一个烘山芋的小摊。对于城市来说，增加的这些就是人气。可以考虑在卫生要求等各方面能保证的情况下，开辟一个大的场地用于售卖，既能一定程度上解决就业问题，又能传承城市非物质文化的气质。甚至可以在税收上给予他们奖励或减免，让他们赚多点钱，毕竟赚这个钱十分不易。

我们要尽可能多地去做市民喜闻乐见、习惯的事，引导大家积极向上。有些区域可以做传统的东西，有些区域可以时尚一些，这就是城市的生活气息。

2019年上海黄浦区老西门居民区

历史建筑保护与城市更新

李孔三

原上海市文物局文物保护处处长
上海市文物保护工程行业协会秘书长

"城市不应该是完全一成不变、没有时代感的,我们还是要做一些反映我们时代的作品。"

历史建筑分级分类保护是上海首创

上海是一个非常有特点的城市,建筑特色非常丰富,存在大量的历史建筑。过去在城市建设中,更多讨论的是法定保护的历史建筑,包括文物保护单位、优秀历史建筑等,但是现在城市更新中,需要保护保留的建筑的范围已经发生了很大变化,包括规划上的保留历史建筑、一般历史建筑、50年以上要保留的建筑等,对于法定、非法定保护的建筑,都应该充分考虑和应对。

对历史建筑的保护不能采取"一刀切",在城市更新项目中,应考虑不同级别、类型的建筑,到了一定级别后采用分类保护的手段。上海在2014年制定《上海市文物保护条例》时就把上海的建筑类文物保护单位进行了分类保护,《中华人民共和国文物保护法》里面是没有类似规定的。在上海多年的实践中,规划和建设部门都充分考虑了分类保护,上海的做法引领全国,推动了历史建筑保护以及国家的一些保护更新政策。

建筑类不可移动文物保护要求分类
- (一)建筑的立面、结构体系、空间格局和内部装饰不得改变
- (二)建筑的立面、结构体系、基本空间格局和有特色的内部装饰不得改变,其他部分允许适当改变
- (三)建筑的主要立面、主要结构体系、主要空间格局和有价值的建筑构件不得改变,其他部分允许适当改变

上海建筑类不可移动文物保护分类

外滩建筑群

一幢建筑重要的部分必须被保护下来，而次要的东西可以充分利用，这样就能把建筑精髓、主要价值保留下来，并不是说我们移动了以后，它的价值就完全没有了。实际上每幢建筑的价值是不一样的，有的在于结构，有的在于立面，有的在于内部装修，有的则在于局部的一个房间。在上海进行不可移动文物保护时，每一座建筑都会做分析，明确哪些是重点，能够反映历史科学价值，从而尽可能地利用和修缮能够反映历史信息的部分，将其传承下去；对一些不涉及重要价值的部分，尽可能地给一些空间，调动社会力量的积极性。

历史建筑的生命力在于功能活化利用

历史建筑的保护保留，目的并不是像标本那样一动都不能动，我们希望它融入城市，改善我们的物质生活和精神生活。现在比以前进步很多，以前是不破不立，现在是融合，新旧功能融合在老建筑里，共生共长。历史建筑最简单的利用方式是作为博物馆，或者将其用作

外滩12号

外滩12号中的壁画

办公，抑或是引入一些商业功能（如作为饭店、咖啡馆等）。以外滩为例，本来功能很单一，都是一些机关单位在里面办公，包括外贸局、房地局等，使整个外滩沿线社会开放水平都很低，租金大概为0.3元/m²，历史建筑的价值没有得到体现。后来采取置换方式，把外滩的许多建筑作为银行或者企业的总部，置换之后租金大幅提升；其中外滩12号以前是上海市政府在使用，平常是进不去的，现在可以随便进去，以前建筑里精美的壁画市民都看不见，现在可以完全展示出来。所以保护能充分唤醒历史建筑的历史价值、经济价值、社会价值。

新旧结合的建筑保护更新值得提倡

在城市更新的实践中，历史建筑保护有一些创新内容，我非常赞成，上海一直在探索，这方面的思想也比较超前。

过去在保护更新方面比较保守，例如四方新城，就在马勒别墅边上，是个房地产开发项目，屋顶部分建造得和马勒别墅一模一样。这个项目一直被一些专家诟病，常被拿出来批评。因为有这样一个教训，我觉得在城市建设中，如果有一些创新并且不突破重要底线，都是可以的。城市更新和历史建筑保护本身就很复杂，每座建筑都是不同的：有些建筑外立面漂亮，而里面是一般做法；有些建筑可能里面和外立面都比较好；还有些建筑环境比较好，没受历年城市建设活动影响，所以不能一概而论。

上海近几年也进行了诸多尝试，例如杨浦滨江的许多老厂房，作为工业建筑之所以要保留，并不是因其立面或是有精美的装饰，而是因其内部的大空间，或者因为其中存在一些工业构件和设施设备。所以，对这些老厂房的改造限制相对宽松且灵活，抖音、美团、哔哩哔哩总部等企业的办公场所，都是利用工业厂房来做的改造，取得了非常好的效果。

另一个例子是外滩源的众安·美丰大楼，更新方案很难做，项目又处于非常重要的位置。当时建筑师、建设单位做了很多研究工作，对这座建筑进行了详尽具体的分析，由于建筑内部经过居民长年居住，受损情况颇严重，但外

众安·美丰大楼外立面

马勒别墅

RAMA外滩建筑节空间介入装置

洛克·外滩源

立面非常漂亮。最后的方案保留了一层外立面，后面建设一栋高层，当时专家们非常担忧这样的做法会不会引起大家的反感。所幸建成以后效果非常好，建筑得到了建筑师们和社会大众的好评，大家都非常满意，也成为了一个网红的打卡点，拍照的人非常多。

有些外国人来到上海，都觉得上海是一个活力十足的城市，因为老建筑旁边矗立一个新建筑，一群老建筑又保留得比较好，也不造成城市环境的违和。我认为城市就应该是这样的，它不应该是完全一成不变、没有时代感的，我们还是要做一些反映我们时代的作品。我们在这方面的总结还比较少，应该对上海保护建筑和新建建筑之间关系处理得较好的案例进行总结，不要觉得什么都不能动，什么都要保留，这并不是我们对待城市发展正确的态度，因为城市在不断变化，上海也是在不断更新中形成的一个城市。我们应该做的是协调好保护历史建筑和新建建筑之间的关系，它们是可以共存的。最好的保护就是把历史建筑合理有效地利用起来，建筑都是有生命力的，如果你不去使用，它就会慢慢地衰败下去。

洛克·外滩源内广场市集

从生活出发的城市更新

俞挺

Wutopia Lab 创始人
Let's talk 论坛创始人
城市微空间复兴计划联合创始人
FA 青年建筑师大奖联合创始人
生活家，建筑师，美食家，专栏作家
同济大学建筑设计与理论博士
教授级高级工程师，国家一级注册建筑师

> "城市更新者一定要是生活家，一定要对这座城市有理解、有感情。"

"咖啡市"的城市更新

上海是全世界咖啡馆数量最多的城市，涵盖了从东南亚到欧美各种类型的咖啡，所以上海有个别称叫"咖啡市"。

小型咖啡馆，见缝插针地嵌入上海街道的沿街立面。当你沿着建国路、太原路、襄阳路走时，你会发现街道布满了一个个小门面的咖啡馆，而这些店面在30年前可能是服装店，在20年前可能是一家小型餐饮店，但现在都被一个个咖啡馆所替代。

这些咖啡馆的业主都是有一定经济基础、对生活有追求的人，所以他们会刻意请有趣的设计师来设计，塑造出跟别人不一样的风格，以展示咖啡馆的品牌形象。而这些设计师也可以因为设计咖啡馆迅速获得一个只需要在一个月内就可以有建成作品的机会，这是双方共谋、共赢的。

这些咖啡馆的出现改变了街道，使整个街道充满生命力。咖啡在如此细微的地方，悄悄

思南书局咖啡厅

上海市历史博物馆满坡栗咖啡馆一

地改变着上海人的审美、生活方式，改变着上海的街道，促进了上海的城市更新。

城市更新的核心是生活和产业

一个建国路的沿街铺面宽度在3~3.5 m，进深在6~7 m。从大商业的角度来看，它存在很多天然的缺点，如面积小、缺少厕所、租金昂贵、厨房空间不足、不适合开餐厅、营业客单价较低等。但是，开咖啡馆可以解决这些问题。

因为互联网的创新，我们不再需要很多大型的咖啡馆，小咖啡馆通常一个吧台就能占掉一半空间，剩下的部分则可用来营造氛围，这是为什么？因为超过50%的咖啡是通过互联网外卖销售的，如果你愿意，可以在有设计情调的咖啡馆里享受一杯咖啡，但外卖的利润更高。这样的小咖啡馆很符合当下人们的生活习惯，原本鸡肋的空间，借助互联网的优势被更新激活，反而使淮海路上那些高价的大商铺，比不上建国路、南昌路、永康路一小间一小间的铺面。

小铺面没有厕所怎么办？其一，有外卖服务；其二，咖啡馆较小，上厕所的人相对较少；

上海星巴克旗舰工坊

上海的咖啡店

其三，市政部门确保了公共厕所的服务半径。你会发现永康路上的店不需要设置厕所，步行100 m就能到一个干净的公共厕所，解决了周边20 m^2左右的小咖啡馆的如厕问题。

咖啡是一个产业，会催生一系列的就业机会。咖啡师可以将咖啡馆变成一个小的社交平台，也可以植入广告。咖啡机可以租，不一定要购买，咖啡豆可以代购代售。通过咖啡师的诠释，冷门的咖啡豆也能受到追捧，于是也有了专门烘焙咖啡豆的人。专门烘焙咖啡豆就需要有进口咖啡豆和本地种植咖啡豆，于是催生了云南咖啡豆和咖啡豆的国产化。咖啡需要配牛奶、奶精，需要开发新品，要有甜点、蛋糕、三明治、面包搭配，所以上海的面包房、蛋糕店、甜品店众多，与咖啡相关的烘焙业得以发展。最终产生了上海咖啡节，带来了咖啡商，咖啡成为一种生活方式，以至于在任何餐厅里面都要有咖啡，于是这些餐厅就得购买咖啡机，导致咖啡机销售行业在上海格外兴旺。此外，每家小咖啡馆还需要定制生产有特点的陶器、

上海街头的咖啡与美食

黄浦区的咖啡店

蓝瓶咖啡张园店

瓷器,与众不同的文艺手办等衍生产品,附带卖本书。这些单品单价不低,总量不大,但是不同的类型汇总起来也是不小的市场。

以前咖啡馆是没办法过苏州河的,过了苏州河咖啡就没了。但是现在你都能看到很多小咖啡馆,因为市中心的咖啡馆已经成为商业样板,引发其他区域的效仿。城市更新归根结底是生活发生改变、产业发生改变,才得以衍生。我欣喜地看到,近十年上海出现了一种充满生命力的、自发性的、成功的城市更新载体——咖啡。咖啡作为上海重要的一个文化和生活载体,并非由产业、规划部门推动,亦非文旅局规划,而是城市生活方式催生的。

建筑最终要成为产业的载体,产业跟生活需求有直接关系,更新是因为生活内容与需求发生了改变,需要提升,然后去改造原有的建筑,改变建筑承载的功能,把不同类型的建筑改建成我们需要的类型。生活、产业与我们每个人密切相关,这才是城市更新能够存在的价值和意义。

思南书局·诗歌店

思南书局·诗歌店咖啡馆

城市更新管理需要弹性

咖啡馆之所以能够成功更新，是因为他们沿街立面改造，不需要城市规划管理部门审批，只要到城管报备即可。一个咖啡馆谈好铺后不能在一个月内完成装修并产生盈利，就会亏钱，审批机制如果跟不上这个速度，事情就难以做成。咖啡馆相对来说声音较轻，不吵闹，申请执照也容易。

规划制定红线要容易执行，要明确，不应过于烦琐，这非常关键。上海城市管理有严格之处，但是最近的政策制定有了更多弹性，适度允许小型的、自组织的更新发生，这样才能够确保城市更新的分寸，既不是"一刀切"，也不是随意地放纵。城市规划管理者需要制定原则，同时允许一定程度的政策规范下的无序，多鼓励一些自发自组织的事物。

城市微更新的要旨在于轻，而不是投入大、产出小。只有轻，才能激起足够的自发和自治，自组织的更新才有活力，才能多点开花。

徐家汇书院中庭

徐家汇书院永璞咖啡

上海市历史博物馆满坡栗咖啡馆二

城市更新，从做一个生活家开始

南昌路、永康路、建国路，如果你沿着这几条路漫步，你就能感觉到那种愉悦，你会闻到一些咖啡味，一些水果味，阳光洒落在你的脸上，略略有些灼热感，让你的心情也高兴起来。你可以喝一杯咖啡，了解不同的人生，每个咖啡师背后都有不同的故事。你通过咖啡馆遇到有趣的人，了解他们的生活，了解他们的热情，自己也会觉得生活是饱满而热闹的。

上海的城市更新，不是只有宏大的视角。我们之所以对上海的城市更新感兴趣，因为它很多时候并不是那么宏大的，而是跟每个人息息相关，很有温度。

城市更新者一定要是生活家，一定要对这座城市有理解、有感情。城市更新之所以存在，是因为这座城市有生命力，它需要更新，这座城市的人生活的内容和需求，就会触动原本承载生活的城市。城市更新，要对生活的内容和需求进行研究——我们的生活究竟发生了什么，我们需要怎样的生活。

上海外滩源咖啡店

02 城市更新大家谈

社区更新的实践与思考

王伟强

同济大学建筑与城市规划学院教授，博士生导师
中国城市规划学会理事
上海市建筑学会城市更新专业委员会副主任委员

"城市文化的发展是城市更新最大的魅力。"

建新社区更新项目的优点与遗憾

作为上海典型的"高龄化"老旧小区之一，建新社区住宅样式多样齐全，包括旧式里弄、新式里弄、新工房、售后公房、花园住宅、商品房、公寓等。建新社区的项目更新能比较典型地反映上海在旧区改造层面对既有建筑进行改造保护所面对的问题，但也有明显的优点和遗憾之处。

建新社区项目的优点在于其文化底蕴。建新社区位于上海"上只角"的徐汇区，团队通过在地实际调研，发现建新社区居民的文化教育程度明显高于其他老旧社区的居民。当我们组织有关城市更新社区活动时，居民普遍参与度较高，在我看来，这便是文化资本在城市更新当中的作用。文化底蕴较为深厚，或者市民精神较强的地区，居民对公共事务的关心程度会更高，他们所讨论的问题不局限于个人利益得失，而会十分注重整个社区公共利益得失。这让我印象十分深刻。

遗憾之处就在于实际居住人员的整个结构

建新社区房屋类型

- 社区走访调研
- 居民座谈会
- 多职能部门对接
- 量身定制社区更新方案
- 居民意愿调查
- 建新社区2.0
- 政策研究

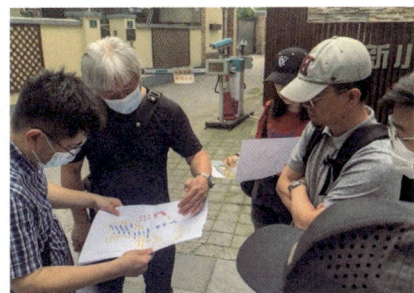

2019年起开展多轮座谈会,广泛征询建新社区居民更新意见

已经开始发生很大的变化,主要体现在外来务工租住人员比例越来越高。这就产生一个问题,实际租住人群对于社区的归属感和认同感相对较低,他们并不太关心整个社区的更新过程。同样作为房东的房屋产权人也不关心社区更新,甚至还希望通过政府拆迁房屋来获得一笔不菲的补偿款。类似的情形在上海其他社区也同样存在,例如我曾经调研的曹杨新村一村,最开始都是第一批劳模居住,但现在仅有30%是原住民,这个比例还会随着时间逐渐变化。人口导入是上海未来发展的主流,可以以此对冲老龄化问题,但会使社区居民的组成越来越多样化。不同居民有着各自利益诉求,对社区的认同感也有差异,表现出对公共事务的关心程度和对城市更新推动力度的认同有差异,这使整个更新项目变得极为复杂。

但从另一个角度看,建新社区的复杂程度也正好反映了它是上海中心城区中的高度成熟社区,需要探讨和解决的问题具有普适性价值。虽然项目的难度系数很大,但如果问题可以理顺,基本实施层面的推动力度就会新上一个台阶,这一点我觉得也很有典型意义。

建筑改造效果图

公共空间改造效果图

城市更新的可持续要合理安排各方利益

目前大家都在探讨能否让多方利益主体共同参与城市更新进程，也在寻求更为可持续的城市更新路径。回顾上海城市更新的过程，先前多以政府指定国企作为更新主体，但是只让国企作为更新主体，一些问题也会逐步暴露出来。由于国企担负了更多的社会责任，它的项目盈利能力并不像社会企业那么强。如果不能纳入整个社会的经济循环中，更新项目便是不可持续的，因为政府自身不可能担负这么多。如果政府总是在城市更新、旧区改造的项目上不断地负债，也会一定程度影响整座城市的公共服务水平。原本应用于基础设施和民生公共设施的资金被大量用于社区更新改造，这有违整体社会公平，纳税人的钱要合理利用分配，而不是为了完成某项政绩，就不计代价地投入大量资金，这是不可能有循环回报的。过去上海旧改项目都是这个思路，一旦要改造某个项目，便不遗余力地投入大量财力物力，长期如此，便形成了制度惯性。但是今天我们讨论城市更新，尤其是城市的有机更新和可持续更新，实际是对先前模式的否定。因此，我们更需要的是有机的城市更新，要学习如何在市场机制下形成一个良性、可持续的城市更新。

城市更新要强调可持续，核心重点是要合理且可持续地再分配各方利益。要让各方都能参与进来，并基本满意，而不是一方高兴，其他多方都不满意。例如，合理安排原住民的利益，部分愿意搬离，也有部分不愿意搬离。我遇到很多住老房子的人，你跟他谈钱，提供安置住房，人家却说"我不要钱，我有住在这儿的权利，你凭什么要让我搬走呢？"其实他说得很有道理，作为本地老居民，他有一直生活在这儿的权利，并不能说一定要他个人服从大局，必须搬离老宅。但核心问题在于现在很多城市更新项目都成了"留房不留人"，这种模式我是不赞成的。当人都离

建新社区创新型更新机制示意图

更新路径探讨一：公有住房拆除重建与成套改造

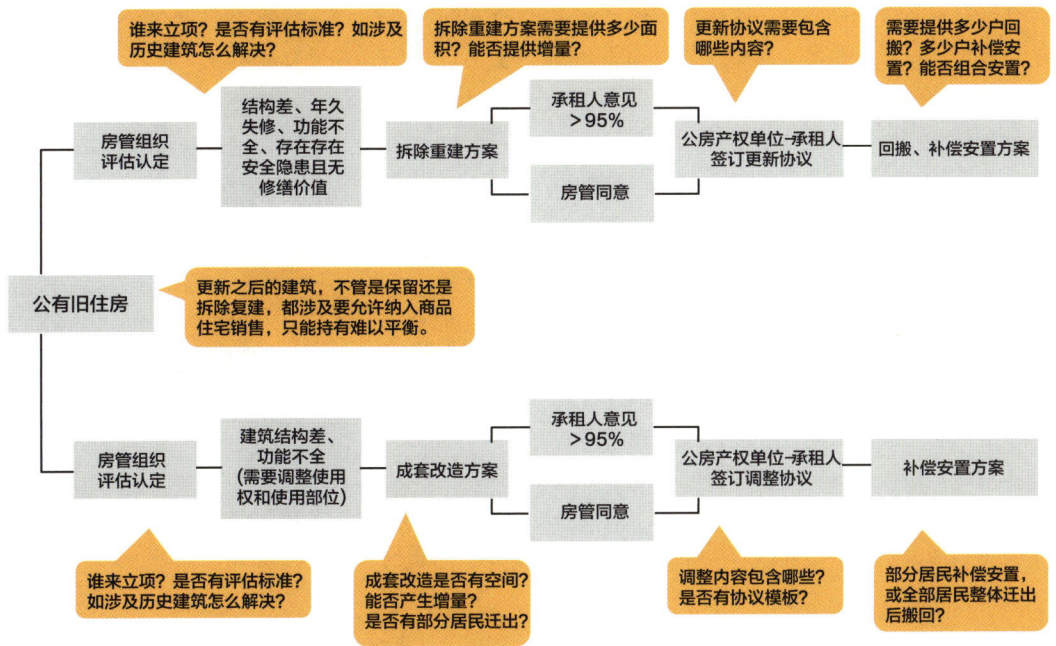

去时，这个社区就死了，这个房子就成了空壳，早晚会衰败。即使建了新房子，新进来的人至少需要10年才有可能形成新的社会关系，但以前整个社区随着时间积淀下来的文化活力与灵魂已经消逝，这是十分可惜的。

城市更新应实现环境－经济－社会可持续

城市更新的可持续除了最基本的物质环境更新外，也要实现经济投资和社会交往的良性循环。

第一层面是小区环境、建筑等物理层面的更新。假如可以通过社会资本实现城市更新的共赢模式，物质环境更新的经济效益之路就走通了，因为社会资本参与城市更新时，需要盈利才能实现项目的可循环。当下城市更新政策在经济可持续循环层面仍有很多问题值得大家思考探讨：国企作为更新主体如何引入社会资本？当引入社会资本时，如何形成循环回报？更新后的房子可否出售，可否有增量？增量面积中多少用于提升社会公共服务、多少用于扩

更新路径探讨二：承租权归集

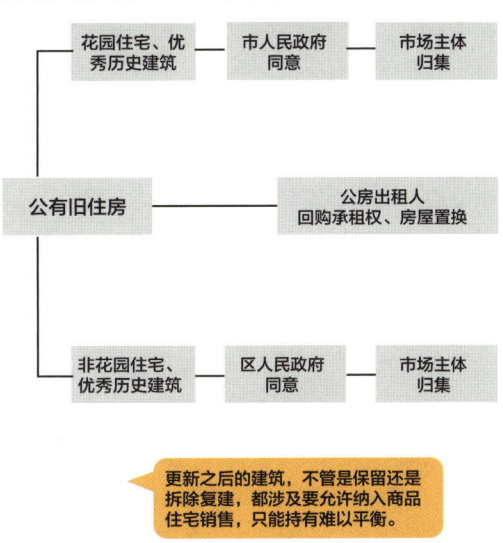

建新社区2种更新路径探讨示意图

大居住面积、多少可以面向市场销售？面向市场销售时，土地权利关系又该如何处理？这一系列问题中都存在制度上的瓶颈有待突破。

第二层面是经济投资的良性循环。如果说更新项目可以有适度的增量，在城市更新范畴

| 47

内解决产权问题，再面向市场销售，那么这个更新项目就有可能盘活。在建新社区项目中我们提出新建10套公寓，每套150 m²的公寓保守估计价格20万元/m²，总体价值可达3亿元，基本可以覆盖整个建新社区2.5亿元的改造成本和各种税费。政府自身仅需财政拨款3 000万元用于前期改造，多余钱款可用于更多的老旧住房更新项目，这就实现了经济层面的良性循环。然而由于日照间距的限制无法突破，需要街道居委协商调解私房及国资委的土地问题，且实施难度较大，此方案只能放弃。

第三层面是如何促进社区人与人有活力的交往循环，增强外来人口的社区归属感，在目前的城市更新中很少有政策真正涉及，但这并不意味着这个问题无法解决。以建新社区项目为例，整个社区的租金较高，决定了租住在这里的人的收入和受教育程度与社区相匹配。这类人群有文化能力关注和参与公共事务，但问题在于这类人群的流动性很大。如果经济形势发展较好，租住的青年人工作和生活相对稳定，自然就会有更高的诉求，不仅关心租住面积大小，也会对邻里关系、通道整洁度、社区公共服务等提出自己的诉求。所以这个问题的核心和关键在于国家经济发展的大环境。如果经济形势不佳，租住的青年人整天处于不安定中，频繁更换工作与住房，就没心思关注公共事务了。

居民的公共交往源自生活，日常生活的交往是形成社区文化的重要载体，尤其是当人们处在困境中得到他人帮助时，最容易建立起社交关系，就像是新冠肺炎疫情期间邻里互相帮忙、交换物品。正因如此，在建新社区的更新实践中，我们提出通过打造绿化IP、艺术IP、运动IP等项目以促进社区居民的公共交往与互动，增强社区归属感，如大家一起参与社区公共园林认养和评比活动、公共艺术墙绘活动等，过程中大家互相合作，十分有成就感。虽然这些活动在城市更新层面看似表面，但其真正的

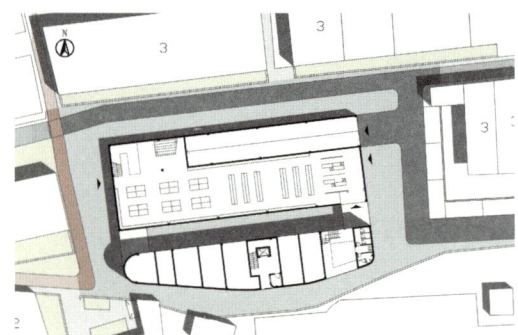

建新社区新建10套公寓方案

意义在于大家互动后增进了彼此的友谊，增强了社区归属感，这便是社区更新营造中的文化现象。可以说，城市文化的发展是城市更新最大的魅力。

城市更新的过程是需要资本驱动下的城市化与品质化的过程

城市更新实际上涉及的是一个地租理论的问题。地租理论包括很多模型，最简单的模型

建新社区口袋公园整治工程

建新社区入口空间整治工程

建新社区街道立面整治工程

就是同心圆理论、扇形理论和多中心理论。地租理论在城市更新方面会产生这样一种情况：原先房屋的地租每个月只要100元，开个餐饮店便能轻松赚钱，随着城市发展，房屋地租上涨到每个月1 000元，那么这座房屋就可以开个银行来赚钱，而不必开餐饮店了。此外，房东也因地租上涨需要涨房租，租客不接受就只能搬走。地租理论就是在市场机制下，让土地经济属性回归，还原土地的真实价值，把城市中的价值洼地提升到市场的水平。所以，我们会说城市更新是资本驱动下的城市化，是市场导向下的品质化。就像我们看到上海这么多年不断地到处拆改更新，就是因为那些老房子已经形成了价值洼地，社会资本看到了它的价值，再经政府统筹，拆旧建新实现土地价值的提升，过去简单的旧改模式便是如此。当然，我说的这些是以市场循环为前提，假如不是市场循环，那就是另一种情形了。

02 城市更新大家谈

15分钟社区生活圈打造

俞进

上海营邑城市规划设计股份有限公司总经理
上海市建筑学会理事
上海市建筑学会城市更新专业委员会副主任
上海市徐汇区政协委员

"社区更新不仅要做物理空间的改造，更要关注人的生活方式变化。"

上海记忆的变化

我最大的感触就是上海记忆的变化，现在的上海跟以前大不一样了，造成这种改变的根本原因就是我们的生活方式发生了变化。

小时候生活在上海，虽然感觉城市很大，人很多，但是生活空间很紧凑，尺度宜人，大人买菜、小孩上学都是步行可达。大多数的马路都很窄，房子不高，排列紧密，除了大家熟悉的石库门，还有很多花园洋房、新式里弄房、老式公寓，如果看高楼大厦就要跑到外滩或去国际饭店和锦江饭店了。

那时候弄堂是生活的重要组成部分，既是回家的必经通道，又是邻里交往的场所，充满了烟火气和人情味。大人在这里交谈，孩子在这里嬉耍，弄堂乘凉也是夏天一道独特的风景线。那时家里没有电视，居委会在弄堂里露天摆放一台黑白电视机，每逢假期孩子们会早早地搬凳子抢位子，有限的电视节目成为津津乐道的话题。就这样，弄堂生活承载了我们这代

方浜中路（原南市区）

1983年南京东路

人童年的记忆。

那时候交通不发达,外出靠公共汽车、电车、自行车或走路,日常生活对于家附近的服务设施依赖度很强,虽然物资匮乏且供应方式简单,但是基本的生活保障都可以解决,小菜场、粮油店、烟纸店(小型杂货店)、大饼油条点心店、卫生防疫站、地段医院、学校、幼儿园,甚至包括煤球店、老虎灶、冰水站等一应俱全。体育馆、游泳池也会对外开放,由于数量和场次限制,一些空地、小马路和街头公园成了室外活动的替代场所。

那时候没有手机没有网络,通信只能用书信或者传呼电话,人们更愿意面对面交往,走亲访友、邻里串门、家庭聚会、结伴外出都是常态。孩子们做完功课都会出来玩耍,假期里相约图书馆看书做作业,如能看场电影已是"最高"享受,一起去大世界、动物园或许都是奢望。正是因为人和人相处的机会多了,也就有充分的情感交流,从而彼此加深了了解,大家互帮互助,关系融洽。

如今上海已经变成一座超大型城市,空间尺度也被成倍放大,历史的痕迹在逐渐减少,即使是那些熟悉的街区、马路和弄堂,从前的生活场景也不复存在。新一代的上海人接触不到那个年代,现代科技带来了全新的生活方式,

黄浦区东门路

互联网打破了物理空间的约束,很多人对网络产生依赖,有些年轻人甚至沉迷于虚拟世界,对实体空间的需求越来越少,家门口的生活设施或许更多面向老人和儿童,这是发人深思的现象。

静安寺街道15分钟生活圈的打造

静安寺街道位于上海中央活动区(CAZ)的核心区,历史文化积淀深厚,海派文化气质浓厚,涉及3处历史文化风貌区,辖区内拥有静安寺、百乐门、熊佛西楼、嘉道理公馆、枕流公寓等历史建筑,蔡元培、周信芳、张爱玲

静安寺街道美丽街区愚园路

等名人故居以及众多红色基地,承载了很多老一辈上海人的记忆。

静安寺街道规模较小,但人口组成复杂,原住民老龄化程度高,就业人口众多,辖区内商务楼宇密集,坐拥南京西路、华山路、愚园路等多条全市著名的商业文化街以及多处大型购物中心。街道还拥有丰富的驻区单位资源,如中福会少年宫、上海戏剧学院、静安区文化馆、云峰剧场等多处市、区级公共设施。

静安寺街道现已形成"1+11+37"三级全覆盖党建网格工作构架,形成党建和行政管理服务的"双网融合"。在此基础上,我们创新性地从党建角度出发,提出了以"大党建、强功能、优治理"为核心目标,围绕优化社区公共服务功能与公共活动空间建设这一主题,建立"同心幸福生活服务圈"。

我们根据街道的交通情况、功能布局、人口结构划定了若干个生活圈,生活圈里设施按照服务半径进行配备。此外,我们突破原来固有理念,以不断满足居民群众"就近、便利"的生活需求为出发点,提出"三跨"共享理念(跨街道、跨层级、跨人群),依托街道37个党建微网格,实现各类公共服务设施的共享共用。

一方面,提高社区各类空间的使用效率,利用好社区资源。如依托街道内的红色基地(蔡元培故居、刘长胜故居、刘晓故居)等资源,进一步落实党建阵地。依托街道内的驻区单位、企业,通过党组织的沟通,盘活单位企业内的闲置空间、公共空间,满足社区服务的需求。发挥社区党群服务中心的作用,对于南部社区居民的服务需求,充分利用党群服务中心既有空间,将相关的文化教育、医疗护理等

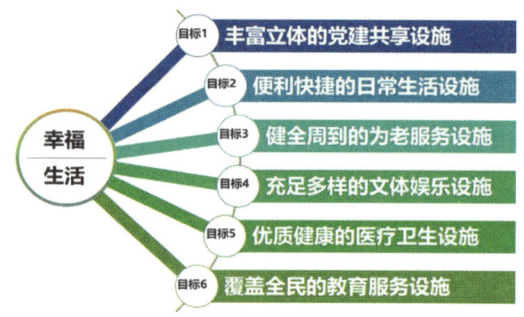

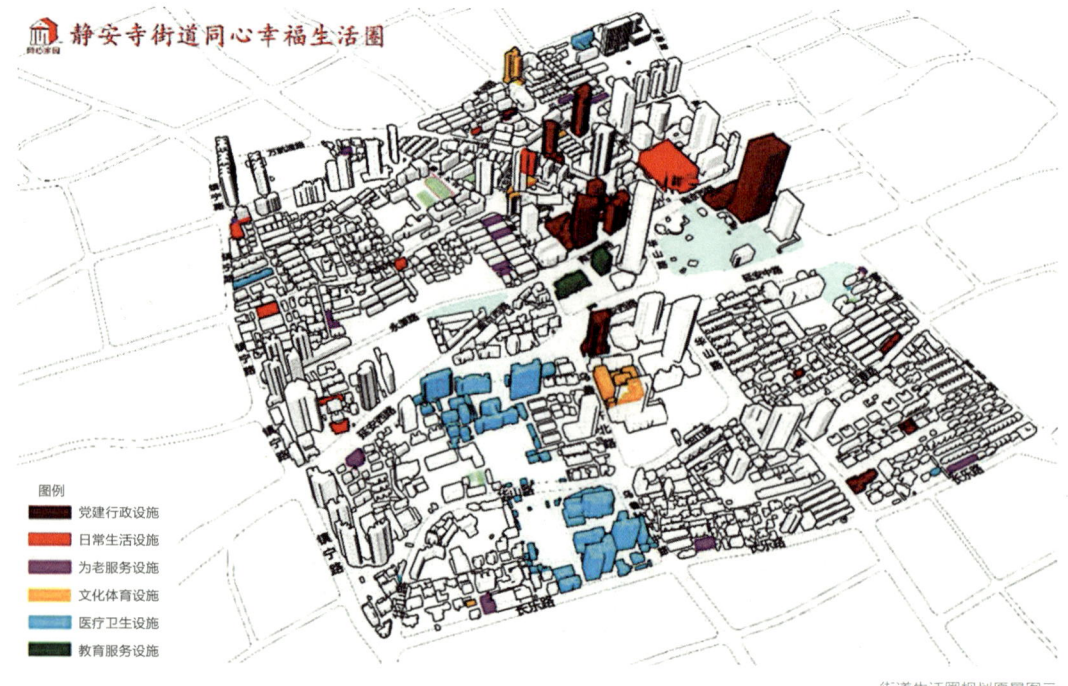

街道生活圈规划愿景图示

服务配送至党群服务中心，作为补充。服务于就业人群的白领驿家，也可通过党建引领，供街道组织一些相关的培训、交流、文体文娱活动。

另一方面，重点关注老年人需求，设施及服务优先向老年人倾斜。形成"床位留在家，服务送到家"的居家养老模式，并依托街道乐龄家园助老服务站网络、驻地社会组织优势，实现养老服务"保基本"全覆盖，并在短期住养、喘息式养老、助老公益活动等方面形成特色。例如，为独居老人在电表、水表上安装传感器，实时监控用电、用水情况，发现异常后，便会安排社工上门查看。将相对被动的传统交互模式转变成公共服务与居民需求主动对接的模式，有效缓解当前公共设施紧张的局面和解决设施资源空间分布不均衡的问题。

静安寺街道同心幸福生活圈的打造，进一步夯实了党建网格，促进资源力量下沉，实现党政融合。同时，突出了街道在公共服务领域的优势品牌项目，不断提高社区公共服务的供给水平和质量，通过形成党建共享圈、日常生活圈、为老服务圈、文体娱乐圈、教育服务圈和医疗卫生圈六大服务圈，满足了居民群众在行政服务、养老帮扶、文体娱乐、健康卫生、便民生活等方面的物质生活和精神文化需求，提高了居民的获得感和幸福感，创新探索并实现了"党建引领在网格，资源力量在网格，协同治理在网格，美好生活在网格"的"网格党建2.0"版。

城市更新中的"网红"现象

在现代的城市更新中有一些比较有争议的"网红"现象，例如，乌中市集的改造以及后续的宣传，有着不同的声音。但这种现象的出现是无法预见的，规划本身并不是在做网红，改造后的空间和业态被广泛接受了，或者有题材可以持续炒作才逐渐变成"网红"。

乌中市集前身为乌鲁木齐中路上的马路菜场，曾经摊位混乱、人声嘈杂，和风貌区特色完全不相匹配。经过升级改造重新布局，主打复古、文艺、小资特色，墨绿的色调配上金字招牌，拱形门廊配上弧形窗户，为市集的烟火气增添了一丝潮流感。几年前的一场PRADA联名活动在此举办，所有的鲜蔬都穿上了品牌定制包装，乌中市集名声大噪，流量暴增。如今，喧嚣散去的乌中市集回归了它本来的模样，

改造后的乌中市集

服务于周边百姓，但仍然保留着那份特别的精致。

对原有的物理空间进行深度挖掘，带来全新的体验或者生活方式的改变，实际上是符合这个时代的特征的，跟保护建筑本身并不矛盾。乌中市集通过自身转型适应了现代人的多元需求，不仅可以方便买菜，还能让人们享受时尚体验，更能吸引各地游客留念打卡，可谓一举多得。乌中市集不仅改造了市场硬件，还引进了智能化管理系统，做到食品源头把控、销售环节监测、商户信息追溯，大大提高了管理水平。乌中市集案例表面上看是菜场的更新改造，实际上是对于潜在价值的深度挖掘，把传统的生活记忆和现代的品质追求相结合，获得广泛好评，现在整个街区的活力都被带动起来了。

其实我不排斥网红现象，也看好网络经济，因为这是这个时代的产物，网络可以快速传播，也可以带来流量，来的人多了自然就有活力。但是网红往往都是短期现象，社区里做太多网红空间还会带来各种隐患，影响居民的正常生活秩序，引起人们的反感，所以合理评估网红产生的综合效益、正确判断网红带来的影响非常重要。城市更新要可持续发展，像乌中市集这种模式起到了很好的品牌传播效应，但是一味效仿反而适得其反。要做市民喜闻乐见的事情，持续保持生命力还需不断挖掘题材、不断适应新的形势，尤其不能抛弃地方文化，城市记忆才是最有珍藏价值的。

关注生活方式的同时也要留住不同群体的记忆

城市更新方兴未艾，但这不是翻天覆地去改变。历史应该留痕，文化应该传承，精神应该延续，城市记忆就是最直接的传递方式，城市空间、建筑、街道、广场、公园、景观、天际线等都承载了这项功能。我们常说建筑是凝固的音乐，也是凝固的历史，可以唤起记忆，激发情感，更重要的是传承城市中蕴含的精神特质。从物理空间来看，或许现在的城市和从前没有太大改变，但实质上人们感受、体验城市的方式已经发生了翻天覆地的变化，这才是良性的城市更新的体现。

黑石公寓

幸福集荟·黑石

更新后的张园

对比其他很多国家和地区，历史保护已是社会共识，无论时代如何变迁，科技如何发达，城市依旧延续着原有的风貌，历史街区被成片地保留下来，历史建筑保护完好，即使遭遇战争劫难也会被竭尽全力地还原外形。然而，保护和利用是多元化的，功能也不是一成不变的，有些历史建筑外观形式古老，但是实质内容已经发生改变，现代科技悄然无息地植入了内部，完全符合现代使用的要求。很多建筑被赋予公共属性对外开放，让人们既能享受现代生活的便捷，又能时刻了解历史、留住记忆。

中国经历了快速城市化发展，城市人口与日俱增，规模逐步扩张，空间形态和行为模式发生较大改变；物质生活水平显著提高，人们开始追求精神生活多样性和多元化；互联网缩短了时空距离，信息时代更注重效率，传统生活方式受到巨大挑战。

为了顺应这些改变，全面打造15分钟社区生活圈就是要把握时代特征，构建社会治理和社会服务的基本单元，推动新一轮的社区更新。事实上，这种更新并不是简单地增设大量硬件配套设施，更不要一张任务清单包打天下，

而是应该满足不同地域、不同群体的实际需求，以历史传承和地方文化为特色，做全方位的生活品质提升。城市记忆是精神生活的重要组成部分，包括对生活场景和生活方式的记忆，而不同群体拥有不同的记忆。

生活场景是最直观的传导方式，我们常说触景生情，还原原有的生活场景，或者保留最有价值的内容，就是对情感的最大尊重。例如，张园的改造就是保留原有建筑风貌，用新的空间载体还原弄堂生活场景，植入新的功能，创造宜人的公共活动空间，让人耳目一新。生活方式则是对生活场景的使用和体验，不同群体应该有不同的生活方式，老人和儿童更依赖家门口的照料场所和活动场地，年轻人更看重社区文化体育设施，上班族则希望生活便利的同时拥有放松幽静的环境。

只有当看似千篇一律的生活方式被赋予时代特征和文化内涵时，生活才会变得丰富多彩，所以一方面要客观面对各种改变，另一方面也要唤起人们的记忆，激发社区的活力。社区更新不仅要做物理空间的改造，更要关注人的生活方式变化。

工业遗产的保护与更新

张松

同济大学建筑与城市规划学院教授，博士生导师
国家注册规划师
国家文物工程责任设计师
住建部历史文化保护与传承专委会委员

"工业遗产的迭代更新不仅要使旧建筑留存下来，更重要的是要恢复工业建筑的生命力，使之能够融入当代城市生活之中。"

国际工业遗产迭代更新

随着后工业化社会来临和遗产保护运动兴起，国际社会对工业遗产的保护和更新越来越关注。从英国的非专业人士和研究团体对工业遗产开始进行调查，到国际工业遗产保护协会（TICCIH）的成立，工业遗产的保护探索逐渐发展壮大。工业化发达国家已经积累了丰富的工业遗产保护实践经验，并得到国际文化遗产政策的支持。

从工业考古到TICCIH

20世纪50年代，在工业革命发祥地英国，一些专业人士和业余爱好者开始对工业革命时期的建筑物、纪念物、生产设备等进行田野调查，并发表了相关调查报告和研究成果，其中，1955年伯明翰大学迈克尔·里尔斯教授发表的工业考古相关学术论文，被认为是"工业考古学"诞生的标志。1973年，英国铁桥峡谷博物馆召开了第一届国际工业纪念物保护会议（FICCIM），标志着工业遗产保护国际合作的开端。1978年，国际工业遗产保护协会成立，成为保护工业遗产的世界组织，也是国际古迹遗址理事会（ICOMOS）工业遗产保护的专门顾问机构。由此，工业遗产的保护对象由工业"纪念物"（文物）转向工业"遗产"，对工业遗产迭代更新的探索由此萌芽发展。

从政策支撑到公众参与

欧洲工业发达国家在工业遗产保护和利用的实践方面已经积累了丰富的经验，并得到国际组织和政策的支持。1985年，欧洲委员会召开了关于工业遗产政策的国际会议，探讨工

国际工业遗产保护协会

业遗产的保护问题。1987年,《关于欧洲工业城镇的建议》(以下简称《建议》)指出,工业城镇和地区的丰富历史和建筑遗产应在必要时加以修复,为未来城市的发展提供重要资源和潜力。《建议》提出了政策协调、社区参与和现有资源再利用等方面的保护和迭代更新措施。此外,针对技术、工业和土木工程遗产,1990年《关于保护和维护欧洲工业、技术和土木工程遗产的建议》制定了更具体的行动指南,包括识别、调查、科学分析、法律保护和宣传等方面的措施。

从国际准则到保护战略

工业遗产是人类工业文明的遗存,具有历史、科技、社会、建筑和科学等多重价值。国际工业遗产保护协会于2003年通过《下塔吉尔宪章》,对工业遗产进行了定义,并提出了立法保护、维修保护、教育培训、宣传展示等方面的指导性意见。工业遗产的保护与利用需要制定适当的保护战略。

2011年,《都柏林准则》通过,为工业遗产遗址、结构、地区和景观的保护提供了共同原则。国际古迹遗址理事会颁布的一系列国际参考文献和准则,以及联合国教育、科学及文化组织(UNESCO)通过的《世界遗产公约》等措施推动了工业遗产保护的进步。2012年,国际工业遗产保护协会在台北举办的会议通过了《台北亚洲工业遗产宣言》,强调了城市扩张、土地开发、人口增长、产业结构、技术创新和生产方式变化对工业遗产的挑战,提出了保护战略的必要性和优先级。

近年来,国内外专家学者在工业遗产景观调查和保护规划、城市和文化景观的可持续性,以及集体记忆等热门话题上提出了有见地的观点,希望通过全生命周期管理促进工业建筑遗产的保护利用,并形成三个基本准则,包括可持续发展原则、整体保护历史环境的原则和适应性再利用的原则。可持续发展原则至关重要,可持续发展要求在经济和社会平等的环境下实现资源的永续利用和良好的生态环境。整体保护历史环境的原则强调保护各类工业建筑的历史文化价值,并充分利用和保护这一资源以提升生活品质。适应性再利用的原则要求在保留历史风貌的同时,满足新的使用功能需求,并塑造富有时代气息的新景观。这些原则和观点为工业遗产保护提供了基本准则,促进了工业建筑遗产的全生命周期管理和可持续利用。

中国工业遗产迭代更新
从原点到盛况

中国在工业遗产保护和更新方面取得了显著进展。2005年10月,国际古迹遗址理事会第15届大会将"工业遗产"作为主题,为工业遗产保护注入了国际视野。2006年4月18日,在无锡举行的中国工业遗产保护论坛上,国家文物局发布了《无锡建议》,呼吁关注工业遗产

世界遗产英国铁桥峡谷工业旧址

世界遗产英国铁桥峡谷博物馆

的保护,并明确了相关理念和实践。这一重要文件标志着中国工业遗产保护、管理和研究迈入了新的阶段,这一天被视为中国工业遗产保护的诞生日。2006年5月,国家文物局发布了《关于加强工业遗产保护的通知》,要求重视工业遗产的普查与保护,拉开了中国工业遗产保护的序幕,掀起了保护热潮。2009年6月15—16日,全国工业遗产保护利用现场会在上海举行,进一步推动了工业遗产保护的发展。作为我国近代工业的发源地,上海保留了众多珍贵的工业遗产资源。会议为工业遗产的保护和利用提供了重要的交流平台,激发了全国各地工业遗产保护利用的热情。

通过不断推进工业遗产的保护和迭代更新,将实现工业遗产的传承与创新,为城市发展注入新的活力和魅力。这一工作不仅是对历史的尊重,更是为了塑造可持续发展的城市环境,创造更美好的未来。

从"工业锈带"到"生活秀带"

上海作为我国近代工业的发源地,在近年来的工业遗产保护规划和更新改造方面进行了积极的探索。至今,上海市中心区仍然保留着大量不同类型的工业遗产,亦有很多优秀的工业遗产的迭代更新案例值得借鉴和学习,例如,杨树浦水厂、电厂和煤气厂,上海啤酒厂,1933老场坊等,它们见证了上海工业发展的辉煌。

这些工业遗产的迭代更新不仅仅是为了保留历史建筑,更重要的是为了使工业建筑焕发新的生命力,并融入当代城市生活。工业遗产是城市的集体记忆,与城市的文化发展密不可分。在旧城更新和滨水地区复兴的背景下,对工业遗产地区进行保护控制、合理开发和适度再利用,应注入创新的空间元素,打造独特的场地风貌,并开发更多适应时代发展的公共空间和功能。

上海工业遗产的迭代更新工作为城市的可持续发展规划提供了重要实践方向。新的工业建筑和大型基础设施的设计与建造需要具备创新意识,形成绿色建筑和传承地方文化的景观地标,以实现可持续发展的目标。

从集体记忆到人民生活

2019年11月2日,习近平总书记考察杨浦滨江公共空间杨树浦水厂滨江段时指出,这里原来是老工业区,见证了上海百年工业的发

全国工业遗产保护利用会议现场

杨树浦电厂旧照(更新前)

杨树浦电厂遗迹公园(更新后)

展历程。如今,"工业锈带"变成了"生活秀带",人民群众有了更多幸福感和获得感。人民城市人民建,人民城市为人民。在城市建设中,一定要贯彻以人民为中心的发展思想,合理安排生产、生活、生态空间,努力扩大公共空间,让老百姓有休闲、健身、娱乐的地方,让城市成为老百姓宜业宜居的乐园。

工业遗产地区的整体保护和有效利用,必须避免"拆""留"之间的二元对立和脸谱化设计,工人新村的社区认同感和工人自豪感需要得到必要的关注。工业遗产的迭代更新不仅要使旧建筑留存下来,更重要的是要恢复工业建筑的生命力,使之能够融入当代城市生活之中。工业遗产是城市记忆的载体,同城市的文化发展紧密相连,在结合有机更新、滨水地区复兴,对工业遗产地段实施保护控制、合理开发和适当再利用的前提下,一定要注入创新空间及元素、打造独特的场地性格,开发更多适应时代发展的公共空间和新的功能。

工业遗产迭代更新工作的有序开展,也将成为当代城市可持续发展规划的重要实践方向。

新的工业建筑和大型基础设施的设计和建造更需要创新,形成可持续发展的绿色建筑和文化传承新的景观地标。

上海力波啤酒厂改造前

上海力波啤酒厂改造后

杨浦滨江"生活秀带"

02 城市更新大家谈

影像记录上海城市空间变迁

席闻雷（席子）

自由摄影师

摄影作品以记录上海城市变迁、近代历史建筑、民居建筑，以及相关人文题材为主题，作品多次刊登于各专业及大众报刊、杂志

"保护历史文化和传承城市记忆不仅是一种责任和义务，更是一种美学和知识的熏陶与积累。"

记录城市变化是一件非常重要的事情

我曾经是一名广告公司的设计师，那时对摄影还没有太大的兴趣。和其他摄影师不同的是，我没有用过胶片相机，我最早拥有的一台相机是在1999年左右购置的35万像素的数码相机，然后在2007年购置了800万像素数码单反相机，当时我用它随便拍一些街头风景，没有任何目的和意义。后来我发现，这些照片拍摄的都是老房子，而且大部分是建于1949年前的房子。虽然那时我并没有太多意识和概念，但现在回头看看，这些老房子有些已经被拆除，拍摄的照片也成为记录这座城市变化的珍贵资料。因为这些拍照经历，我对这座城市的历史和变化开始感兴趣，逐渐开始关注城市的建筑和规划，学习了一些城市和建筑设计的基础知识。照片后来被发表在杂志、展览和书籍中，这些小的成就也鼓励了我更加主动地去拍摄，并开始有所规划，形成了不同系列作品，包括城市十字路口、建筑楼梯、门窗等。我认

2012年济南路

为这些都是体现人文价值的，因为这些空间都是人创造的，都与人相关，体现了人的活动痕迹和城市发展的历程。

摄影作为一种记录与表达的手段，表达着人与建筑的关系、人与空间的关系，我拍的大部分都是老房子，这些老房子从设计到建造的过程，基本上都是由手工完成的。我希望更深入地看到那些快要消失或者正在消失的部分，包括建筑内部空间和一些相对隐秘的空间。我也拍摄了很多建筑细节，这些细节体现了当时的工匠技艺和智慧，同时非常有美学价值，而且它们也代表了一段历史和文化。用影像或视频去记录，可以让我们更直观地了解这些老房子变化和价值；而用文字去记录可能会缺乏一些直观性和真实感。所以我认为用影像或视频去记录这些变化和价值是更加有效和直接的方法。

关于拍摄，我会在同样的地方不同的时期多次重复拍摄，但不会刻意避开或选择某个角度，因为我认为每个角度都有它独特的美感和价值，每个时间点也都有它不同的状态和情感。所以我会根据具体的场景和自己的感受去选择拍摄的角度和构图，记录下这个地方不同时间的状态和变化，尽量不是为了记录而记录。

城市更新是城市空间和生活事件的迭代

空间的迭代和变化是上海最大的特点之一，例如，我家附近原来的丝织厂，之前曾被更新改造为普通的办公楼，后来又变成了咖啡厅、餐厅和联合办公空间。上海的另外一个特点就是多元和繁荣，因为上海是一个移民城市，所以它的文化和人口非常多元，这也反映在城市的建筑和街景上，你可以在同一条街上看到不同的建筑风格和文化元素，这种多元和繁荣使上海的城市景观非常有趣和多样化。还有一个特点就是上海的摩登和现代性，上海一直是中国现代化的代表城市之一，这体现在城市的高楼大厦、现代化的交通和便利设施上。同时，上海也有很多现代艺术和文化活动，这些现代

2012年安庆路

2009年上海青浦区徐泾镇蟠龙村香花桥

2019年上海青浦区徐泾镇蟠龙村香花桥

2023年上海青浦区徐泾镇蟠龙村香花桥

元素与上海的历史和传统元素相互交织,形成了独特的风格,体现了上海这个城市的多元文化和融合特色,同时也反映了上海人民的开放和包容心态,这些元素都构成了上海独特的城市风貌和文化底蕴。所以我觉得在拍摄上海时,除了要注重新旧对比和明暗对比之外,还要关注这些多元文化和融合特色,这样才能真正把上海的城市风貌和精神内涵展现出来。

建筑不仅是美的表达,也有实用价值。例如窗户、门、楼梯等,它们都有实用性,而且这种价值是没有时间限制的。一些室内装饰,如天花板、地板等也同样有美学价值。这些价值往往被忽略,尤其是在城市更新中,老建筑的保留和利用也往往忽略了这些细节,例如杨浦区的一幢老房子,原本计划拆除,但最终被移位保留,成为一个范例。这幢房子本身有很多特色,如西方风格的外观、绿色的外墙装饰,房间内部也有很多有价值的东西,如楼梯、门把手、壁炉等。它的门把手用紫檀木制作,每个房间都有壁炉,而且不同房间的壁炉不一样,移位后许多装饰与建筑细节已经被换掉。这栋

2012年西康路

上海的日常空间-济南路

房子能够被保留下来本身是一件好事，将来可能成为书店或者咖啡馆，但令人惋惜的是建筑的细节特色和历史痕迹被忽略和丢弃了。当然，这些细节的保留也要考虑技术和经济允许的程度。对于这类建筑的保护和利用，需要更多的专家和社会力量参与，需要政府和开发商的支持和重视，同时也需要设计师和规划师有同样的意识和能力，以更好地保留建筑的历史痕迹和文化价值。保护历史文化和传承城市记忆不仅是一种责任和义务，更是一种美学和知识的熏陶与积累。

　　上海有很多特色和魅力，每个人都可以从不同的角度去感受和体验。上海的老建筑也是一大特色，比如外滩的建筑群、南京路的百货大楼等。此外，上海有一个特色城市空间就是上海的弄堂，每个弄堂都有自己的故事和历史，是上海独有的居住空间。上海的美食也是一大特色，比如小笼馒头、生煎馒头、阳春面等。有一些上海老字号，不是很多人都知道，它的小笼馒头、锅贴、夏天的冷馄饨和冷面等，这些东西都非常实惠且好吃。

2012年福州路

2017年东大名路

我小时候生活在肇嘉浜路沿线，这个区域有着特殊的历史背景。肇嘉浜可以说是这个区域的母亲河，从徐汇区到卢湾区，再到复兴东路，一直延伸到黄浦江，也是上海老城厢的重要水系之一。肇嘉浜沿岸修建了很多老街和建筑，沿着河流修建的建筑是江南水乡的共同特点。河流旁有很多工厂，我记忆深刻的是小时候听到的针织机声。肇嘉浜沿线曾是居住、工业和商业空间的混合体，现在因为城市更新改造，这个区域已经成为高楼大厦林立的商务区，原来的弄堂和小店都不见了。这是我觉得比较可惜的一点，因为这个区域失去了一些历史和文化的特色。如果有机会，我希望可以穿越回到过去，再次感受一下那些曾经存在的场景。

保留历史文化和传承城市记忆是一个复杂的问题

保留历史文化和传承城市记忆是一个复杂的问题，需要考虑很多方面的因素，包括经济、社会、文化等。同时，也需要有长期的规划和持续的努力，不只是简单地以保留为目的，而是要思考如何让这些历史文化元素与现代社会相融合，发挥更大的价值和作用。关于如何让人记得住这个地方，我认为可以通过不同的方式实现，例如，可以在城市规划和建筑设计中

2015年常熟路延庆路路口

2016年北王医马弄

注重历史文化元素的保护和引入，可以在商业设计中考虑当地特色和文化，可以在公共空间设计中引入历史文化元素等。此外，也可以通过文化教育、旅游推广等方式让更多的人了解和认识这些历史文化元素，激发他们对城市记忆的关注和兴趣。

产权问题也是一个非常复杂的问题，尤其对于那些没有产权的老房子来说，很难去平衡各方的利益和需求。同时，规划只是一个前端工作，要真正让一个城市更适合人居住，还需要后续的许多管理和运营工作，需要政府和社会各方共同努力。对于那些已经保留下来的历史文化元素，也需要不断挖掘和利用，让它们发挥更大的价值和作用。

总之，保留历史文化和传承城市记忆是一个复杂的问题，需要考虑很多方面的因素，需要政府和社会各方共同努力才能够实现。同时，我们每个人都有责任了解和关注身边的历史文化元素，让它们不断地得到保护和传承。

康定路

|65

历史文脉与生活和谐相融

沈晓明

上海明悦建筑设计事务所有限公司创始人、总建筑师
中国建筑学会首批专家库专家
中国建筑学会城乡建成遗产学术委员会理事委员
上海市建筑学会理事
上海市建筑学会城市更新专业委员会副主任
上海市建筑学会历史建筑保护专业委员会委员
上海市优秀历史建筑保护修缮专家
上海市房屋管理局城市更新（历史建筑保护）资深专家
上海市文物保护专家

"因为有历史的回忆，彰显出的城市精神才更有凝聚力，有凝聚力的城市才更有温暖的氛围和发展的前景。"

风貌保护街坊更新与城市战略发展相结合

人对历史有感情，因为历史的形象、建筑、构件能够唤醒人们对历史的回忆，有历史的回忆，彰显出的城市精神才更有凝聚力，有凝聚力的城市才更有温暖的氛围和发展的前景。那些类型、规模、风格各异的建筑孕育了上海海纳百川的包容气质。历史建筑是文化物质载体最重要的组成部分，所以历史风貌保护的关键是在程序上探索出宏观规划的方向，建立起一套体现上海历史建筑保护、协调的管控方式，让正在进行的城市更新项目满足历史风貌保护、生活品质提升和城市发展目标的要求，为上海的城市精神发展提供更好的注解。

上海2016年年底开展了中心城区50年以上历史建筑的普查工作，2019年之后大范围启动旧改工作。上海历史风貌保护街坊总共有254处，目前逐步完成动迁工作，解决大量民生问题。旧改涉及的风貌保护街坊多以修缮保留历史建筑和一般历史建筑为主，其中大部分建筑都没有各级文物保护单位或者文物保护点的身份，这也是城市存量更新的难点。因此风貌保护街坊整体保护有两方面工作要做：一是实施更严格的风貌保护街坊保护政策；二是构建上海战略发展空间。住宅的战略发展空间主要以高层建筑为主，因为可以释放地面空间，让市民在正常的城市生活中有可阅读和散步的空间，感受城市的温度。战略发展空间建议与上海总体城市形态，规划的高层集聚带、高层集聚区相衔接。

254处风貌保护街坊在目前阶段已叠加多项巨大资金成本：一是遗留建筑的维护成本；二是居民动迁成本；三是动迁后遗留下来的财务成本，即今后对这些历史建筑进行修缮、改造、配套地下空间开发等所投入的成本。这些成本的平衡不应由单独的保护街坊内部承担，而是需要有战略发展空间，要从更宏观的角度

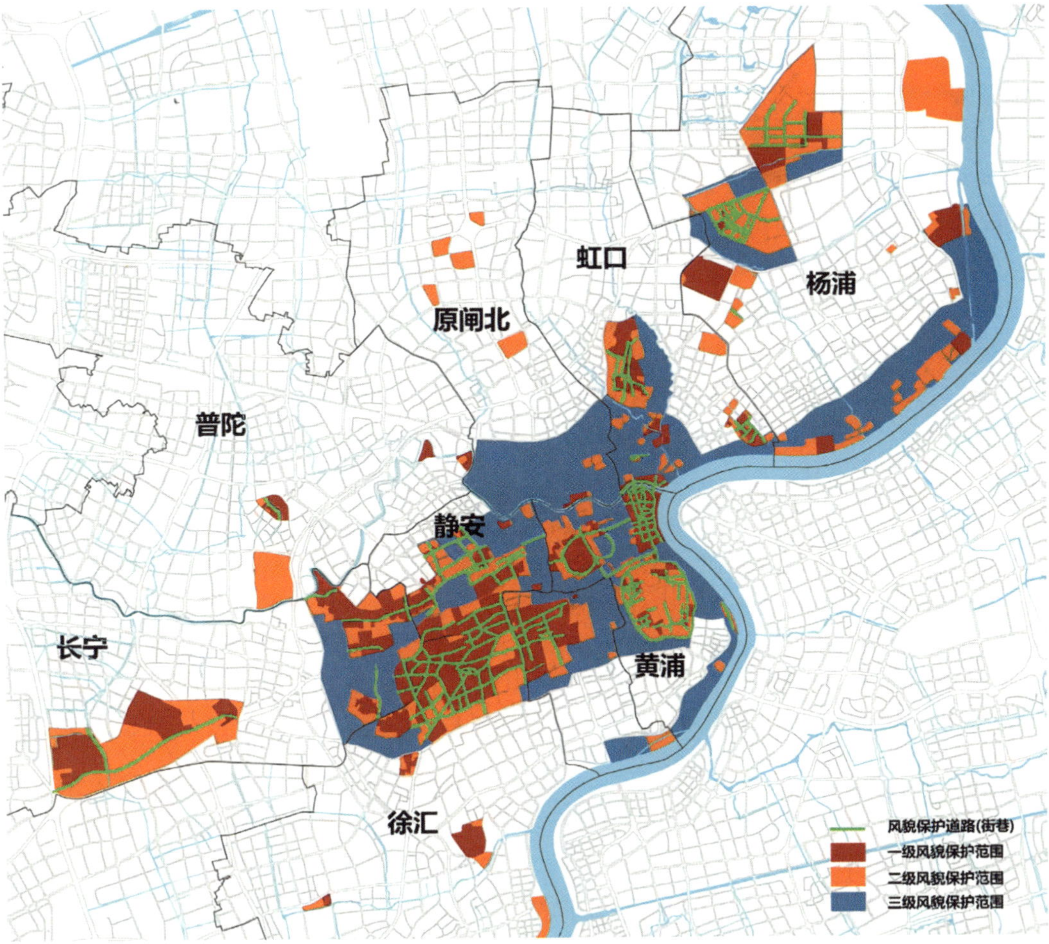

中心城分级风貌保护范围示意图

研究，让历史风貌保护、街坊保护可持续发展。反过来，战略发展空间提供的资金和财力支持，可以使254处风貌保护街坊避开单一模式、单一的产品类型，按照保护的底线进行精细化的利用改造和活化。

和谐共生的开放式风貌保护街坊

上海历史风貌保护区在未来的保护更新和利用中应该遵循几条底线。一是外立面不宜豪宅化。历史建筑的外形受多种因素影响，核心因素包括当时的建造法规、开发主体的社会审美、建筑师的设计思潮、施工方的工艺和技术。豪宅化是反映当下需求、审美或对财富表现的认识，并不能完全体现历史建筑的时代特性，但内部功能与风格可以根据个人需求进行设计，这是个人生活的隐私。二是里弄街坊不能封闭

极富人情味的里弄社区

化。里弄作为上海代表性的建筑类型，是商业、医疗、教育、工厂、手工业等社会功能核心的特色集结，因此我希望里弄可以再现原先混合多样的生活业态，体现出和谐的社会平等、开放、多元、富有人情味，因为只有这样才能真正让里弄社区成为激发发展提升的重要抓手。

类似邻里汇这种开放、自由、为社区服务的状态，是上海里弄原先就有的，为什么不能重新恢复呢？风貌保护街坊第一步是人走房留；第二步是房屋修缮，居民住进来；第三步是社区综合发展，将入住在里弄街坊的新上海人变成真正认同上海城市文化的市民，渗透到普通日常生活中，这就是文化交流。这种交流活动对上海城市文化新的构建、新的发展有巨大推动作用。

多元方式保护历史建筑

现在风貌保护有几个目标。第一是动迁原住民，改善民生；第二是保护并活化利用居民动迁后留下的历史建筑。一般历史建筑不是法定的保护建筑，保护它是为了延续历史、延续城市的底色，而不是要延续它的衰败，因此这些建筑不能破破烂烂、带着严重的安全隐患、颤巍巍地保留下去，而是要为当代人民服务。这些保留的一般历史建筑应该和优秀历史建筑、文物保护建筑一样，通过分级分类保护予以精细化利用。

回顾上海的近代史，我们可以看到，作为战争时期大量难民涌入的城市，上海中心城区持续处于房荒状态，这也意味着上海原先的历史建筑处于超负荷使用状态或者有大量改动，以至于现在真正保存了历史原样的建筑很少，大部分里弄建筑都有拆改加建，这反映出重现里弄建筑的历史风貌是保护的重要一环。

因此，那些既有对历史照片、历史图纸等进行严密的考证，也有科学翔实的现状查勘，并在这两者结合的基础上进行历史原貌研究，充分利用原来保留的特征构件和特色材料进行再建的方式，可以称其为科学恢复。一般历史建筑为什么不能科学恢复呢？分类保护应该允许利用不同的保护方式来达到共同保护的目的，而非完全一刀切。就像德累斯顿的大教堂经炸毁后也是参照历史图纸，利用历史原物构件进行复建的。

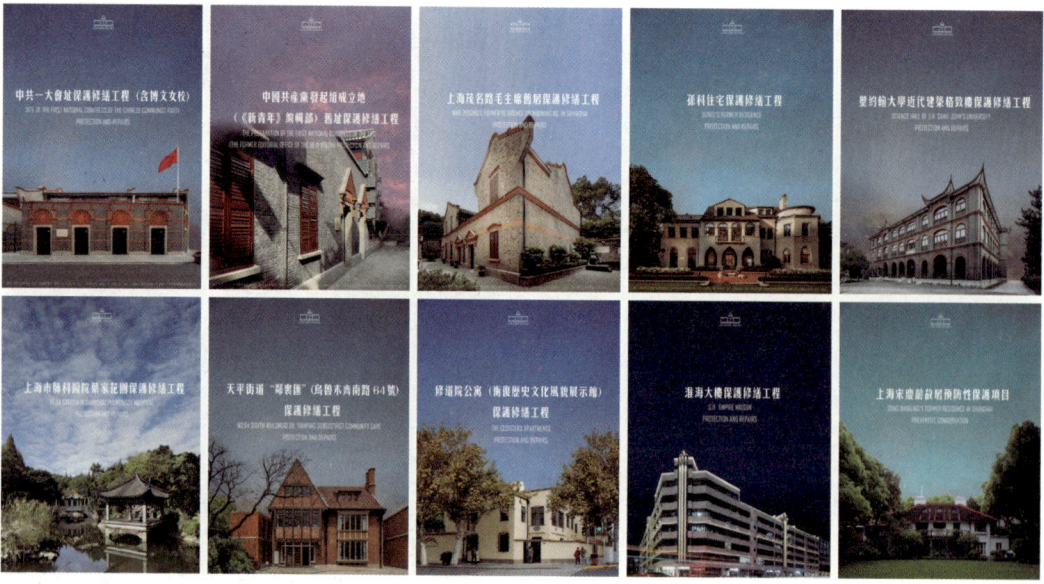

第二届上海市建筑遗产保护利用示范项目

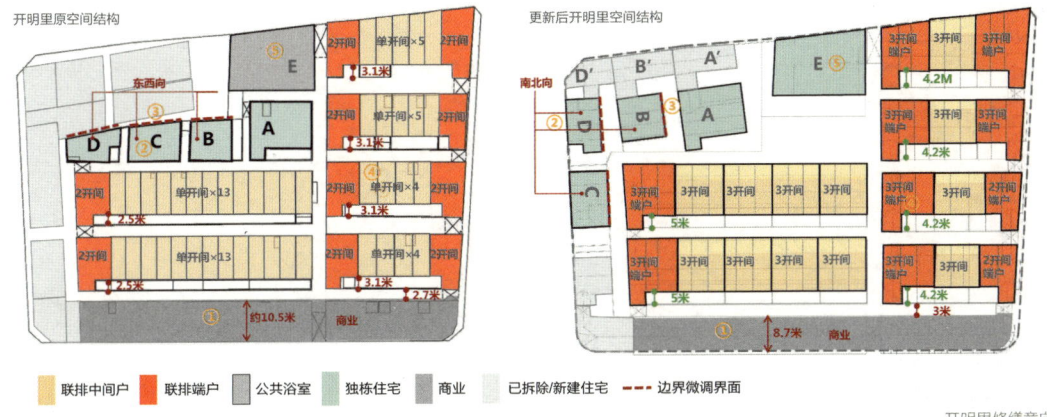

开明里修缮意向

历史建筑的展示性和原真性

历史建筑和城市风貌界面分为3个等级。第一级是城市干道，城市道路的连续界面与快速交通为游客提供直接的城市视觉形象，例如外滩、南京路；第二级是广场、绿地、江河等可以停留的界面，生活业态丰富，其历史建筑对城市形象和城市文化贡献最大，通过这些界面居民和游客可以加深对城市的理解；第三级是街巷弄院内部，也是大部分人难以感受的界面，仅有居住或旅居于此的人群才能感受。即使上海的巷道、院落全部开放，游客也难以全部游览，因此历史风貌保护应该更具展示性，体现"人民城市为人民"的时代主题。

老城厢露香园地区的开明里项目，南侧沿街建筑和东侧连续的山墙面、过街楼相对保存完整，西侧和北侧由于建筑肌理缺失，现状相对杂乱。为了更好地展示开明里丰富的建筑类型，我们采取二分法的工作原则，即确定哪些是核心保护的底线，哪些可以进行调整改善。

核心保护的底线主要为以下4点。一是整体性，相关法律法规要求完整保留这些建筑。二是真实性，开明里真实地保存下来，以后即使作为商品房出售，其墙体、花式、建筑特征依然是历史的模样。三是特征性，凸显露香园地区里弄建筑的艺术特征。四是时代性。上海的近现代建筑不同于传统文物建筑，其大部分延续着原有功能，仍在使用，这意味着其修缮改造面临着保护性融入现代生活的难题，保护是基础，满足现代居住条件是核心。

为了能让市民与游客感受到修缮后开明里的真实性，项目制定了严密的施工落地管理流程。例如，历史建筑特色留存构件预防性的保护需要开展一些卸解工作，这便要求提供专业的拆卸保护方案。拆卸保护方案经专家评审后需设立专门的管理制度，包括特色留存构件的卸解、保护入库以及再利用的出库管理等。

除此之外，城市更新项目的历史建筑修缮需要大量掌握传统工艺和施工技术的工人，因此要以施工样板作为先导培训工人、工匠，再验证复建之后的效果与历史图纸、历史原状的匹配程度。用这种方式，逐步推广到各个项目上，让每栋历史建筑的保护修缮、改造、复建都成为具有上海精湛工艺水准特色，同时体现历史建筑精神面貌的建筑精品。

上海是"人民城市"的发源地,也是最早开展城市更新的特大城市,在城市更新方面积累了丰富的经验和创新实践。本章选取了28个上海的更新案例,基本囊括了城市更新中公共设施、商业办公、产业园区、居住社区四大主要类型。通过案例研究,探讨不同类型更新项目延续城市记忆的方式和亮点,为城市加温,替园区赋能,让商圈焕活,促社区营造,在保留上海城市特色和历史风貌的基础上,推动城市功能提升和新旧融合。

03
上海城市更新实践

历史沿革

五个阶段

改革开放以来,上海的城市空间发生了巨大的更新变化。不同阶段驱动城市发展的动力不尽相同,城市发展的愿景和目标也在演进升级,回顾历史,上海的城市更新可分为五个阶段。

第一阶段:改革开放初期补齐短板。 20世纪80年代改革开放后,上海着力于旧区改造和功能性设施完善,如对里弄住宅、老工房的改造,这是上海最初期的城市更新模式。

第二阶段:浦东开发带动城市扩张。 随着1990年浦东的开发开放,上海开始大规模建设,土地出让、拆除重建成为当时的更新模式,在这一过程中,大量城市过去的肌理被重建,取而代之的是全新的城市空间。

第三阶段:世博举办促进区域再生。 2000年之后,随着世博会的成功申办和上海的产业转移,以世博举办区域为代表的中心城工业区开始转型再生,部分工业用地转变为创意园区。在这一阶段,上海对于历史文化街区更加注重,老街区的保留成为上海城市更新的特点,更新模式既有政府主导的更新,也有自下而上的更新。

第四阶段:城市转型推动功能提升。 2010年之后,上海城市发展面临着从增量扩张到存量发展的转变,中心城区大量的旧区、城中村面临改造,公共服务设施和基础设施的服务水平亟待提高,城市存量空间更新的地位愈发重要。

第五阶段:全球城市探索有机更新。 2017年至今,随着上海打造全球卓越城市目标的提出和城市更新法规规范、实施细则的健全,城市更新内涵向更多元的领域进行扩展,包括了公共空间、产业园区、风貌区、社区等类型的更新,同时,实施机制和路径方面也进行了有益的探索和实践。城市更新更加强调历史人文和生态修复,注重城市品质和功能创造,关注公众参与和共建共治,以人为本充满温度,不仅是城市空间、产业、文化的更新,也是体验、记忆、精神的更新。

更新对象

四种类型

上海城市更新既有商业商办、历史文化街区、产业用地、旧区改造、城中村改造、公共服务设施、公共开放空间等多种类型，也有15分钟生活圈、社区微更新、街道设计等具体项目，从学术的角度考虑，可将其大致分为四种类型。

类型一：公共设施

公共设施泛指以公共利益为导向的公共服务产品，包括公共服务设施、公共开放空间、重大基础设施等内容。公共设施大多由政府提供，由政府或政企联合投入，更新具有极大的外部效益，是城市公共活动的重要承载空间，体现了城市的温度。

类型二：商业办公

以商业服务、商务办公为主要功能的城市更新，通常涉及历史建筑保留保护、历史风貌延续协调、老旧商业办公空间改造等内容，注重开发运营，对项目的投入产出回报有一定的要求。

类型三：产业园区

在原来工业、仓储等用地上进行转型的城市更新类型，既可以是集中成片的老工业区，也可以是单独的厂区、地块，或者是归属同一产权主体的混合用地，企业、村集体等原业主方在更新中扮演着重要的角色。

类型四：居住社区

居住社区的更新既包括居住组团内的更新，也包括由居住组团组成的5分钟、10分钟、15分钟生活圈内社区服务设施、社区开放空间、社区基础设施等的更新。居住社区更新与老百姓的生活息息相关，着重解决社区的难点与痛点。

黄浦江两岸公共开放空间

项目概况

项目时间：2016—2018年

项目地点：黄浦江两岸核心段（杨浦大桥—徐浦大桥）

项目规模：两侧岸线总长45 km

更新类型：综合整治

更新主体：沿线各区政府

项目背景

黄浦江两岸一直是上海经济发展的重要区域和城市空间的标志性节点。在新一轮总体规划"卓越全球的城市"愿景的引领下，实施黄浦江两岸公共开放空间贯通，是打造上海世界级滨水区的重要举措。

黄浦江两岸岸线权属情况复杂，既有控规编制单元多、时间跨度大的问题，又存在实施进度不一、实施标准各异等问题。政府各部门对工业遗存进行全面甄别、保留，对水岸生态系统进行修复，开展基础设施的复合化利用与景观化提升，将滨水工业区原有的特色空间和场所特质重新融入城市日常生活中，实现了历史感、生活化、生态性和智慧型的滨江公共空间设计。黄浦江两岸核心段公共空间的贯通与开放改变了曾经"临江不见江"的情况，真正做到了"还江于民"。

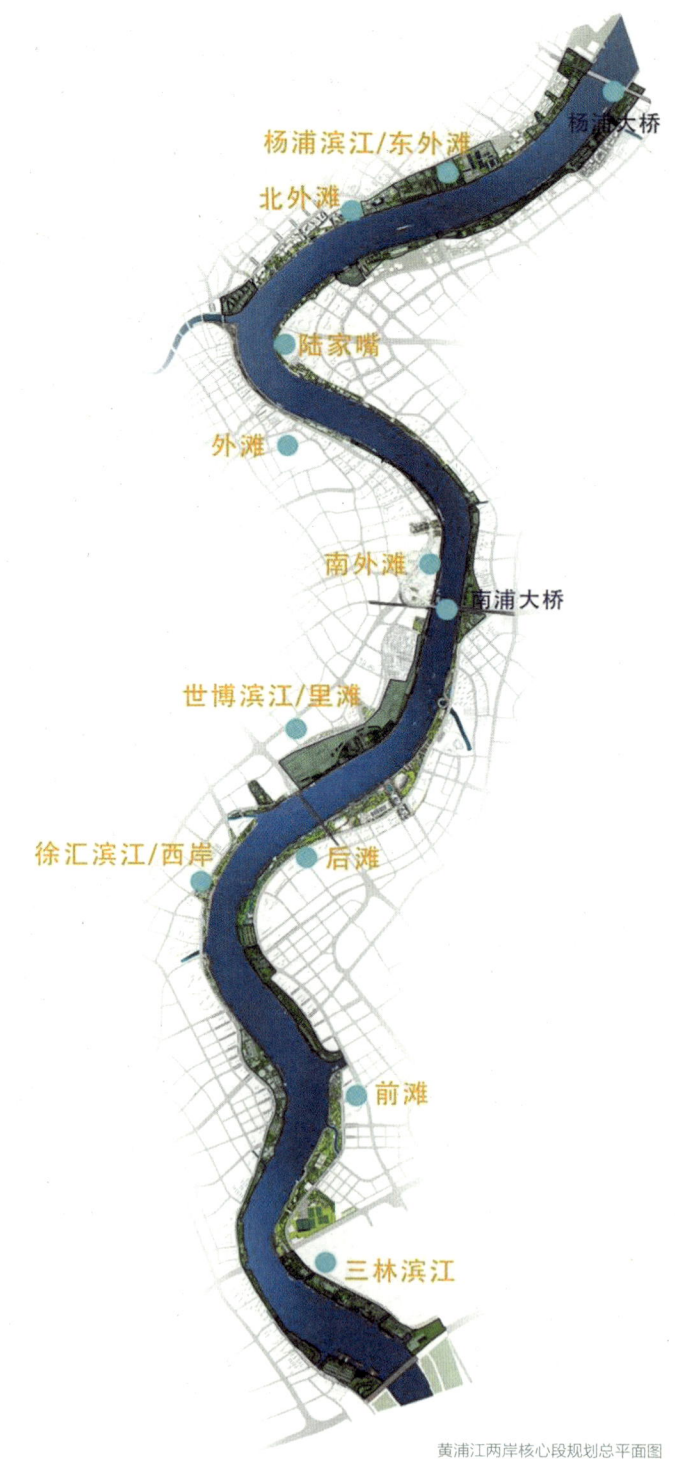

黄浦江两岸核心段规划总平面图

杨浦滨江段更新前鸟瞰图

徐汇滨江段更新前鸟瞰图

经验借鉴

市场运作：资金投入、利益共享

黄浦江两岸更新是以公益性为主的城市公共空间更新项目，可利用的土地有限，动迁量大，项目资金需求量大。政府以"运作市场化、投资市场化"为总体原则，以"利益共享、政策聚焦"为具体操作思路，出台了一系列倾斜政策，建立市场化运作机制，吸引、带动大量社会资本投入，鼓励市场参与更新。企业既享受了滨水公共空间的环境之利，又承担起部分公共空间建设职能。政府与市场共同分担公共空间更新资金压力，实现利益共享。

规划先行：全线统一、局部灵活

黄浦江两岸更新提升对标全球一流水岸，在推进地区功能开发和产业转型的基础上，全力推动公共环境空间还江于民。黄浦江两岸公共空间更新以政府为主导，以"打造世界级滨水区"为目标，将沿江45 km的城市滨水空间作为一个整体进行规划，提出整体愿景与战略导向，统筹滨江各分段的功能与特色，引导滨江各区段错位发展。各区结合自身优势，打造本行政区内黄浦江滨江公共空间的特色亮点。同时，将公共空间贯通理念向腹地纵深拓展，使黄浦江支流、绿廊逐步形成系统化的滨水公共空间网络。

公共为先：开放先行、共创共享

黄浦江45 km岸线跨区域、跨行业、跨单位，全线贯通曾经是一个"不可能的任务"。经过协调，许多滨江沿线利益主体主动"腾地"，齐心协力将黄浦江沿岸地区打造为开放共享的城市公共空间。其中，徐汇区通过军地合作、市区合作，实现了土地的腾让，为徐汇滨江西岸片区打造成高品质中央活动区奠定了基础。

激发活力：功能转型、亮点串联

通过岸线核心段功能提升及优化，对原有滨江闲置空间进行提质扩容和功能改造，让过去的沿岸工业文明记忆以城市景观的方式融入当代城市生活。其中，杨浦滨江段转型为"生态复合型滨江公共空间＋工业遗存保护利用示范区"；徐汇滨江段随着龙美术馆、余德耀美术馆、星美术馆等文化品牌的入驻以及文化场馆的建设，成为知名滨水文化艺术区及网红打卡地。滨江开放空间串联公共服务设施与沿江文化艺术场馆等亮点场所，塑造完整的沿江活力链条，丰富滨水休闲娱乐活动。滨江活力向腹地延伸，带动高端商务及居住等多功能、多业态发展。

重塑生态：韧性水岸、自然共生

黄浦江沿岸滨江绿地建设是上海市水岸空间生态恢复与资源再利用的重要实践，依托自身优势，将工业遗存自然资源优势转变为发展优势，建设成为宜居宜游的世界级滨水开放空间。

徐汇滨江西岸美术馆

杨浦滨江公共空间示范段

黄浦世博滨江

浦东前滩滨江市民公园

大众评价

"通透沿江景观带,灯火连接成彩练。浓浓的老上海码头风情!"

——大众点评网友

"空间贯通,每天散步,就当来锻炼,很舒适,就是节假日人太多,连座位都不够用。"

——市民 吴先生

"黄浦江两岸45 km滨水地带是'城市会客厅',未来更是新经济舞台。"

——《解放日报》上观新闻

专家评价

"滨江空间的贯通,还有另一层深意——重新探索发现滨江地区的工业遗存、历史建筑,将这条城市的文脉也贯通起来。"

——同济大学建筑与城市规划学院教授 常青

苏州河两岸公共空间

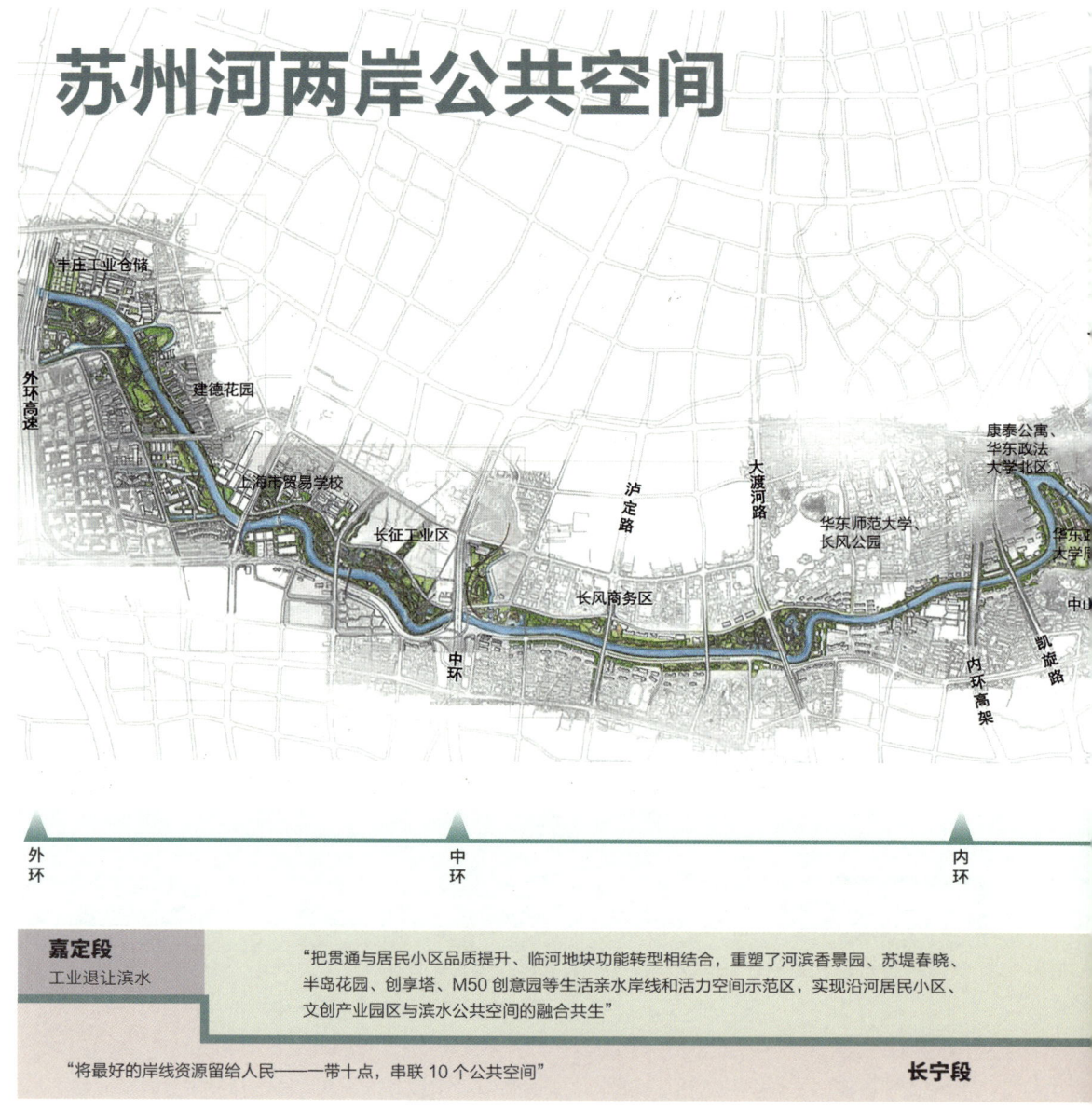

项目概况

项目时间：2018—2020年
项目地点：苏州河外环线—外白渡桥段
项目规模：两侧岸线总长42 km
更新类型：综合整治
更新主体：沿线各区政府

项目背景

上海境内苏州河全长53.1 km，它不仅见证了上海近代工业发展史，也孕育了沿河市井百态烟火气。两岸的沪西工业区曾是上海近代工业的集中发展地和重要的物资集散中心。整治工程解决了苏州河长达半个多世纪的黑臭问题，改善了两岸生态。2018年黄浦江两岸公共空间贯通开放后，为盘活苏州河沿线滨水空间及人文资源，苏州河沿岸公共空间提升工程随即启动，并于2020年年底基本实现中心城段两岸全线42 km公共

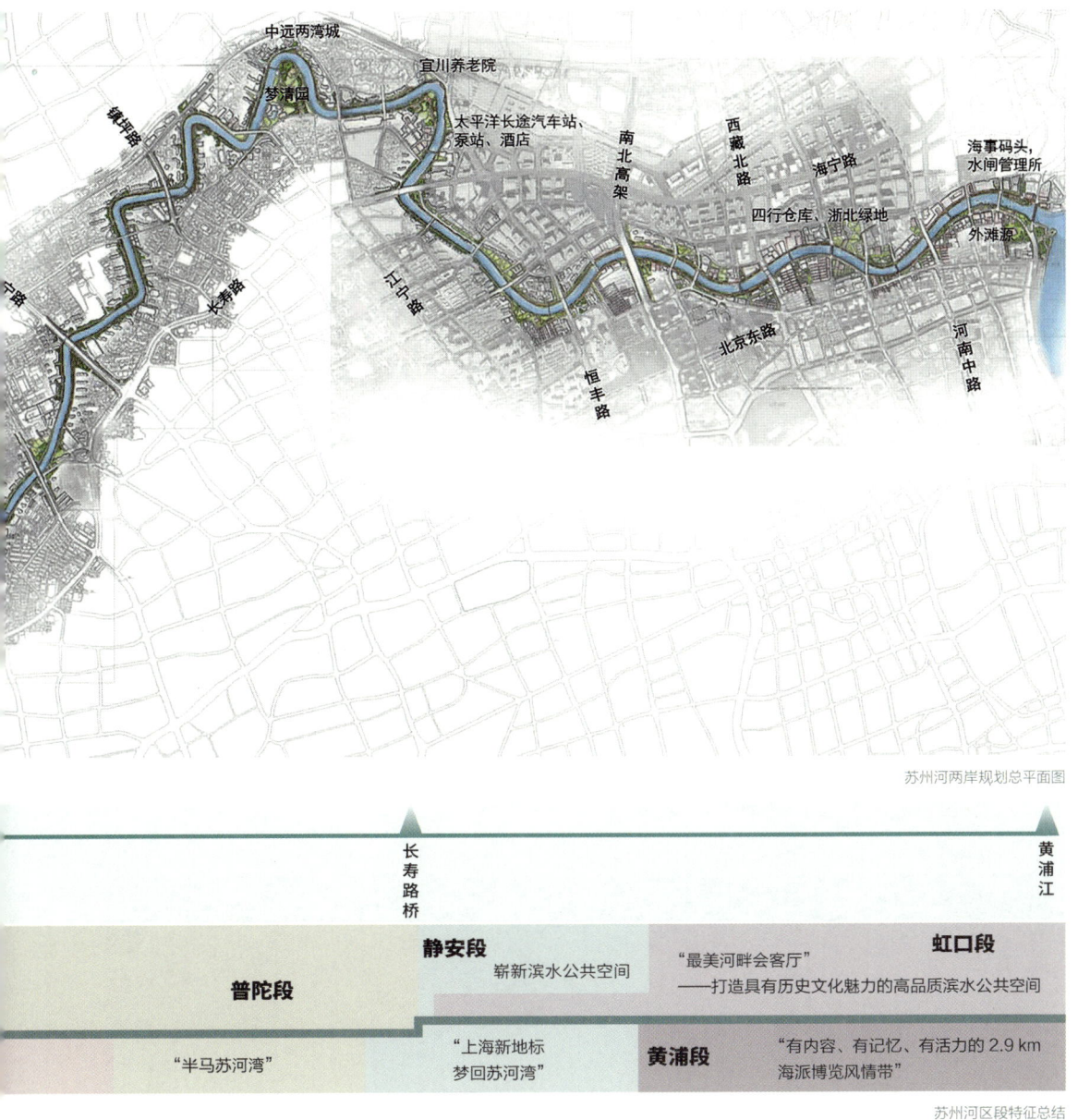

苏州河两岸规划总平面图

苏州河区段特征总结

空间的全面提升。

经验借鉴

充分听取民意民策，落实民主实践

苏州河两岸涉及利益主体多样、权属关系复杂。贯通前的苏州河岸存在60多处"断点"，其中普陀区的中远两湾城是最难也是最后一个被打通的"断点"，岸线产权属小区全体业主所有，占据1.69 km。在贯通征询意见之初，这个拥有5万常住人口的纯商品房住宅小区有9成持"反对开放岸线"的意见。在区和街道两级有关职能部门及专班、专家、设计公司、居委会、社区骨干、全体居民等多方共同努力与配合下，中远两湾城的贯通最终取得大部分居民的支持，为实现苏州河整体贯通作出了巨大贡献。

81

规划设计因地制宜,"一区一亮点"

在坚持空间统筹的原则下,苏州河两岸建设保持整体统一的布局风貌和功能配置。根据各行政区段的资源禀赋和风貌特色,在贯通工程的推进过程中因地制宜,打造更丰富的功能节点,形成一河两岸"整体统一,片段特色"的独特格局。

苏州河岸中国石化第一加油站

活化利用历史资源,实现古今相融

梳理苏州河沿岸存量资源,挖掘历史文化故事,加强物质文化遗产和非物质文化精神的保护。两岸建设聚力深厚的历史文化底蕴,塑造故事感与现代性结合的特色城市风貌。充分利用工业遗产空间,打造具有片区特色的历史文化体验场景。通过注入创意博览、文化演出、商业办公等多元业态,实现了存量资源功能转型,提升了片区吸引力。

苏州河岸上海市划船俱乐部

文化场所连点成线,艺术渗透生活

随着美术馆、博物馆建设的大力推进,人们的生活方式也随之改变,苏州河两岸文化场所

苏州河外滩源段

连点成线，已成为居民不可或缺的闲时去处。此外，民众喜闻乐见的文化艺术活动已充分渗透进人们的日常生活，丰富了民众的精神文化生活。

增加蓝绿空间规模，人与自然共生

通过慢行系统建设串联既有绿地和新建公园，强化生态斑块连通性，打造以苏州河为主轴，苏州河两岸腹地绿地空间为底板的生态空间格局。中心城区河段高密度建成区增加小型口袋公园，优化蓝绿网络。

优化长效协同机制，推进计划实施

通过上海市人民政府的合作平台搭建，升级沿河区域发展长效协同机制，统筹各行政部门建设管理要求和各区发展规划。"一江一河"工作领导小组审议、监督并协调解决重大问题；分区梳理各区现阶段滨河空间发展的关键问题，拆解行动目标；结合各区发展计划汇总具体任务。

苏州河岸飞鸟亭

大众评价

"苏州河游览不同于黄浦江观光，其水岸联动里蕴含着上海人的生活方式。"

——上海市人大代表、上海人民广播电台首席主持人　秦畅

"浦西本地阿姨叔叔们最喜欢的打卡地。希望可以沿路多增设一些公共卫生站点和价格亲民的超市、便利店，而不只是咖啡店。"

——大众点评网友

"你在船上看风景，岸上看你是风景，苏州河已经成为上海城市更新的一张名片！"

——东方网

跑道公园鸟瞰图

徐汇跑道公园

项目概况

项目时间：2016—2020年

项目地点：徐汇区云锦路（北起丰谷路，南至龙兰路）

项目规模：用地面积14.63 hm²

更新类型：综合整治

更新主体：上海西岸开发集团

设计单位：SASAKI事务所

场地使用现状场景

项目背景

场地前身为1949年前上海唯一的民用机场——龙华机场，修建于20世纪初，并于2011年关闭。随着徐汇滨江地区的发展，停用多年的旧机场跑道也迎来重生的机遇。场地被改造成为与街道并置的线性公园，不仅是现代健康生活所需的绿色跑道，也为附近社区提供了休闲交往的户外空间。

经验借鉴

丰富空间细节，突出场地特质

为延续场地文脉，地面铺装设计尽可能保留原有机场跑道的混凝土铺面。基于原场地特征，设计充分转变空间尺度并效仿机场跑道的线性特质，使飞机的跑道空间回归到人们的日常使用场景。线性空间的并置模糊了公园与其一侧云锦路之间的关系，将二者融合一体，组织成统一的通行系统。以原本的龙华机场航空元素为灵感的设计存在于多处景观细节中，通过应用不同材质及高差设计，展现基地作为机场跑道的历史，使场地使用者能身临其境地感受到时空与历史的交融。

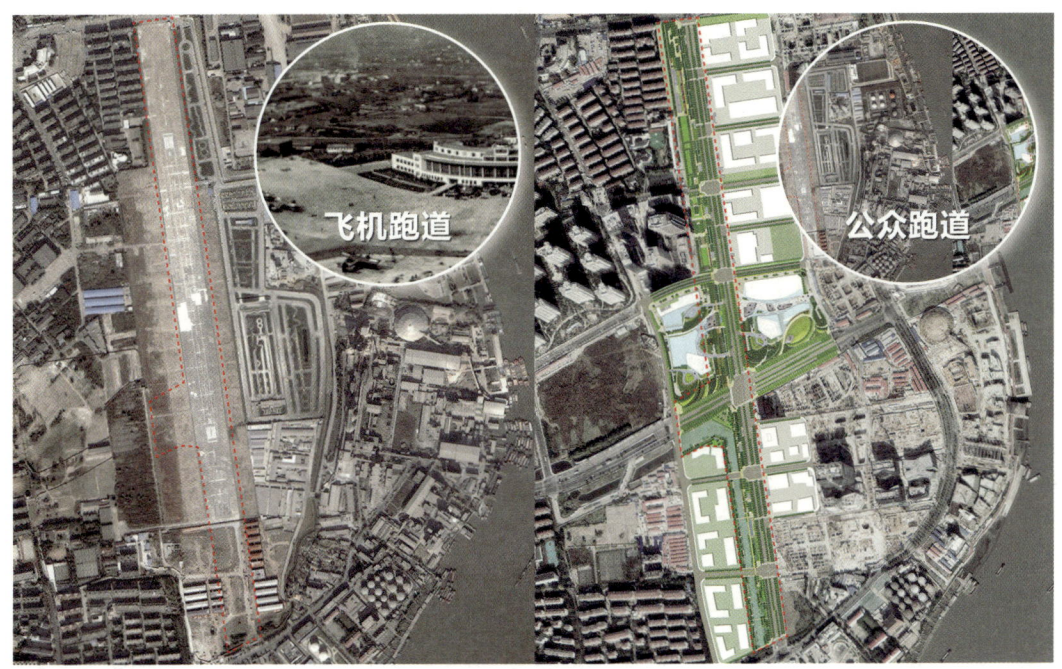

旧机场跑道　　独特的文化延续　　新城市公园

更新前卫星影像与更新方案图示

强化生态建构，营造宜人环境

项目充分采用雨水花园、海绵城市相关技术，有效解决了公园内植物灌溉问题，并实现了雨水二次利用以节省公园运营成本，并为改善水质、创造栖息地价值作出巨大贡献。

打造多样场景，保证多元功能

考虑到不同群体对交通、体育运动的需要，提供各类通道——邻公园车行道、自行车道、行人道、雨水花园以及线性绿色空间，以满足周边全年龄段市民的日常需求。除运动功能外，还增加了餐饮等功能，提供社交场所，有效提升片区活力。

行业评价

"徐汇跑道公园尊重景观历史价值、保持地方记忆，从而演绎了景观设计活化再利用的典范。"

——2020年IFLA评审团

"在日新月异的上海，一条昔日的机场跑道经过精心改造，成为高楼大厦间的线性公园。跑道不再用于飞机起降，而是成为造福城市交通和市民的公共空间。设计既有宏观尺度上的把控，又营造了亲切宜人的空间关系。"

——2021年ASLA奖评委

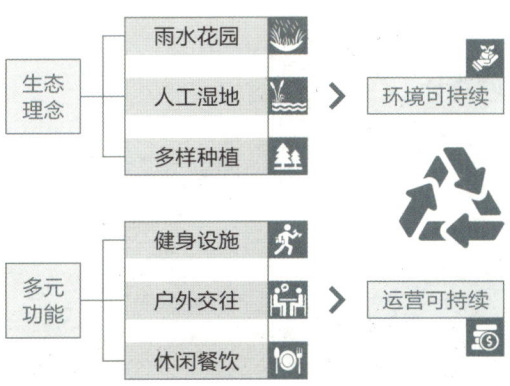

项目亮点总结

"上海低线公园"
——苏州河中环桥下空间

项目概况

项目时间：2020—2021年

项目地点：苏州河中环立交桥

项目规模：一期用地面积3 700 m²

更新类型：综合整治

更新主体：上海市长宁区建设和管理委员会

设计单位：上海翡世景观设计咨询有限公司

项目背景

53.1 km长的苏州河上海市域段共有30座桥，平均距离不足2 km，这些桥承载着丰厚的城市历史记忆。近年来，上海市政府以"绣花功夫"开展城市更新，将集中城市化地区数量充足的桥下空间、不规则零星用地等不起眼的空间打造成亮眼节点，绣入城市微更新的图景。长宁区桥下空间更新集约开发节地模式，结合周边居民迫切需求，通过土地复合利用，综合设置健身活动区、公共绿地、苏州河休闲驿站等空间，将低效闲置用地转变成集运动、休闲、科普为一体的多功能公共场地，满足了周边居民对公共开放空间的需求，提高了土地资源配置效率，成为上海市唯一入选自然资源部办公厅印发的《节地技术和节地模式推荐目录（第三批）》的案例。

经验借鉴

重塑城市及街区关系

项目结合苏州河贯通工程，优化慢行系统和景观生态，打造亲水岸线。苏州河沿线引桥桥洞空间设计方案将苏州河跨河引桥的桥下空间分为市政服务段、桥底体验段、沿河补给段三个标准段。项目通过增加景观及设施设计，改变原有的消极环境，并结合苏州河沿岸的开放空间增加适合的公共功能，促进沿岸整体功能的完善，通过生动的功能、色彩创造出富有活力的公共空间。

更新前桥下空间

桥下空间慢行道

政企合作，加速更新

项目采用"政府+市场"合作模式，相关设施的运营与建设均由双方共同参与，既创新了土地供应方式，也激发了市场主体参与更新的活力。绿化景观、慢行步道、灯光、市政配套、道班房、场地基础等项目实施建设和后续运维由政府来支撑；通过智慧球场管理模式，不仅降低了运营成本，还能提高场地的使用效率。

桥下空间整体

大众评价

"现在我的跑步好像一场城市之旅，既能欣赏滨水河畔大自然景观，又可以穿越历史、感受海派魅力。"

—— 长跑爱好者 杨先生

"散步在长宁苏州河畔，感觉就是不一样的浪漫，美景尽收眼底，也多了一个休闲运动的好去处！"

—— 大众点评网友

桥下空间步道

信谊药业地块方案效果图

静安区中环两翼产业用地区域更新研究

项目概况

项目时间：2020—2021年
项目地点：静安区中环两翼地区
项目规模：用地面积7.1 km²
更新类型：区域更新
更新主体：上海市北高新（集团）有限公司
咨询单位：上海现代城市更新研究院
设计单位：HDR建筑事务所、华建集团华东建筑设计研究院有限公司

项目背景

上海"十四五"规划提出构建中环经济发展带的要求，在新一轮发展中，中环沿线空间承担着从产业园区向城市片区转型的使命，近年来上海各区均在谋划中环沿线产业再发展、品质再提升。

静安区"一轴三带"空间战略中的"中环两翼创新创意集聚带"（面积7.1 km²）位于中环、南北高架两条快速路交会区域，交通区位优越，产业优势突出，面对不断变化的外部条件和发展形势，区域自身还存在一定比例的可挖潜土地资源，进一步提升转型的需求与机遇并存。

区域更新研究在7.1 km²区域层面形成整体转型方案，侧重保障公益性要素，解决定位、产业、结构问题；在区域转型方案基本稳定基础上锁定北部0.6 km²的走马塘转型示范区，开展落地性方案深化研究，侧重协调各方利益，解决容量、经济性、环境品质问题；随后结合开发条件、产业入驻需求分批启动项目地块，地块层面侧重落实管理要求，细化控制指标，形成全生命周期管理清单。项目从区域到局部，再到地块的产业用地转型提升路径，对上海市产业片区区域更新具有一定借鉴意义。

申林木业地块方案效果图

经验借鉴

多专业协作保障落地性

数据信息公司配合数据搜集分析，测算专业团队全程跟踪。7.1 km² 区域层面对175幅工业仓储宗地全覆盖调研，在对权籍、使用功能、税收、容积率、建筑质量多维度评价后，初步确定采用自主转型、联合转型、收储、保留等不同方式，测算区域转型总账，辅助政府决策；0.6 km² 示范区层面通过访谈与问卷方式对范围内40幅宗地权属方开展调查，充分尊重各权利主体转型诉求，在城市设计阶段同步开展政府、企业双方视角的经济成本测算，验证转型方案可行性，经济测算与城市设计方案又经过多轮相互校对调整，保证了落地性。

多种转型方式统筹各方利益

通过土地政策专项研究形成"一地一策"政策工具箱，在项目层面适配不同地块。探索市北高新集团作为"平台公司"的联合转型路径，申林木业地块由原权利人与市北高新集团联合成立合资公司承担地块开发；允许物业权利人在统筹组织下自主转型，上药信谊、上勤等地块在满足全生命周期管理清单要求基础上自主转型；在收储地块划示区域中率先实践

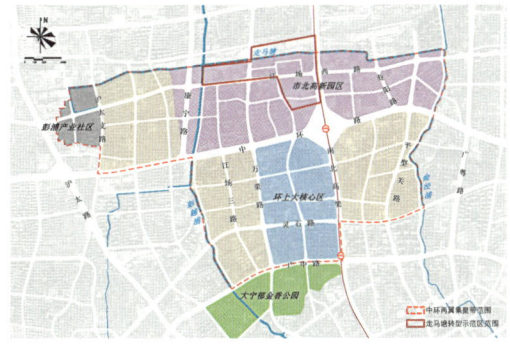

中环两翼范围示意图

"工业标准地"模式，根据意向入驻企业需求，布局带投入强度、税收要求、亩均产值、单位能耗、环保要求等"标准"的用地。

产城融合导向的"创新圈"构建

引导产业园区向城市社区转型，构建10分钟创新圈。强调产业社区配套服务的均等性、完整性，在7.1 km² 区域层面建立"双创平台-产业邻里"二级配套服务体系，引导相关设施类型通过混合用地形式在转型提升地块内落实；在走马塘示范区范围内通过建筑初步方案研究在城市设计导则中落实"双创平台""产业邻里"相关要素指标；项目层面通过控制性详细规划图则、全生命周期管理清单落实控制要求。

第二轮方案鸟瞰效果图

杨树浦电厂

项目概况

项目时间：2020年至今

项目地点：杨浦区杨树浦路2800号

项目规模：用地面积12.4 hm²，建筑面积28.8万m²

更新类型：保护更新

更新主体：上海杨树浦发电厂有限公司、上海杨浦滨江投资开发有限公司、光大安石投资（咨询）有限公司

咨询单位：上海现代城市更新研究院

设计单位：BDP建筑事务所、David Chipperfield建筑事务所

项目背景

杨树浦电厂位于杨浦滨江核心区域，它始建于1911年，是近代中国建造最早的大型火电厂之一。1924年，成为当时的"远东第一大电厂"。2016年，杨树浦电厂被列入上海市风貌保护街坊，在原有0.8万m²保护建筑的基础上，新增3.1万m²保留建筑。在新的风貌保护要求下，以杨浦滨江区域统筹的视角，开展了杨树浦电厂地块工业遗产保护更新工作，协调历史文化保护与城市开发转型。随着上海"一江一河"世界级滨水区岸线的贯通、开放、提升，杨浦滨江工业遗产保护更新与转型利用更加体现出其重要意义和价值。

经验借鉴

从表皮保护向内涵保护转变

工业遗产不但要注重历史建筑本身的"表皮保护"，还应注重功能、关系、记忆等其他方面的"内涵保护"，确保其样貌和精神都能得到传承保护、有机更新。杨树浦电厂更新根据不同的形式空间特质量体裁衣，导入商业、文化、创意、体育等功能，形成特色亮点。依托烟囱、小白楼、锅炉房、新老汽机

杨树浦电厂原始照片

房等独特历史建筑,打造区域活动中心及景观地标。更新后主导功能以文化、公共服务、商业、办公为主,通过文化与商业、公共服务的融合,以工业遗产为载体,打造特色功能和业态,与周边地块形成错位发展,整体打造、协作分工,激发杨树浦电厂及周边区域的新活力。

保护引领、设计引导、策划引流

结合上海滨水区工业遗产保护更新的实践经验,杨树浦电厂采取"多处遗存整体转型""遗存+区域功能复合打造"的模式,跳出就保护论保护的工作方法,从杨树浦工业区工业遗产锈带转型、杨浦滨江公共开放空间打造的角度切入,让杨树浦电厂发挥出杨浦滨江开发承上启下的重要作用。

项目在前期就对保护保留建筑进行建筑方案研究,通过方案的比选,对各保护、保留建筑提出相应的意向改造方案,在意向建筑方案研究的基础上,针对保护、保留历史建筑提出相应改造原则,建议注重功能联动,更新改造后,公共、公益功能与经营性的商业功能混合布局,历史文化和现代活力交相辉映,展示杨树浦电厂复古而现代的魅力。

以"一块煤的历程"为概念,在保护保留的历史建筑中,模拟电厂发电中煤炭烧结的过程构建一条流线,串联保护、保留历史建筑中各功能模块,游览者通过这条公共展示游览游线,可进入保护、保留历史建筑中剧场、零售、运动馆、酒店、书店等各功能空间,形成独特的参观路径和文化体验,成为工业遗产更新后的主要吸引点。

第一轮方案模型效果图

多元主体，区域统筹

更新采取多方合作的方式，电厂、开发商、政府的多元化主体保证了项目在风貌保护、公共利益、投资回报等方面的平衡共赢，规划、建筑、策划、文保等多专业人员协调与缝合各方诉求，跳出开发地块的局限，从杨树浦电厂与周边地块整体组成的地区功能组团角度出发，从功能业态策划、公共开放空间塑造、慢行系统打造、公共服务配套、道路调整衔接等角度进行了系统统筹，以整体打造、协作分工为切入点，激活风貌保护街坊的新活力，让地块成为杨浦滨江与腹地串联的主要轴线，以及区域慢行网络中的重要开放节点。

世界级滨水区工业遗产的更新应采用更全局的视角，将片区内保留的工业遗产统筹考虑，力图打造与独特的工业建筑和文化底蕴契合的空间、功能、活动，将工业遗产的保护和再利用与区域发展转型、品质提升、业态升级相融合，形成历史文脉传承与未来转型发展有机一体的、有温度的城市空间，形成韵味独特的滨江特色工业文化景观。

第一轮方案模型图

专家评价

"基于增加历史保留建筑，对整个地块的交通路网、容积率（总量不变）做相应调整，对杨树浦电厂整体风貌保护很有价值。"

——同济大学建筑与城市规划学院教授　章明

滨水空间与绿之丘的联系

绿之丘

项目概况

项目时间：2019年
项目地点：杨浦区杨树浦路1500号
项目规模：建筑面积1.75万m²
更新类型：保护更新
更新主体：上海杨浦滨江投资开发有限公司
设计单位：同济原作设计工作室

项目背景

自上海开埠以来，杨浦滨江是工业最集中的地区，工厂聚集在沿岸的码头边。随着上海的发展变迁、产业转移，杨浦滨江变为上海中心城区的"工业锈带"，遗留了大量空置工厂。"绿之丘"的前身是建于1996年的烟草公司的机修仓库。2002年，政府提出"还江于民"的战略，把曾经的码头、厂房的沿江地带还给市民，将生产线岸线转型为生活性岸线，塑造公共空间。

经验借鉴

保留旧肌理，城市有机更新

对比其他惯常的工业型滨江改造，本项目不是将老厂房夷为平地并修建常见的线性滨江景观。设计方案提出"原真叠合"的理念，像底片叠底片，每层都有痕迹。在多方协作沟通后，一致决定保留城市的旧肌理，在原有建筑上改造，实现旧工业厂房的有机更新。从空间的角度来看，烟草仓库位于滨水空间带状发展和城市腹地指状渗透的交点。原本的烟草仓库是座六层板楼建筑，阻断了滨江空间与城市腹地的联系。改造后，建

烟草仓库原状

建筑改造方案图示

筑做了切角处理并在江岸和城市的一侧从顶层退台以降低压迫感,建筑的北侧退台连接现状的规划绿地形成缓坡,并覆土种植,达成由城市到达滨江的引导和桥梁的目的。同时,将建筑中间三跨上下两层打通,满足市政道路的净高和净宽要求,使地面空间贯通,建筑从而融入区域交通网络之中。

增加公共空间,功能转型融合

对烟草仓库的改造是内外交融渗透的,这一仓库也是作为新的公共空间为居民提供更多公共服务的载体。项目从工业建筑向公共设施的转型,不仅是建筑空间的改造,还同时关注功能上的转换。设计团队将"绿之丘"定位为集城市公共交通、公园绿地、公共服务于一体的城市多功能复合体。建筑内容纳了市政公用设施、滨江综合服务中心,北面坡下空间为地下停车区域,坡上空间在原有建筑框架插入离散出入的小屋体系作为灵活使用的空间。这些内部空间的灵活设计既能满足不同功能使用的不同需求,又给予人们在公共空间中交流的自由。特别的是,项目设计中办公用房功能转换的可能性,以开放和包容的理念应对功能使用

内部结构

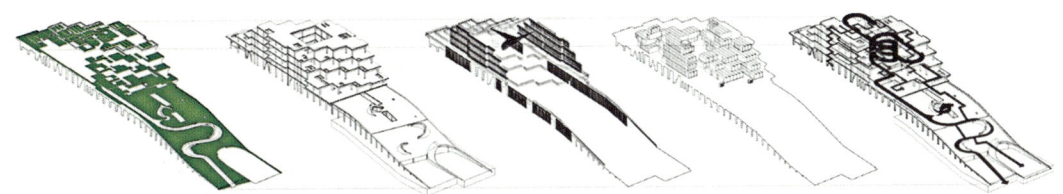

建筑改造分析图示

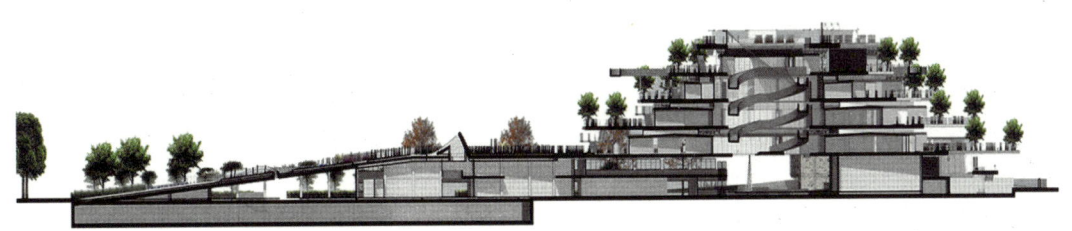

功能剖面图示

的需求。在投入运营后,高质量的空间品质吸引了不少商业、文创办公、咖啡厅等业态,"绿之丘"成为黄浦江滨江岸线功能转型和融合提升的成功试点。

大众评价

"杨浦滨江的绿之丘是难得的开放式大露天平台,适合摄影观光,运气好应该还有日落可见。作为高楼林立但处处封闭的大上海来说,这种透透气的景点真是令人心旷神怡,来往人群络绎不绝。"

——小红书网友

"绿之丘,美是美,但功能较为单一,给人的感觉就是想要打造滨江工业带,但往里面装什么,没想好。"

——同策研究院

建筑外部结构

| 97

东滩源鸟瞰实景图

光明东滩源

项目概况

项目时间：2021年
项目地点：崇明区
项目规模：建筑面积12 198 m²
更新类型：保护更新
更新主体：上海光明食品国际有限公司
咨询单位：上海现代城市更新研究院
设计单位：同济原作设计工作室、
　　　　　Wutopia Lab

项目背景

光明东滩源前身为上海市前哨织布厂，场地起初为一组建筑分布在杂乱的绿地之中，北侧与广阔的麦田自然相连。更新后光明东滩源项目通过专业公司与农场合作，探索农业发展与产业转型的新路径。

经验借鉴

结合园区规划整体定位，将光明东滩源打造成为一个设计风格多元融合的创新园区，邀请多位建筑师对原有场地和建筑进行重新整合重塑，设计强调呼应并延续场地景观连续性。

多元团队共建

同济原作设计工作室以地景形式处理与主体厂房并置的两组新建体量，弱化新建建筑的形式感，简化外部空间，增强内部空间的多样性，以趋于景观化的姿态并置于老厂房的两侧。会议中心采用单层景观建筑的策略，延展自然景观至屋顶。为满足更加多元的活动需求，通过标志性的起翘屋面将院落空间作为景观媒介嵌入地景建筑之中，为单层建筑提供良好采光条

凡人纪念馆

牛奶巧克力泵房

件。原场地内存在两幢陈旧的坡屋顶厂房及其之间简易搭建的棚屋。设计拆除后，运用新的建筑线条，重新演绎了原有空间。

Wutopia Lab设计了凡人三部曲，包括凡人纪念馆、牛奶巧克力泵房以及黄金晒谷场，利用原有被废弃的农场基础设施更新改造，成为东滩源吸引游客参观的网红打卡地。

区域产业联动有机融合

项目依托前哨农场的自然地理条件、较好的区位优势，光明国际海外平台赋能，规划打造成光明国际食品及农业科创中心启动区。除已建成的国际交流中心和黄金晒谷场，规划还结合周边的景观将场地分为几大板块：光明智慧农业SHOW场、生态景观休闲林、雨水公园、艺术稻田、特色集市等。

项目开发还将引入未来化、高科技的概念。同时与东平小镇、光明田原等项目进行有效融合，加大团队间资源结合力度，形成错位竞争、错位协同、错位发展的良好发展模式，共同为"殷实农场建设"添砖加瓦。

大众评价

"光明东滩源灯塔，真的比照片有意思多了，只是这里不对外开放；牛奶巧克力泵房，湖边的游客休息驿站，天冷拍了张照就走了；黄金晒谷场，我以为是真的晒谷场，然而我以为不过是我以为。只是看照片似乎还挺逼真。"

——小红书网友

"借着工作踩线路之名，从陈家镇自行车公园（在建中）一直兜到光明东滩源。牛奶巧克力泵房是网红打卡点，途中经过几片大的油菜花田，还有春日牛耕景象，疫情之下的决赛小分队还可以如此从容春游，幸福之余一定要分享大崇明的美好自然风光和人文网红打卡地呀！"

——大众点评网友

规划方案鸟瞰效果图

不锈钢地区城市更新

项目概况

项目时间：2021年

项目地点：宝山区外环以南原不锈钢厂区域

项目规模：用地面积9 km²

更新模式：区域更新

更新主体：上海市宝山区人民政府、中国宝武钢铁集团有限公司、上海上实（集团）有限公司

咨询单位：上海现代城市更新研究院

设计单位：AS+P建筑事务所、上海营邑城市规划设计股份有限公司

项目背景

吴淞工业区作为上海最具代表性的传统工业基地之一，城市面貌亟须改善，相关企业转型诉求强烈，区域更新需求迫切。区域现状快速路网完善，条件较好，最易承接中心城区资源外溢，2020年8月，不锈钢厂内约1.2 km²启动区控规获批，区域开发启动条件初备。

2021年宝山区人民政府、中国宝武钢铁集团有限公司、上海上实（集团）有限公司联合主办了《不锈钢地区功能策划暨重点区域城市设计》《中央钢铁公园及周边区域景观设计》两个方案国际征集工作，邀请国内外一流规划、策划、建筑、景观团队为不锈钢地区转型发展出谋划策，为不锈钢地区转型发展提供了宝贵思路。

不锈钢地区区位优越，工业文化底蕴深厚，转型更新工作不但要关注上位规划要求与地区服务功能承接，还要进一步提升，使其成为先进发展理念的试验区和重要发展战略的承载地，引领区域转型发展，统筹考虑产业策划、空间规划、功能导入、开发建设、运营管理全过程。

滨河沉浸式体验馆效果图

经验借鉴

四个先行理念

借鉴徐汇西岸在城市片区开发中的成功经验，不锈钢地区城市更新工作明确秉承"四个先行"总体开发理念，即"生态绿化先行、市政交通先行、文化发展先行、产业项目先行"。率先建设中央钢铁公园，形成集中展示工业风貌与场所精神的区域标识，一改公众印象，聚集人气；优先做好市政、交通发展等方面的顶层设计，优先解决基础设施配套问题；结合上海大学上海美术学院入驻片区契机，力争将艺术文化专业优势转化为片区产业优势；注重产业筛选与导入，重视产业项目对片区开发的激活作用，形成特色明显、落地性强的项目包。

策划与规划并重

国际征集中鼓励应征人联合专业策划团队共同参与设计，最终各应征人在产业发展方向上基本达成共识，着力促进科创、文创的融合发展。科创方面，在顺应国家战略和上位要求的基础上，更进一步考虑和其他转型地区的

超级创新工厂-假日社区市集效果图

超级创新工厂-超级环效果图

超级创新工厂鸟瞰效果图

竞争合作关系,找准产业细分领域,主要引导新材料、工业互联网等产业集聚。文创方面,打造中国的包豪斯,让不锈钢地区成为工业设计、艺术创作的行业风向标和人才聚集地。

工业风貌保护路径探索

不锈钢厂前身为1949年成立的上海钢铁公司第一厂,是中国近代钢铁工业发展的源头,区内工业遗存类型多样,具有极高的物质与精神价值。国际征集方案中BDP、CBRE联合体借鉴UNESSO、ICOMOS、TICCIH等国际组织关于工业遗产保护方面的理论,提出审美、历史、文化、经济、科学五大价值体系,筛选出具有价值的工业遗存,创新提出构建三条"探索红色钢铁工业历史记忆的根系",作为空间线索串联各要素。AS+P、营邑规划联合体通过对包括工艺场所、管线网络、生产设备及构筑物在内的历史要素进行分类梳理,确定分区分级保护策略,方案通过保留和改造原传送带、管道、铁轨及管线网络等构建"工艺之路",串联丰富的体验活动,形成七大工业记忆场景体验项目,打造流动的无界工业博物馆。

区域更新统筹主体探索

国际征集方案中提出对区域转型开发进行整体考量,其中不锈钢厂区域目前开发条件成熟,可集中发力,先行先试,建议设立功能性平台,整体统筹更新;不锈钢厂外部结合后续各主体的更新条件,适时启动,通过政府整体收储出让、功能性平台联合开放等方式多措并举。充分发挥功能性平台在规划编制、土地前期准备和城市更新统筹协调等方面的作用,建议市区政府为功能性平台赋权赋能,给予规划编制参与权、开发建设自主权、产业导入话语权和招商运营主导权,助力区域的高质量转型和产业的高能级集聚,实现"多方能共赢、合力促转型"的良性局面。

水轴夜景效果图

三水交汇效果图

中央钢铁公园金色炉台片区效果图

TOD冷轧厂片区效果图

专家评价

"该项目是上海'十四五'期间的机遇项目,是上海北部地区具有特殊重要性的项目,将激发出万亿能级,因此必须实现土地权属方、上实集团、宝山区、市政府的四方共赢。"

——原上海市发展和改革委员会巡视员　王扣柱

"宝钢的转型更新不仅要从宝山区的意义来认识,也需要从上海市的意义来认识。这是重大的战略机遇,也是上海未来社会经济发展的增长极。规划核心在于对整体利益和长远利益的把握,要处理好整体结构和局部地区开发之间的关系,以及形态背后的问题。要抓好发展的触媒,平衡各方,尤其是人民的诉求。"

——同济大学建筑与城市规划学院教授　王伟强

张园鸟瞰图

张园保护性综合开发

项目概况

项目时间：2018—2022年（张园西区）

项目地点：南京西路风貌保护区的核心区域，东至石门一路、南至威海路、西至茂名北路、北至吴江路

项目规模：用地面积4.38 hm²，建筑面积62.5万m²

更新类型：保护更新

更新主体：上海静安置业（集团）有限公司、上海静安城市更新建设发展有限公司、太古地产集团

设计单位：David Chipperfield建筑事务所、隈研吾建筑都市设计事务所

项目背景

作为"海上第一名园"，张园位于南京西路风貌保护区核心区域，属于成片一级旧里地块，为上海现存规模最大、保存最为完整、建筑形式最丰富的石库门建筑群之一，包括带西方元素的花园别墅和中国传统内饰的石库门建筑。为了能更好地保留百年张园的文化底蕴，静安区于2018年10月在全市率先采用"征而不拆、人走房留"的有机更新方式，实施保护性开发，为上海首个保护性征收改造项目。

经验借鉴

强化历史文化价值挖掘，传承石库门记忆

历史建筑整体性保护，将张园地区历史建筑较为集中、空间格局保存完好、风貌特征明显的区域作为核心保护对象。开发单位历时三年时间，完成了对42栋170幢2 053个房间的查勘、测绘、记录、对比、整理、拍摄工作，张园成为全上海市首个实现"一幢一档"的成片风貌区。

同时，设计团队为了在改造中最大限度延续修缮前张园的生活性元素，将分隔空间的屏风、浮雕印花墙纸剥落后的胶水

张园巷弄更新前

保存弄堂名称的浮雕形式

痕迹等生活细节以新的形式一一再现，也为张园留住了专属于老上海里弄的一份温度和质感。

修缮后的里弄建筑以浮雕的形式保留下了"德庆里""荣康里""震兴里""福如里"等一系列蕴含着上海独有文化特色的弄堂名称，让关于石库门的记忆在代际之间得以传承、绵延。

增加开放空间与完善公服设施，提升人文品质

张园遵循保护规划和单元规划提出的"公共性"与"开放性"要求，在重要城市界面新增门户性公共开放空间，并与历史建筑、公共服务设施统筹布局。根据里弄空间的特点、历史建筑的特征，形成多处类型多样、层次丰富的绿地、广场空间，强调历史记忆的再现与文化休闲体验。

张园在激活街巷活力，延续街区历史肌理脉络的基础上，通过层层递进的街巷弄院将门户节点、地铁站点、新建地标和历史记忆空间一一串联，形成张园地区自然连通的街巷空间。密集的步行系统有助于打造一个极具活力的开放街区。作为分时段步行街区开放的茂名北路

街巷空间

107

灯光秀中百年张园的记忆幻境

蓝瓶咖啡张园店外立面

Dior无限梦境艺术装置

吸引了众多游客打卡历史建筑,并获得社会热烈反响。

此外,作为展示设计艺术与创造力的天然容器,张园通过持续打造多元的人文体验,让当代艺术设计与海派文化代表性建筑展开穿越时间与空间的对话。例如"六幕拾光·百年张园"主题灯光秀,艺术家借助石库门建筑的外立面,利用最新现代数字科技再现百年张园的记忆幻境。

保留并利用传统文化精神,商业再现城市气质

凭借浓厚的历史积淀、天然亲切的里弄氛围、独栋开阔的建筑特质,张园整体引入与历史文化风貌、空间格局相匹配的功能业态,打造成集商、旅、文于一体的地标性区域。整体业态分布呈现"东静西闹、沉浸无界"的格局,在首开的西区便云集了Dior、LV等多个国际知名品牌。各品牌的空间设计或精心重现石库门里弄的生活细节,或以不同的品牌元素对老建筑进行呼应,在新与旧的交织中,让消费者在最新潮的地段也能体会到老上海的温暖。

周边现有成熟多元的沉浸式商业氛围也为百年张园的新生提供了优质的开发环境,有助于其与周边区域形成联动,更好地发挥地区的综合效应。

成片风貌保护区修缮与地下空间同步更新

面对如何解决地铁换乘的舒适性、便捷性,

"修旧如旧"的张园里弄

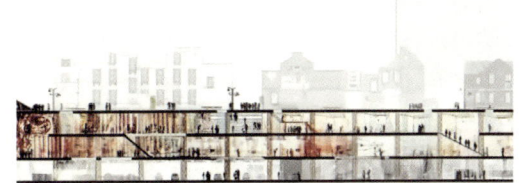

张园地面地下空间一体化

张园待平移保护建筑

以及提升商业街区的可达性等问题，张园二期增设的8万m²地下空间需要实现贯通，并同时保留地面诸多历史风貌建筑。在张园整个开发过程中，为了尽可能在局促的空间、高难度的历史建筑保护的前提下，实现地面地下空间"一体化"，项目团队对共计25栋保护建筑采用"平移""顶升""托换""暗挖"等多种手法，尽可能保障成片风貌保护区修缮与地下空间更新的同步进行。

大众评价

"张园今天向市民掀起自己的半边'盖头'来，而光影盛宴呈现了海派经典与当代艺术互动的感官盛宴，作为老张园人，我为之感到高兴和激动。"

——张园原住民　阿庄

"园区修缮后有代表性的老建筑基本是顶流奢侈品牌入驻，绝大部分需要预约或者邀请制才能进入参观。这样过于层次分明的布局和诸多限制是否有些高冷或是太过阶级化？"

——大众点评网友

T20大厦外立面

徐家汇T20大厦

项目概况

项目时间：2013—2017年

项目地点：徐家汇天钥桥路20号

项目规模：用地面积0.21 hm²，建筑面积23 970 m²

更新类型：有机更新

更新主体：上海徐家汇商城集团置业发展有限公司

设计单位：华建集团华东建筑设计研究院有限公司、法国JFA建筑事务所

项目背景

西亚宾馆位于徐家汇天钥桥路20号，是改革开放后徐家汇片区最早的建筑之一。改造前，建筑本体及设施设备老旧，无论外观还是服务能力都无法与徐家汇城市副中心的区域发展定位相匹配，同时徐家汇商圈还面临人车混行、停车位紧缺、写字楼稀缺、形象陈旧、公共空间不足等发展痛点。2012年年末，徐家汇商圈转型升级工作正式开展。西亚宾馆改建T20大厦作为徐家汇商圈更新试点，被列为《上海市城市更新实施办法》首批城市更新示范项目。

经验借鉴

功能革新，引领商圈升级

为顺应徐家汇片区发展需求，西亚宾馆被改造为甲级办公

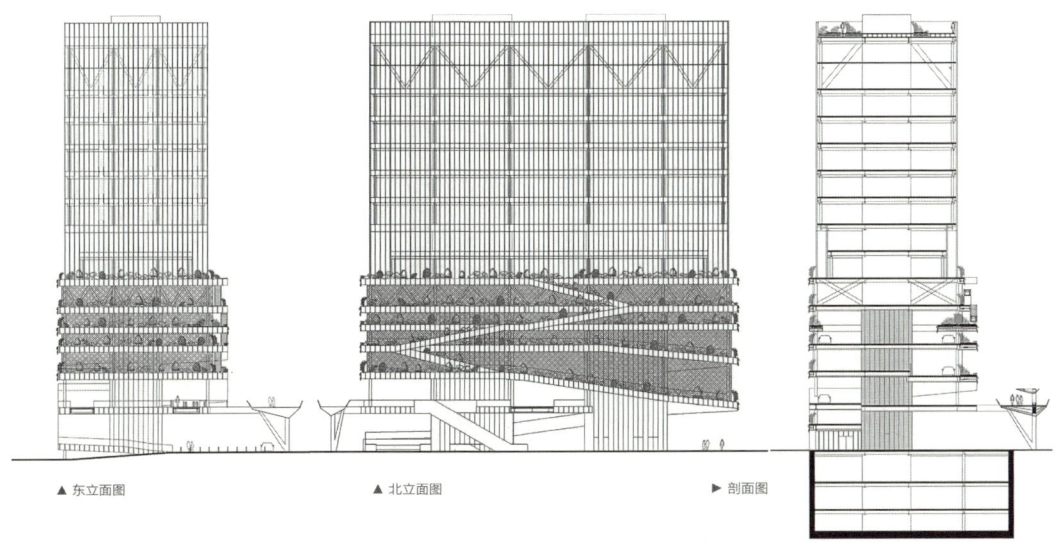

▲ 东立面图　　　▲ 北立面图　　　▶ 剖面图

T20大厦方案立面图、剖面图

写字楼、公共停车楼、文化空间和商业空间相结合的城市综合商务楼T20大厦。项目弥补了徐家汇商圈办公空间不足的短板，提升片区商务功能配置。更新后的T20大厦具备更高质量的服务水平，改造后功能空间满足地区新型现代化办公需求。由酒店向商办的功能转变，有利于资金、人才和现代服务业的集聚，增强内生发展驱动力，提升徐家汇商圈竞争力。

以T20大厦试点项目为引领，徐家汇陆续启动了10余项改造项目，将T20大厦及周边各大商务楼宇进行串联，强化商业集群效应，助力徐家汇实现从商业副中心到"上海2035"规划的"中央活动区"转变，力图打造国际化的商圈样本。

T20大厦更新前

用地性质转型，提升复合利用效率

在不增加经营性面积的情况下，该项目提供2层（约2 000 m²）对外开放的公共空间，且产权移交政府，还提供了地区紧缺的立体公共停车位，用地性质由酒店转换为商办综合用地。

整合交通，释放公共空间

更新后的建筑高度由原来的35 m增加到70 m，由地下3层和地上13层组成。改造后1层与地面连为一体，形成开放式广场；2层与上海第六百货、汇金百货、美罗城等商场串联成立体闭环商业步行网络，形成可供行人穿越的"空中花园"，便于行人在楼宇间穿行；3~4层为立体的公共停车场。更新后缓解了人车抢占地面空间的窘境，有效解决了长期以来困扰徐家汇的难题。

T20大厦、美罗城、徐家汇空中连廊整体鸟瞰图

T20大厦建筑绿化

绿色设计，优化片区环境

该建筑根据原有的退界、建筑面积等控制指标进行原拆原建。结合自然的现代化手法，通过垂直绿化的形式将1~5层外立面设计为大型立体花园，实现城市绿地的竖向延伸，打造出一片空中绿洲。此外，屋顶花园的混合种植确保了绿植四季生长。生态与建筑的融合为徐家汇地区创造了更宜人的环境，重塑了片区形象。

T20大厦停车场绿化

大众评价

"车水马龙配合T20大厦的流光溢彩，才觉得这是在徐家汇。"

——大众点评网友

"这种在高层建筑中区植入交通空间的开放式办公楼在上海还真是很稀有。"

——谷德设计网网友

世茂广场正立面

南京东路世茂广场

项目概况

项目时间：2016—2018年

项目地点：南京东路829号

项目规模：建筑面积5.8万m²

更新类型：改造更新

更新主体：世茂集团

设计单位：Kokaistudios事务所、华建集团华东建筑设计研究院有限公司

项目背景

世茂广场建于2006年，位于中华第一街南京路西首，为当时上海的时尚标杆，与第一百货商店、新世界城共同构成南京路步行街西端商业金三角。尽管世茂广场坐拥绝佳的地理位置，紧邻地铁站出入口，享有人民广场与南京路优越景观视野，但由于入口空间比例不协调、广场位置不佳、商业立面封闭等客观因素，与大众所偏爱的休闲购物场所相差甚远，很快便门庭冷落，变成了一座"孤岛"。在此背景下，世茂集团委托Kokaistudios事务所与华建集团华东建筑设计研究院有限公司共同合作，对其进行全方位多维度优化改造。改造完成后的世茂广场实现了华丽转身，成为了南京路上让所有人都可共享的"城市舞台"。

世贸广场更新前

"城市舞台"设计概念

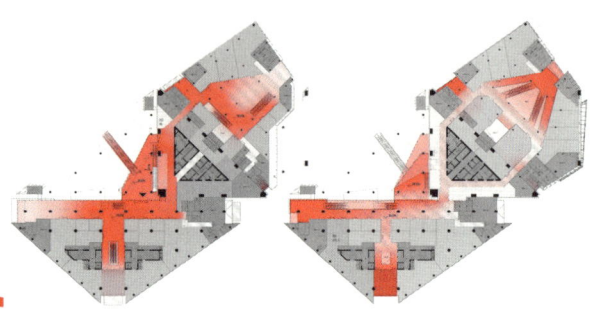

改造后动线

经验借鉴

特色场景营造，增强城市公共记忆

根据原方案设计理念，不仅广场部分可作为公共交通活动空间，整个建筑界面也注重开放性。但由于后期运营者和使用者采用传统商业运营思维进行管理，削弱了整体建筑开放性的特征。为此，更新设计采用"城市剧场"概念，注重突出其公共属性与文化属性，原先建筑的1~2层作为旗舰店直接与城市界面交会，建筑3层与5层的公共观景平台则通过极其醒目的红色"天梯"与南京路步行街相连，直接化身为整个南京路上最独特的商业活动公共空间。沿南京东路的西区三角形户外空间也改造为最引人夺目的"城市舞台"。

优化重组，改变原有易迷路的动线

在大部分顾客记忆中，改造前的世茂广场是很容易迷路的，经常在东西区两侧的商业区找不到方向。为了让顾客尽可能轻松便捷地前往目标体验区域，设计团队重新梳理优化内部动线，并配以开敞式店铺，将原本狭窄的连接通道彻底打开。极其醒目的红色"飞天梯"则将不同属性的顾客引导前往观景平台、餐饮店、零售娱乐体验店等不同场所。但由于建筑首层的标识不够清晰，仍有部分顾客表示改造后的动线还是找不到3层以上店铺的入口。

错位竞争，打造首席潮流生活枢纽

作为上海顶级老牌商圈，南京东路步行街

一期中庭

百货商厦集中，如何在消费升级的大环境背景下，重塑存量商业模式，顺应当下年轻客群的消费习惯模式，形成南京东路全新潮流消费记忆场所，成为世茂广场业态组合定位的重点。不同于第一百货商业中心突出传统海派风格记忆和新世界城主打全民体验性消费，世茂广场明确客群定位为年轻、时尚本地消费者，引入大量潮玩时尚品牌，打造上海首席潮流生活枢纽。全新的消费体验业态为大众植入了南京东路步行街崭新的商业形象记忆，引领了整个南京东路商圈的迭代升级。

二期中庭

媒体评价

"设计风格具有特色，满足城市空间与商业运营的不同需求，提升了使用需求。"

——第四届REARD全球地产设计大奖中国城市更新类·建筑金奖

大众评价

"更新后的格调档次提升很多，变得与时俱进富有潮流感，同时也举办很多活动吸引人群关注，但东西区内部连接还是比较绕，动线不是太清晰，布局奇怪，对第一次去的顾客不是太友好。"

——大众点评网友

锦沧文华广场

锦沧文华广场

项目概况

项目时间：2014—2022年

项目地点：静安区南京西路1225号

项目规模：用地面积0.9 hm²，建筑面积7.15万 m²

更新类型：改造更新

更新主体：上海宝华企业集团有限公司

设计单位：建斐建筑咨询有限公司

项目背景

位于南京西路传统核心商圈的锦沧文华广场由酒店改造而成，其历史可追溯至1911年开业的沧州饭店。1990年，上海最早一批五星级酒店之一的锦沧文华大酒店在沧州饭店原址重建完成，成为南京西路著名地标，也是上海改革开放与国际化的缩影。随着城市发展水平不断提升，酒店因设施设备陈旧、配套不足等问题，于2014年暂停营业，并开始探索大楼的更新再利用途径。

建设中的锦沧文华大酒店

建筑高度：100 m
建筑楼层：主楼30层 裙房5层，地下1层
标准层高：3.2 m
主楼结构：混凝土框架剪力墙

1995年锦沧文华大酒店

100 m
主楼21层
裙房4层，地下4层
4.5 m（裙房5.6~6.6 m）
纯钢结构

2022年锦沧文华广场

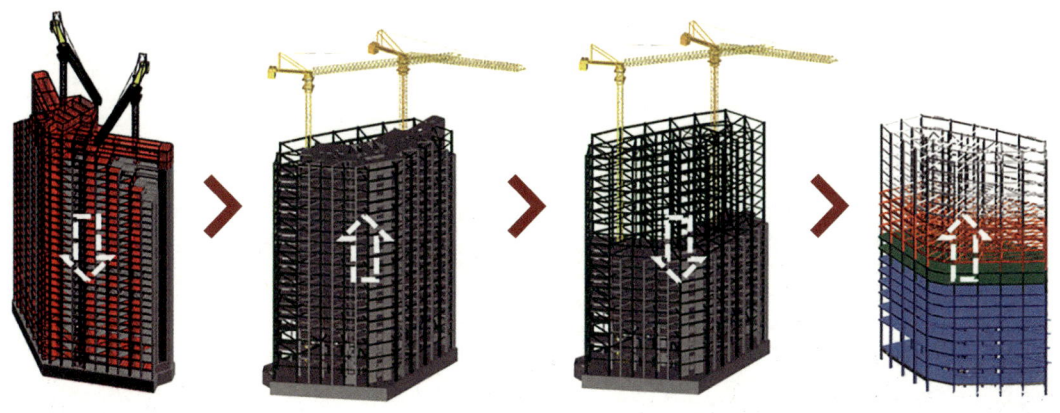

老结构分阶段拆除

项目亮点

技术支持，加速工程实施进度

更新前的锦沧文华大酒店存在建筑层高过低、设备设施陈旧老化、地下空间利用不足等问题，改造通过建筑结构"4改3"技术（4层变3层）增加楼宇层高，打开空间。该项目更新工程是我国首例高层建筑的结构置换与地下空间增层扩容同步实施的案例。由施工团队自主研发的"履带式多功能机械手拆楼机器人"，在国内首次应用，不仅突破了拆除工艺瓶颈，也解决了城市中心既有建筑难以爆破拆除的难题，提升了工程建设效率。

功能迭代，促进消费潜力释放

为顺应世界级商业街区南京西路的升级，锦沧文华业态由单一酒店转型为"高端办公+购物中心"综合体。项目改造充分释放了城市界面，将沿街步行系统与锦沧文华及周边商业连通，以适应商圈整体化发展的需要。打破了南京西路既有"梅泰恒"活力东金三角与"芮欧、嘉里、久光"西金三角之间断连的现状，形成以"上海商城、上海展览中心、锦沧文华广场"为组团的活力中金三角。三大"活力金三角"新格局的形成，进一步促进南京西路消费潜力的释放，助力上海成为国际化消费大都市。

"活力金三角"格局示意图

媒体评价

"锦沧文华广场为何能够在高端商业竞争激烈的南京西路中强势出圈？精致奢潮的商业布局、细腻别致的空间设计、处处体现的海派基因，与当下Z世代'价值先行'的消费需求不谋而合，是项目引起市场关注与深度思考的重要原因。"

——中国商业地产观察

大众评价

"南京西路商场新地标，高级大气，诸多轻奢潮牌，与周边传统奢牌商场形成错位关系。"

——大众点评网友

黄浦区160街坊整体效果图

黄浦区160街坊保护性综合改造

项目概况

项目时间：2014年至今

项目地点：江西中路—福州路—河南中路—汉口路的围合街坊

项目规模：用地面积1.55 hm²，建筑面积4.2万m²

更新类型：保护更新

更新主体：上海外滩投资开发（集团）有限公司、上海地产投资发展有限公司、上海外滩老建筑投资发展有限公司

设计单位：David Chipperfield建筑事务所、华建集团华东建筑设计研究院有限公司、上海章明建筑设计事务所

项目背景

作为上海市城市更新示范项目、外滩第二立面综合改造率先启动项目，黄浦区160街坊位于外滩历史文化风貌区和外滩金融集聚带的核心区域。项目包含两栋历史保留建筑：一栋是项目核心建筑原工部局大楼，即老市府大楼，为上海市第一批优秀历史建筑和市文物保护单位；另一栋为原工部局卫生处的"小红楼"。为实现外滩区域历史建筑"重现风貌、重塑功能"，早在2014年黄浦区人民政府便与上海地产集团签订了《黄浦区160街坊保护性开发合作协议》，对此大楼以及所在街区的变迁从历史内涵、人文遗产等方面进行详细梳理与考察。随后进行国际方案征集，并由David Chipperfield建筑事务所对方案进行后续优化调整。2016年在《城市更新"四大行动计划"总策划方案》中，黄浦区160街坊被列为"上海城市更新示范项目"。

经验借鉴

复原建筑肌理，实现街坊合围

根据相关历史资料记载，工部局大楼最初设计为围合型平

黄浦区 160 街坊更新前

黄浦区 160 街坊立面效果图

面，但由于地基沉降以及一些历史原因，整街坊合围的初始设计一直未能实现。David Chipperfield 建筑事务所提出通过对西南角长期空缺的部分进行弥补，通过两幢风貌和谐统一的新建建筑实现整个街坊历史性的合围，该思路获得了专家的认可。创新的改造方案不仅通过建筑形式完善了城市空间界面，也从社会学的角度把历史建筑重现给城市和市民。

精细工艺修缮，传承风貌记忆

为了再现维多利亚风格和英国新古典主义风格交融的立面风格，建设者本着"修旧如故，重现风貌"的宗旨，通过多道工序对外立面清水墙和室内马赛克地坪进行施工修复，并重拾纸筋灰传统工艺再现老建筑石膏线条原有风貌。对于隐蔽性工程中所涉及的不同材料部件，均进行存档保护以用于后期展示。

单元地块功能业态提升创新

通常在单体建筑、单个地块更新过程中，地块产权主体需向市或区规划主管部门进行申报，申请改扩建核定，重新判定土地性质及规划指标。但在实际操作过程中可能会出现类似历史建筑已有条件与目标客群需求无法匹配的局限性。因此，为了实现原工部局大楼的转型更新，多方共同协作，将原有 5 个地块整合为单一地块，用地性质变更为商业商办文化混合用地（70% 高端办公金融，20% 文化和公共空间，10% 特色配套商业），保留原工部局大楼和小红楼，拆除消防局大楼与黄楼。同时文化展示空间面积为 9 000 m²，公共广场面积 3 000 m²，增强了老市府大楼的公共体验属性。

媒体评价

"如今，老市府大楼终于实现了历史性的围合，弥补了百年前的遗憾。"

——看看新闻 Knews

黄浦区179街坊夜景

黄浦区179街坊保护性综合改造

项目概况

项目时间：2011—2017年

项目地点：黄浦区南京东路179号

项目规模：建筑面积9 621 m²

更新类型：保护更新

更新主体：上海外滩投资开发（集团）有限公司

设计单位：华建集团华东建筑设计研究院有限公司

项目背景

南京东路179号街坊成片保护改建工程，位于"中华商业第一街"南京东路近外滩段，街坊内原有"十字内街"格局。现有各栋历史建筑基本建于20世纪20年代，外观风貌为新古典主义风格。在本次修缮改建之前，该街坊原有十字内街的历史肌理已消失，内部空间局促，结构严重劣化，设备、设施普遍缺失老化，亟待整体保护更新。

经验借鉴

多元复活商业休闲街区

整个街坊的城市更新策略以功能置换和共享空间激活为抓手，通过对街坊内4组7栋优秀历史保护建筑的修缮改造、1栋新建筑的结合建设，形成集高端商业、金融办公和文化旅游于一体的多元复合24小时活力街区。项目区位优越、寸土寸金，设计尽最大可能在街坊内、外侧沿街界面均布置商业，并增设

中央商场旧照片

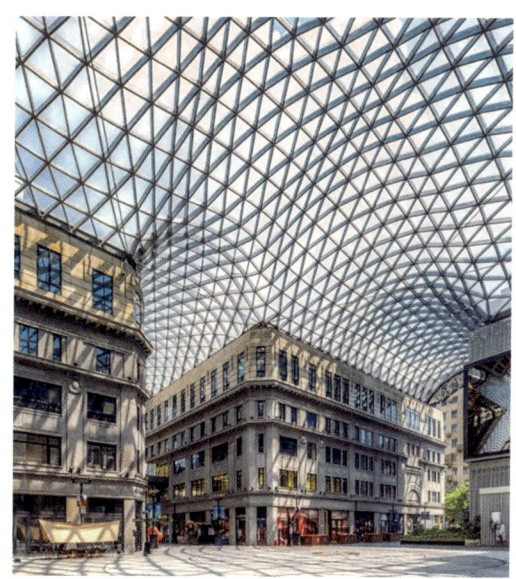

黄浦区179街坊穹顶

两处室外连桥串联各栋建筑的商业动线，加之十字内街的恢复和带有玻璃穹顶的中心广场形成步行街公共空间，营造出立体丰富的多维商业休闲共享环境。

重塑外滩"第二立面"

2018年，黄浦区启动了外滩"第二立面"城市更新项目，通过市区联手、市场化运作等方式，破解资金平衡、房屋腾空置换征收、项目开发权获取等方面难题，释放并盘活了黄浦江临江建筑背后的老大楼（外滩"第二立面"）空间。黄浦区179街坊"外滩·中央"是外滩"第二立面"更新项目中的标志性项目，拥有近4 000 m²的玻璃穹顶，内庭作为连接4幢历史建筑的核心空间，通过提供多元化功能与多样化业态，在南京路步行街打造出独树一帜的商旅文体验空间和城市场景化社交空间，以此带动"外滩·中央"项目整体升级，进一步推动南京路建设成闻名遐迩的消费商圈。

爱德华新古典主义风格的延续

南京东路179号街坊位于南京东路步行街和外滩风貌区两大商业旅游中心之间的核心位置，几乎是上海唯一一块以爱德华新古典主义风格建筑为主的城市街区设计案例，属于外滩历史文化风貌保护区范围。所以改造设计从整体策略到局部细节都吸收并借鉴了历史上爱德华新古典主义风格的大量优秀经验，对花亭和拱廊、铺地、屋顶露台进行详细设计，打造出复合、开放的商办文化生活街区。

行业评价

"本项目成功地为历史街坊注入了新的功能与持续活力，释放出有历史底蕴的公共空间，有利于整个街坊的长效保护与持续利用。"

——首届上海市建筑遗产保护利用示范项目

大众评价

"从前淘便宜货和旧物的中央商场，蜕变成时尚的玻璃穹顶相连的四大楼的中央广场。"

——大众点评网友

陕康里航拍图

锦和越界陕康里

项目概况

项目时间：2019—2020年

项目地点：静安区陕西北路808号

项目规模：建筑面积1.2万m²

更新类型：保护更新

更新主体：上海锦和商业经营管理股份有限公司

设计单位：COLORFULL昱景设计

项目背景

项目位于老静安核心区，地处康定路与陕西北路交会处。周边居住区密度高，且不乏高端楼盘，具有较强消费力。该场地历史上是戈登路（今江宁路）警察局后勤生活区，改革开放后汇集了一批生产资料商店，一度成为上海重要的材料工业集散地。场地保留有老静江建材市场厂房、历史建筑锡克教堂和数个小商铺。考虑到场地原有功能属性已不再适应于邻近片区居民的生产生活，且商业配套服务也无法满足周边社区的休闲娱乐需求，锦和集团在上海市人民政府的大力支持下投资改造更新该片区。

经验借鉴

新潮流集散地，创新消费共生

锦和越界陕康里利用建筑的沿街（康定路、陕西北路）优势，将原有1层老厂房与沿街商铺巧妙连接起来，规划成围合的潮流生活消费圈，汇聚了精致西餐、品牌咖啡等吸引访客停留的餐饮店。办公、零售及健身房等空间分布在2层及以上。场地融

更新前鸟瞰图

陕康里更新前

陕康里内街

陕康里内公共休憩空间

集了休闲餐饮、潮流资讯、生活美学、艺术工作室等热门体验式多元创新消费业态，从过去的材料工业集散地转型为创意潮流生活集聚地。

尊重文脉基因，展现城市记忆

2层连廊较好地将商业空间、办公空间、活动空间进行衔接，不仅形成一个完整的动静结合系统，还弱化了室内外的隔阂，便于使用者之间的交流交往。陕康里与上海其他众多网红打卡街区相比，更具"社区感"。潮流文化场景的打造，吸引了一批追求高质量生活和工作的创意人群。陕康里为场地使用者提供了一个国际化、多元包容、精致且有温度的"社群型"交流空间。凭借其地段优势、尺度宜人的街区空间改造设计和良好的运营管理，陕康里还吸引了大量周边居民的日常到访。

品牌规模管理，盘活物业资源

区别于传统的商业开发项目，锦和商管在陕康里更新项目中提供了从经营、招商到物业管理的全流程服务，形成全链集成服务体系。依托锦和集团的品牌，锦和商管通过品牌化、规模化的物业管理，增强物业核心竞争力，使陕康里园区租金呈现优势增长，第一年物业资产增值据悉高达50%。招商团队与物业管理团队积极配合，结合街区特色和周边商业短板，锦和商管对场地重新进行市场定位和店铺招商。

媒体评价

"2020年全球最酷的40个街区之一，这个热闹的目的地是上海多元包容文化社区的中心。不仅如此，附近还有创新的咖啡馆、酒吧和餐厅。"

——TimeOut 传媒

"孩子们在这里安全地嬉戏玩耍，附近街区的人们来这里散步兼带杯饮料，也有些游客来看老建筑，这不就是雅克布斯提出的'街道眼'吗？"

——商业地产志

鸟瞰图

恒基·旭辉天地

项目概况

项目时间：2016—2021年

项目地点：黄浦区马当路458弄

项目规模：用地面积0.85 hm²，建筑面积4万 m²

更新类型：保护更新

更新主体：恒基兆业地产有限公司、旭辉集团股份有限公司

设计单位：让·努维尔建筑事务所

项目背景

恒基·旭辉天地The Roof项目坐落于上海黄浦区新天地商圈，由南北两排建筑和贯穿其中的内街构成。恒基·旭辉天地作为2021年上海中心城区核心区域首个开业的商业项目，是普利兹克建筑奖得主让·努维尔在中国的首个建成作品，它以上海城市艺术地标新名片进一步提升了新天地商圈的影响力，重塑黄浦区商业新格局。一个非传统外观的购物中心，既区别于常见的全封闭的盒子型商业空间，也区别于常见的露天式街区型商业，融合了街道、庭院、屋顶等元素，体现本地生活风情，凭借其独树一帜和极具辨识度的外观，成为2021年业内的特色项目之一。

经验借鉴

人文语境下新商业环境的设计探索

商业街区融入本地文化是贯穿项目始终的理念，地块周边

内立面

的建筑、旧城的肌理充满了时代印记，组成了包含街道、庭院和屋顶的生活空间。项目延续新天地文化根基，将光影与自然元素融入其中，加以红与绿、内与外、新与旧的碰撞，打造出专属于上海的设计。全景天幕屋顶，既为街道提供遮护，又引入自然光线，让空间更为通透、独特。约2 500个花钵布满整个建筑的外立面与内街区，形成一个水平和垂直的立体花园。项目定位为"新天地气质人文商业地标"，集多元未来办公、潮奢商业与城市公共空间于一体，展现全天候消费模式，诠释新兴高端生活消费体验。

以"商办同圈"引领运营升级

区别于传统商业零售运营模式，恒基·旭辉天地运用"前店后企"的方式，打造全新"商办同圈"概念。恒基·旭辉天地在招商及品牌管理上也有在地的模式。约10 000 m²的内外街商业，以未来新风向吸纳全天候消费模式，众多品牌的上海首店在此开业，许多网红店也纷至沓来，其中，首店租户占比近6成，网红店占比超2成，为核心城区贡献出一处新的打卡胜地。

作为"楼上办公，楼下商业"的特殊布局，恒基·旭辉天地在客群定位上也有针对性，主要以白领阶层以及年轻消费者为客群。在品类方面，选择了办公群体刚需的餐饮、美颜美体和健康生活方式为主要品牌业态。"小而美"的恒基·旭辉天地做到了定位客群的针对性、品类的精准性、品牌的特色性。

建筑尺度及建筑特色

建筑南侧的建国东路两侧梧桐树遮天蔽日，随着四季呈现不同的风景。街道的小尺度决定了建筑的外形和立面只能在行人尺度上被欣赏，梧桐树的四季变化让建筑立面在重重树影后若隐若现。建筑师将该项目地块划分为近乎均等的4块，建筑体块两两之间形成新的街巷空间，延续了该片区的城市肌理。4个建筑体

外立面

马当路入口

屋顶

建国东路半鸟瞰图

块之间通过连桥连接,丰富了空间的行进流线,并使"人见人"的乐趣变得丰富。建筑立面上横向通长的窗玻璃,在层间位置富有韵律感地布置了不同尺寸的花钵,颜色上沿旧城区建筑立面采用了沙黄色。而内街则采用了深浅不同的红色,这些红色提取自石库门的砖红色以及丹霞红,使建筑既有城市立面的节奏韵律感,也有一种近乎自然洞穴峭壁的视觉意向。层间位置的花钵有5种不同的尺寸,并由外立面一直延续到内街,像极了老上海住宅阳台上常见的盆栽,形成了一种似曾相识但又全新的建筑立面。

行业评价

"作为新天地商圈'颜值'新担当,The Roof以'艺术、玩趣、人文'为基调,容纳生活、社交、分享、创造等多种场景,是一座启迪都市新生活灵感的创新建筑!"

——2021年"A+Awards"专业评委奖

大众评价

"曾经的网红打卡地,这里装饰感很强,外墙用土黄色和周边建筑协调,内部满眼红色,透着浓浓的热情。特制的花盆通过不同的组合在外墙悬挂,装饰了整个建筑外墙,成为最大的亮点。"

——大众点评网友

长安路街景

裕通面粉厂宿舍旧址改造

项目概况

项目时间：2015—2022年

项目地点：静安区长安路908号

项目规模：建筑面积5 298 m²

更新类型：保护更新

更新主体：上海苏河湾（集团）有限公司

设计单位：华建集团历史建筑保护设计院

项目背景

　　裕通面粉厂宿舍旧址地处上海静安区（长安路），毗邻苏州河畔，是苏河洲际中心项目商办娱乐综合体119地块中的修缮更新建筑项目。据记载，裕通面粉厂是在光绪三十年（1904）由江西候补道朱鸿度之子朱幼鸿以20万两资本独资经营，生产的"双龙牌"面粉曾畅销海内外，是我国的民族企业。裕通面粉厂宿舍建成于20世纪初期，由三幢建筑组成，建筑面积5 298 m²，另有一座花园。建筑风格既有江南民居布局，还融入了西方建筑设计特色。2015年，该建筑在进行测试评估后，决定采用落架修缮的方式进行修复。2021年，海外精品咖啡品牌Blue Bottle选址该建筑为中国内地首家门店，并对建筑内部进行重新改造装修。

经验借鉴

落架修缮建筑，传承历史文化

　　老建筑承载了人们的记忆，具有纪念性，它的人文历史价

裕通面粉厂宿舍建筑外部

裕通面粉厂宿舍建筑更新前

裕通面粉厂宿舍建筑内部

值决定了保护修缮的意义。结合苏河洲际项目的整体规划评估,如果原址修复便会隔断商办娱乐综合体的地下商业空间的动线,影响项目整体价值。故决定采用落架修缮的方式,将房子的梁、柱、清水砖等重要部件拆卸、保存、修复,待地下空间部分施工结束后,再按老建筑原样安装维护。这种方式既修复了破损的建筑本体,又维护其特色,兼顾了整体规划对空间的改造。

品牌激活空间,推动文化保护

经历百年的变迁,裕通面粉厂宿舍建筑的周边环境已经发生翻天覆地的变化,其被高楼围绕,多为精品酒店、商业购物中心、办公大楼。裕通面粉厂旧址建筑是该地区的新旧交融中心,以何种新面貌出现成为人们的焦点。将其转型为商业空间,不仅可以激活城市空间,并且对文化保护有着推动作用。因Blue Bottle的首次入驻,大批咖啡爱好者被吸引前来,让人们重新认识这栋老建筑的前身和现在。将历史建筑融入现代发展对其重新使用,是激活闲置城市空间的重要途径,它形成了新一代人的城市记忆。

大众评价

"首家小蓝瓶裕通店,极简的设计风格,新与旧的建筑融合,有种属于上海独到的复古感。"

——大众点评网友

"从裕通面粉厂宿舍到"蓝瓶咖啡"走了整整有一个世纪,终于将互不搭界的两者掺和在一起,也给后人交出一个休闲地方,可以一边喝咖啡一边唤醒历史记忆。"

——小红书网友

苏河湾万象天地鸟瞰图一

苏河湾万象天地

项目概况

项目时间：2016—2022年

项目地点：福建北路100号

项目规模：用地面积5.1 hm²，建筑面积21.7万m²

更新类型：有机更新

更新主体：华润置地有限公司、信德集团有限公司

咨询单位：上海营邑城市规划设计股份有限公司

设计单位：Kokaistudios事务所、Lab D+H景观与城市设计实验室、奥雅纳工程咨询有限公司、华建集团华东建筑设计研究院有限公司

项目背景

苏河湾万象天地地处苏河湾腹地，享有便捷的交通体系和宜人的滨水岸线。面对"如何激发苏州河活力，引领崭新的未来生活方式"的城市更新问题，苏河湾万象天地结合历史、现代、未来等多元背景，通过慎余里、天后宫再现上海石库门里弄记忆，并通过开放式商业空间与城市中央公园的创新融合，以历史人文、绿色生态与零售体验元素塑造苏州河畔全新城市地标记忆，在提升区域商圈活力的同时，重塑周边城市界面。

经验借鉴

尊重文脉，再现并重塑城市记忆

为体现对城市文脉的尊重和活化，保留上海城市文化的肌理和城市发展的缩影，华润置地在苏河湾万象天地东里和西里均布置历史建筑。东里的"天后宫"采用异地保护，原拆原建复原门楼、戏楼、东西看楼的方式，保留大众对开埠后上海唯一一座官式妈祖庙建筑的记忆。未来的天后宫定位为"城市事件发生地"，以引入艺术、人文、时尚跨界等风尚潮流的方式形成古今碰撞。

天后宫与"梦游天地"艺术作品

海派石库门建筑慎余里

苏河湾万象天地鸟瞰图二

位于西里的慎余里是最富海派风情的石库门建筑群之一。经过保护性修缮,目前整体恢复8栋,主弄为南北向,支弄横贯东西,外立面为水泥勾缝清水砖墙,体现了上海石库门里弄的精致。功能业态则效仿新天地,由原来的民居更新为集高端宴请餐饮、时尚生活旗舰、文化空间于一体的海派文化新地标。

主体动线与公共空间

面对由城市主干道分割为东西两个商业地块的开放式商业项目,通过地下停车场、地下艺术廊道和人行天桥3条立体动线有序串联东里和西里。其中,地下艺术廊道和人行天桥这2条动线不仅起到交通的功能,更是为市民所创建的"留白空间"。作为最富有特色的动线,人行天桥为公众提供了大型艺术雕塑与上海城市地标绝佳取景的互动点,亦可从高处欣赏天后宫和慎余里。

此外,苏河湾万象天地通过尝试模糊商业消费空间与城市公共空间的边界,创造了一个商业与自然共生的公共空间。4.2万m²的苏州河畔城市公园绿地成为了公众开展户外运动、社交活动的城市新绿洲,宠物友好体验、公共艺术展则提供了丰富的公园绿地场域元素。

引入公共艺术,强化河岸艺术氛围

苏河湾万象天地将公共艺术推进到人们的视野里,通过一系列在地公共艺术项目从声音、景观、建筑等多个维度展现城市的风貌,继而丰富苏州河的城市美学空间,增强大众对苏州河北岸的艺术气息记忆。

大众评价

"很好结合了现代建筑与历史人文,通过商场将人流引到慎余里、天后宫,提升传承创新的格局。"

——大众点评网友

"商场不直接连通地铁站点,交通不是太方便,节假日停车困难。"

——大众点评网友

外滩源鸟瞰图

洛克·外滩源

项目概况

项目时间：2006—2022年（外滩源一期）

项目地点：南京东路829号

项目规模：一期用地面积1.7 hm²，建筑面积9.4万 m²；二期用地面积3.9 hm²

更新类型：保护更新

更新主体：上海洛克菲勒集团外滩源综合开发有限公司、百仕达控股有限公司

设计单位：David Chipperfield建筑事务所、ARQ建筑事务所

项目背景

洛克·外滩源百年建筑街区坐落于黄浦江与苏州河的交汇处，东临圆明园路和33号公园绿地，西靠虎丘路，北濒苏州河路，南达北京东路，总占地面积约1.7 hm²。街区由11栋历史保护建筑和6栋新建筑构成，包括光陆大楼、安培洋行、广学大楼、哈密大楼等百年历史建筑。

2006年David Chipperfield建筑事务所（以下简称"DCA"）开始进行11栋百年历史建筑修缮，其中包括现为上海外滩美术馆的亚洲文会大楼。此外，DCA主导了众安·美丰大楼新建，并为美术馆重塑简洁、优雅而功能完善的内部空间。ARQ建筑事务所则负责了区域内另5栋新建筑的设计与建造。

2023年，洛克·外滩源百年建筑街区重获新生并全面开放。由DCA主导的全新开放式内广场及内街的景观设计亮相于公众面前。通过全新室内与室外空间，激活多元且丰富的社区生活，美术馆、艺术画廊、生活方式买手店、书店、音乐工作室、高端餐饮、酒吧等业态，让文化跨界。

亚洲文会大楼（现为上海外滩美术馆）

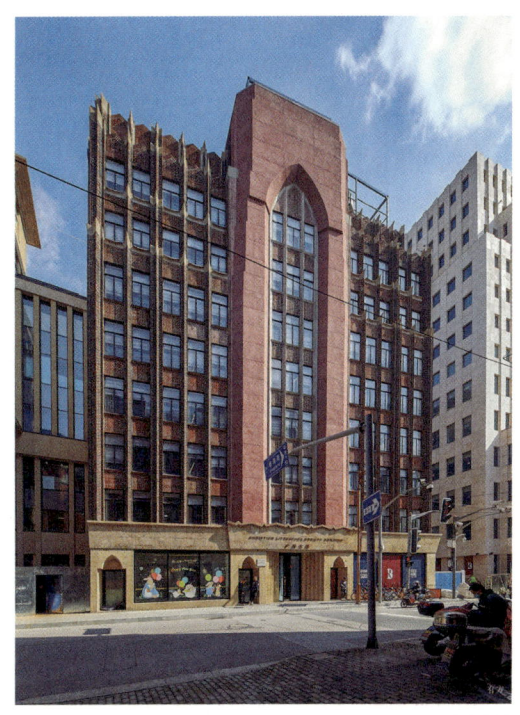

广学大楼

经验借鉴

修旧如旧：延续历史文脉

外滩源一期11栋历史建筑始建于20世纪20年代，分别为光陆大楼、广学大楼、亚洲文会大楼、中实大楼、安培洋行、圆明园公寓、女青年会大楼、哈密大楼、协进大楼、兰心大楼、真光大楼，承载了重要的城市历史。其修缮遵循历史的原真性，保留圆明园路上的历史建筑及外滩源整体地块的沿街风貌，使建筑充满活力而又不改变原有的区域风貌。城市原有肌理也被保留下来，与新的设计融合一体，使整个区域的肌理有贯通性和渗透性。

新老建筑和谐共生

考虑到项目位于历史文化保护区域中，新建筑应该与老建筑和谐共生。作为沿街建筑序列中的醒目标志，改建后的众安·美丰大楼成功实现了新与旧的共生——底部3层保留了原有维多利亚风格的清水砖墙建筑立面；上半部贴历史立面向上延伸11层，共同形成了一幢14层办公建筑。

众安·美丰大楼外立面延续了原有比例，体量上在不同方向回退成退台，体块交错，形

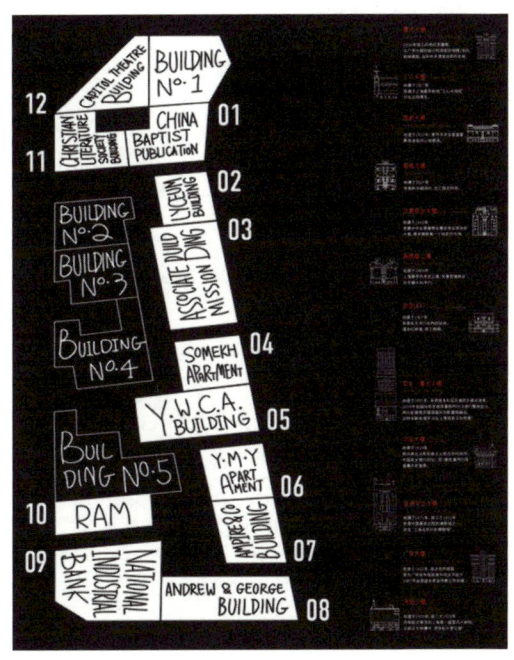

外滩源老建筑地图

03 上海城市更新实践

外滩源更新前鸟瞰图

5栋新建建筑

外滩源街景

外滩源壹号

态多样，能够减小行人视角产生的压迫感，与周边城市空间保持友好关系。此种改建手法为沪上首例，为历史建筑的改建提供了值得借鉴的思路。

开放空间营造，重塑功能

外滩源项目突出公共性、公益性和开放性，体现出历史文化与现代商业相融合。东侧以原英国领事馆为核心，打造苏州河亲水平台、开放式绿地，承载了文化展示、社交休闲等功能，形成具有浓厚历史文化、现代艺术氛围的高水准公共社交空间。外滩源建筑群历史街区内部步行空间对外开放，与圆明园路以及东侧外滩源壹号共同形成方便可达、安全舒适、动静结合、景观优美、系统完善的开放街区。作为外滩源一期核心道路，圆明园路也成为了"限时步行街"，市民可在此闲庭信步，欣赏感受外滩源中西文化交融的经典建筑群。

众安·美丰大楼

媒体评价

"洛克·外滩源对于老建筑的保护规划以及对其功能的积极利用，体现了'政府引导、企业参与、专家支持、社会响应、历史传承'的理念，致力于重现新时代上海的魅力。"

——BANG!2021城市生活大赏·年度摩登地标

大众评价

"随处可见历史风貌与现代设计的融合，使新老建筑之间交相辉映，相得益彰。"

——大众点评网友

曹杨新村鸟瞰图

曹杨新村更新

项目概况

项目时间：2014年至今

项目地点：普陀区花溪路430号

项目规模：用地面积2 km²

更新类型：综合整治

更新主体：上海市规划和自然资源局、上海市普陀区人民政府

设计单位：上海同济城市规划设计研究院有限公司、刘宇扬建筑事务所

项目背景

作为上海首个工人新村项目，始建于20世纪50年代初的曹杨新村承载了重要历史意义，也是我国第一个以"邻里单位"为规划理论完整建造起来的大型社区。无论是"邻里单元"布局、扇形行列式分布的空间肌理，还是弯窄密的路网体系，抑或是独具特色的环状水系和景观结构，在中国居住区规划史上都极具代表性。

随着时间的流逝，不断提升的居住需求与有限的居住空间的矛盾越来越凸显：房屋不成套、乱搭建、墙体质量差、机动车侵占社区公共空间……为满足居民对现代美好生活的向往，亟须对整体居住环境进行改善整治提升。在上海市普陀区人民政府和上海市规划和资源局的牵头下，2014年成立课题组，开展《曹杨新村规划、更新、保护与治理研究》工作，2015年曹杨新村被列入全市中心城区24个城市更新试点之一，2016年被列入上海"共享社区计划"示范项目，2019年作为优秀历史建筑的曹杨一村被纳入普陀区首批旧住房成套改造名单。2021年老化衰退的曹杨铁路综合市场经更新后成为百禧公园，作为当年上海城市空间艺术季主题演绎区，诉说着曹杨新村的历史记忆。

经验借鉴

修旧如旧，延续建筑风貌特色

曹杨一村在遵循"留改拆并举，以保护保留为主"的原则下，采取原址保护、留房留人的方式，房屋外部主要恢复建筑原貌，坚持利用原材料、原工艺恢复外立面重点保护部位；室内改造实行"一户一图纸"，为每户提供个性化设计方案，将共用的厨卫居住空间改造为独门独卫的"新居"。曹杨二村、三村、四村、五村、六村的非成套房屋，计划采用贴扩建成套改造方式。曹杨七村计划采取拆落地结合抽户的改造方式。这是让老旧住区恢复活力的第一步，让原住民更有获得感，恢复自豪感；同时，让新上海人有在曹杨安居落户的憧憬和意愿。

曹杨新村有机更新"一张蓝图"

适应化更新提升公共空间

在限定的空间中，通过精准策划、精致设计和精细管理，让新的生活方式、新的产业业态激发空间活力。修复与传承曹杨新村开放共

曹杨新村20世纪50年代总平面图

改造前后的曹杨一村

修旧如旧的"五星门头"

曹杨环浜风景

曹杨社区美丽街道

享的经典空间格局,再现曹杨新村现代住区规划经典。同时,聚焦展现文化精神和特色风貌,以环浜为脉,以村史馆、文化馆、红桥、曹杨二中、曹杨公园、曹杨一村等一系列文化空间为点,构建曹杨社区文化标识体系,弘扬曹杨新村独特的社会意义和文化价值。

作为曹杨新村重要文化传承带、蓝绿生态带、邻里交往带的曹杨环浜,不仅实施了"水下森林"生态修复工程,其沿线的景观公园绿化、基础设施、桥梁管线等均进行微更新改造,传说中的曹杨环浜"八景"得以重现。

改造后的曹杨铁路农贸市场变身为百禧公园,在空间上弥补了曹杨公园东部居民公共活动与休憩空间缺失的遗憾,打造了有温度的生活场所和独具特色的公共空间。

构建智慧服务平台,提升生活品质

打造数字家园"新样本",让"老工人新村"焕发生机,将智慧设备和数字化场景融入曹杨居民的日常生活中,也成为曹杨新村激发创新活力,创造品质生活的内生动力。作为60周岁以上户籍老年人口比例已达43%的社区,曹杨新村街道尤其重视养老服务的保障与完善。

百禧公园

除了为满足老年人对日常公共活动的需要而开辟的对弈、垂钓、歌舞、闲谈为主题的"邻里微空间",街道也引入方便老人的"一键叫车"智慧屏,通过社区数字化转型不断增强老年人的幸福感、安全感和归属感。

同时,街道持续优化"15分钟生活圈"功能布局,推出便民实惠的"幸福饭堂",进一步满足了周边社区居民全时全新的生活需求。

曹杨新村也在整合社区产业资源，打造青年众创空间。"曹Young梦工厂"创业就业服务品牌，已经吸引越来越多的新曹杨人选择参与其中。

人民城市多方共治美丽家园

在曹杨新村改造期间，曹杨新村街道广泛征询居民意见，针对居民重点关注的房屋内部改造、整体风貌保护、环境设施提升、公园改造等问题进行反复推敲，并积极吸纳居民提出的合理、合规、合法意见，不断优化提升整体方案。此外，街道通过党建引领，积极组织居委会、商户和居民等各方代表就社区问题共同商议，推动多方参与社区治理，将"人民城市"理念落到实处。

邻里微空间

曹杨幸福饭堂

大众评价

"70年后重焕新颜的曹杨新村极富复古味，白墙壁、红屋顶的老建筑构筑着这个地区的温暖城市生活。花溪路生态绿化环境优美。百禧公园是高品质网红打卡地，但缺少休息处和绿植遮阴处。"

——大众点评网友

"曹杨新村是很有名的工人新村，几年后改造，焕然一新，新闻里也播出了，住户们陆陆续续都搬回来。走在小区的路上，环境小而美，绿树成荫，还有口袋公园，老年人下棋、钓鱼、遛狗、散步，累了坐在凉亭里休息休息，好不惬意啊！改造后周边环境一起升级了，绿化也郁郁葱葱。"

——大众点评网友

百姓会客厅

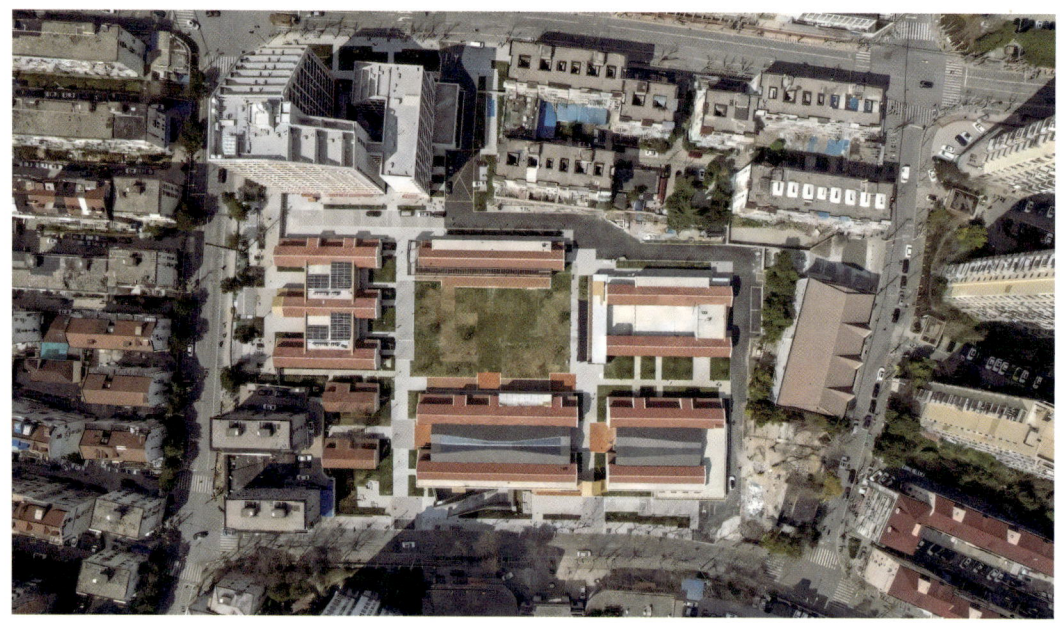

长白社区228街坊俯瞰图

长白社区228街坊更新

项目概况

项目时间：2016年至今

项目地点：杨浦敦化路以东，延吉东路以南，长白路以北，安图路以西

项目规模：建筑面积5.5万m²

更新类型：保护更新

更新主体：上海市杨浦区人民政府

咨询单位：上海营邑城市规划设计股份有限公司

项目背景

长白社区228街坊是20世纪50年代杨浦区为工业企业配套建设的工人新村，也是上海最后留存的成片"两万户"社区。随着工业产业功能的弱化，长白社区228街坊呈现出配套较差、活力缺失等问题。12栋"两万户"住宅格局保留较为完好。规划对街坊进行改造，实现从单一的"居住功能"向"公共复合性功能"场所的转变。项目聚焦"优化城市功能、增加公共服务设施、保护历史风貌、完备慢行系统、完善公共空间"五大要素，评估并针对性补充公益设施，在老风情中注入新腔调。228街坊集社区文化服务、商业配套、文化休闲、绿地广场于一体，创建开放式、低密度、高品质慢行街区和小型公共活动中心，打造"15分钟生活圈"，为市民开启可阅读、宜漫步、有活力的"城市客厅"。

经验借鉴

历史风貌保护的多角色联动推进

由于长白社区228街坊现状为旧改基地，并且没有发起主动更新改造的存量资源权利人，市区规划部门基于风貌保护

长白社区228街坊实景鸟瞰图

长白社区228街坊社区食堂

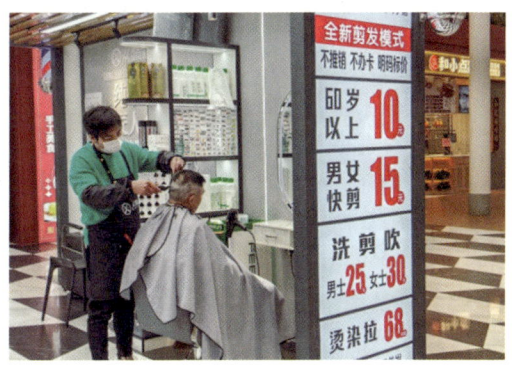

长白社区228街坊社区服务

和地区发展考虑，主动对原来没有明确保留的"两万户"建筑进行整体保护，改变原先大拆大建、推倒重来的改造模式，通过功能置换的方式保留城市记忆，使历史建筑重现生机。

公共利益为先的全区域重头平衡

保留街坊空间肌理以及内部为开放空间的格局，传承建筑特色；强化功能的公共性与复合性，利用建筑空间特色，引入商业、办公、文化等复合功能；配置净菜超市、室内健身点、儿童游乐园等公共服务配套设施，建设公共停车场供周边居民使用，增加街头绿地增强公共空间的辐射；强调街坊的开放性、可达性和舒适性，并与周边慢行系统衔接。

社区生态圈平衡

作为一个开放的、综合性功能街区，长白社区228街坊将有助于引导传统的工人新村居住区走上一条社区生态圈改善与升级的路径。首先是职住平衡，通过引入综合性服务街区，创造了一大批本地的就业岗位与工作机会。其次是社群平衡，450套标准化保障性租赁公寓为社区带来众多年轻奋斗者。最后是供需平衡，多元的业态功能实质性地改善了辖区的供需关系，能满足不同的生活需求。

大众评价

"7年过去了，这里已经大变样！这里有草坪，门口有菜市场，边上开了熊猫饭堂，建了人才公寓，听说以后还要开咖啡店和健身房，对我们附近居民很友好。"

——长白社区228街坊动迁居民

创智农园现状图

创智农园

项目概况

项目时间：2016年

项目地点：杨浦区伟康路129号

项目规模：用地面积2 200 m²

更新类型：微更新

更新主体：上海市杨浦区人民政府五角场街道办事处

设计团队：四叶草堂

项目背景

该项目位于上海杨浦区五角场街道创智天地园区西侧，占地2 200 m²。周边以居民小区为主，南面有创智坊产业园和著名艺术街区"大学路"。地块原本是创智天地开发后遗留下的边角隙地，因地块地下有重要的市政管线通过而无法高强度开发，在改造前场地长期为闲置地和临时工棚。结合对周边环境和未来绿色空间的研究，设计师团队提出"都市农园"概念将地块打造成可持续的、生态丰富、互动活力的社区景观。农园建设成为典型的社区花园案例，它以绿色空间为载体，以公众参与为主要力量，强调人与自然、人与人的有机互动。

经验借鉴

可持续规划，活力再兴设计

创智农园是一个将城市废弃空间再利用的案例，通过小干预的改造设计实现城市空间可持续发展的愿景。生态自然的可持续性是项目改造的目的之一。设计团队对项目场地进行研究设计，并将研究范围延伸，联合周围空地规划一条1 000 m的生态廊道，而创智农场是其中一环。农园植物品种丰富，且可食用植物

创智农园平面图示

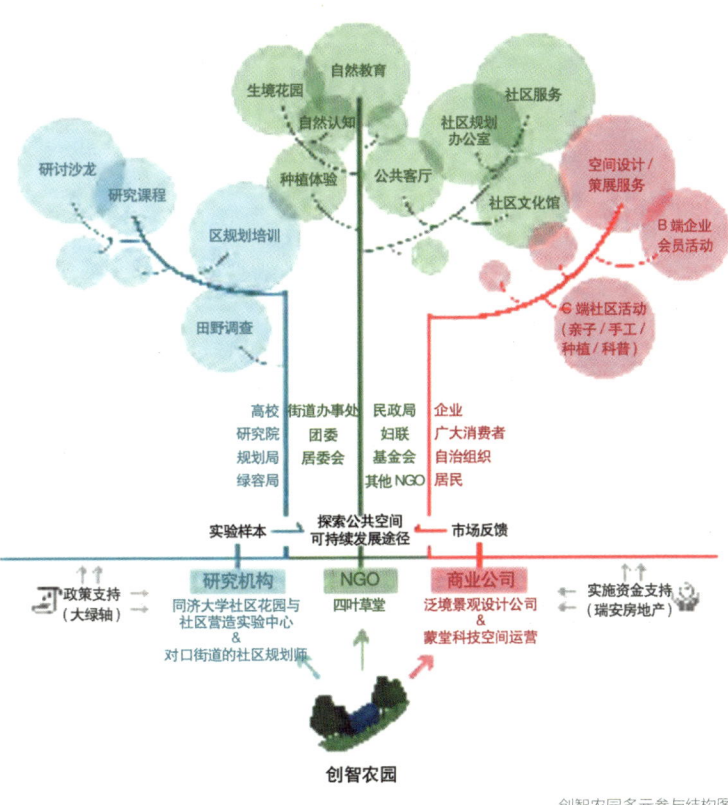

创智农园多元参与结构图

能吸引野生昆虫和鸟类，增加城市的生物多样性。创智农园并不是一个简单的可供观赏的景观农园，而是通过创造一个对当地人具有个人意义的场所，以此实现社区的可持续性。在空间设计上，以人的参与为主要理念，提供多样的、可互动的公共空间。创智农园实现生态自然和社区的可持续性，成为一个受大众喜欢的场地。

公众参与，多元共治

创智农园通过共治的社区营造这一新方式满足各层面对存量更新的需求。首先，把空间更新作为载体，以公众参与的方式修复人与人、人与社区之间的连接，促进形成社区治理的主要力量。四叶草堂创始人刘悦来教授谈道："当每个人都参与到这个空间的建造和守护中，那么这个空间和人就成为一个共同体。"人们由景观的消费者转变为景观的生产者和使用者是体现社区公共空间的价值核心。农园的运营由多个主体互相支持维持，以非营利的社会组织为主，其他参与团队包括学校、企业、政府、社团等。不同的运营主体通过自身的能力和资源提供多元的社区文化和活动。创智农园是自下而上的更新机制的实践，共建、共享、共治的存量更新成为当前都市修复生态和丰富社区生活的重要方向。

大众评价

"有点野趣的街区小花园，有小池塘也有可以种菜的区域，春日里看见许多菜已经开花，硕果累累指日可待！花园各种风格物件融入其中，看见有鸟类的喂食器挂在树上。还有儿童游乐区蛮多小朋友在此嬉戏玩耍，算是比较难得的市中心小菜园。"

——大众点评网友

永嘉路口袋公园鸟瞰图

永嘉路口袋公园

项目概况

项目时间：2019年

项目地点：徐汇区永嘉路

项目规模：用地面积773 m²

更新类型：微更新

更新主体：上海市徐汇区建设和管理委员会、上海市徐汇区人民政府天平路街道办事处

设计单位：阿科米星建筑设计事务所

项目背景

永嘉路沿线分布着大量高密度老旧小区，沿街分布各式咖啡、餐饮，以新旧融合的方式并存，形成独具特色的恬静生活街区。口袋公园原址为两排旧里弄房屋，存在消防隐患，居民居住质量较差。2019年，在永嘉路更新的研究过程中，上海市徐汇区建设和管理委员会与徐汇区人民政府天平路街道办事处委托阿科米星建筑设计事务所进行设计，共商之下将里弄房屋拆除，在高密度片区中重塑出一个城市开放空间。

永嘉路口袋公园位于永嘉路中段，通过拆除腾挪出一处面积约700 m²的沿街空地，在一个三面围合的场地内楔入了承载多样化城市活动的口袋空间。通过抬高游廊标高，以标志墙和一排低矮灌木隔离出了口袋状的广场，四周以敞廊围合。广场角落中引入口袋咖啡馆，东西两侧紧邻住宅山墙界面，重新粉刷，结合竹子和展示墙的设置，与周边过渡衔接自然。

经验借鉴

街道记忆重塑，塑造无差别使用公园

记忆中的街道生活总是处在私密与开放的中间地带，城市

屋面下形成带遮盖的活动空间

休息的大众

市集活动

街道生活的记忆随着住宅需求的大量扩张而渐渐远去，现代生活的高度私密化带来了更多隔离于群体的孤独感。口袋公园是一个无差别使用的街角场所，在边界模糊的城市地带复苏街道生活，日常与非日常活动的完美融合打造了属于公园开放包容的独特气质。

本土化的建筑空间塑造熟悉的场所感，红色的透水砖，明快的绿色桁架结构，搭配原木色的天花和座椅，与周边的红砖建筑充分融合。亲人的尺度，新与旧要素结合拉近了场所与周边环境的距离，构造充满记忆的街道氛围。

开放性政策支持，精细化策划运营

街道的开放性经营思路以及对于公共项目的支持为口袋公园的持续性活动注入了原动力。政府对口袋公园提供了优惠政策，对广场维护修缮费用给予支持。在通过多轮的开会比选之后，"口袋咖啡"凭借精细化的策划方案最终获得了长期的经营管理权。"口袋咖啡"入驻口袋公园之后，时常组织以周末市集为主题的活动，吸引大量年轻群体前来游憩打卡。街道作为组织牵头方，以街区为单位，组织与街道周边咖啡零售商铺多方联动，旨在扩大活动知名度，同时提高了周边居民的参与度与凝聚力，让口袋公园最终成为街道活力的空间载体、社区生活的归属地。

媒体评价

"在拥挤老旧的街区中，嘉澜庭自然地形成一个'缺口'、一块'留白'。口袋公园的存在，释放了人们对公共空间的迫切需求；人们的互动、感知、期待，将它一点点填满。"

——《新民晚报》

总体方案鸟瞰示意图

徐汇区天平路街道建新社区综合更新

项目概况

项目时间：2019年

项目地点：徐汇区天平路街道

项目规模：用地面积10 hm^2

更新类型：保护更新+综合整治

更新主体：上海市徐汇区规划和自然资源局、上海市徐汇区人民政府天平路街道办事处

设计单位：上海现代城市更新研究院

项目背景

建新社区位于上海市徐汇区衡复历史文化风貌区内，社区街坊面积10 hm^2，以居住功能为主，现状居民2 875户，户籍和流动人口8 900人。建新社区整体建成度高，房屋建成年代久远、类型多样，不成套占比较大。建筑形式多样，存在多处保护建筑及保留历史建筑，房屋产权类型复杂。居住人口密度大，老龄化程度高。房屋出租率高，租赁人口占1/3。

为改善居民生活环境，提升片区空间品质，开展社区微更新、微治理工作。整治内容包括打通围墙及门禁，实现社区内路径贯通，增设健身步道，释放公共绿地，激活社区广场，集中晾晒场地，调整归并垃圾房，加装电梯，优化沿街立面，塑造社区IP。微更新微治理模式相对较常规、易操作，且针对综合基础环境水平提升成效显著，然而无法根本性解决居住改善瓶颈问题。

新冠肺炎疫情下，建新社区房屋不成套、房屋质量低下，

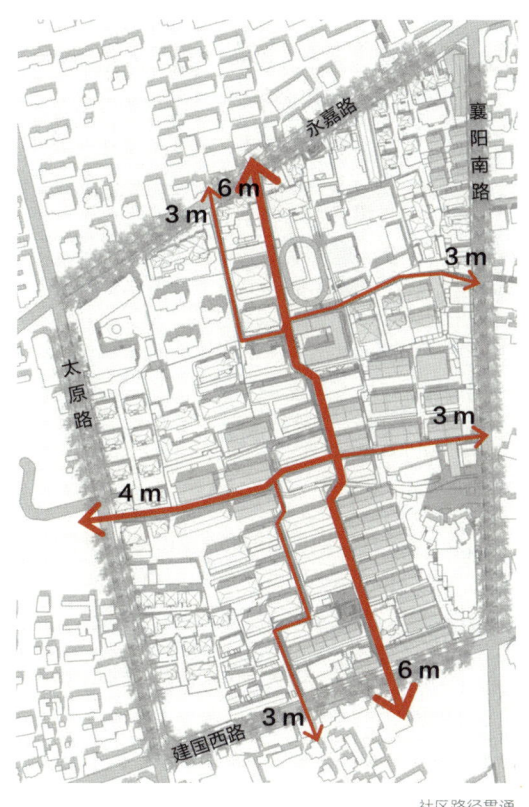

社区路径贯通

公共设施补充

部分家庭厨卫共用以及社区环境等问题对于居民公共健康的影响进一步凸显。建新社区不成套住宅共涉及287处房屋、1 346户居民，建筑面积53 532 m²。其中还存在4栋小梁薄板房，房屋结构存在安全隐患，涉及住户103户。尽早解决住房不成套问题成为建新社区居住环境提升的重要目标之一。

通过对房屋属性、房屋产权、房屋类型、风貌保护情况等多重要素叠加，筛选出亟待更新的房屋。以成片更新的方式进一步研究更新方案，破解微更新微治理无法解决的更新痛点。划定3个可成片更新的区域，并结合房屋基础要素情况，决策片区相应的更新方式。

A区以承租权归集、功能置换作为主要更新导向；B区以旧改征收作为主要更新导向；C区以风貌征收作为导向，建筑通过征收后肌理复建的方式进行更新保护。

方案贯通南北向与东西之间的通道，形成

建筑更新方式

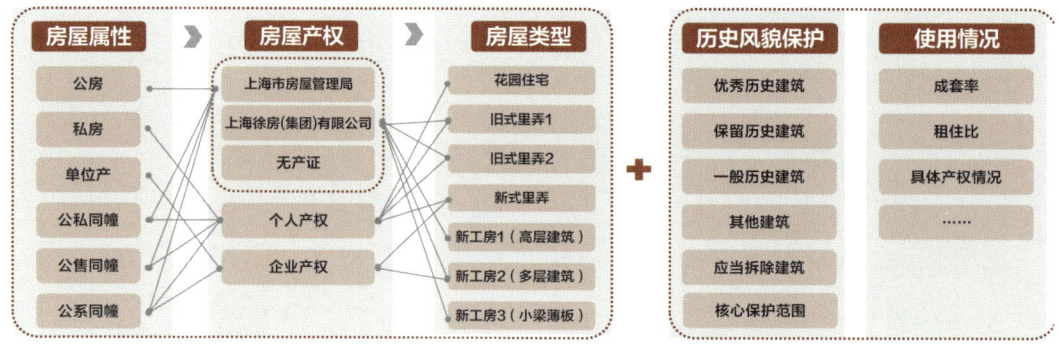

成片更新区域划定方式

方案总平面图

十字形交通，沿线设置口袋公园，提升公共空间品质；补充公共服务设施点位，增加社区食堂、菜场以及活动等功能。结合居民意愿，将划片进一步细化，通过小片区渐进式的方式分区施策，综合统筹，逐步推进城市更新进程。

经验借鉴

从点位更新到整体更新，统筹社区规划

从微更新微治理到全面改善居住条件，对于建新社区整片区进行综合考量，统筹规划各类更新诉求，立足于小片区具体的更新条件，研究深化更新方案。

从原拆原建到增量更新，激发更新动力

空间与资金是老旧小区成套化改造的两大更新瓶颈。提高居民的积极性和资金的可持续性，需要调整片区内的建筑高度和容积率，并对建筑退界、日照间距、消防等方面进行调整。

从零星用地到并丘更新，集约利用土地

由于老旧小区产权多样，因此地块划分零散，内部多处零星地块通过地块整合并丘更新，拓展设计空间，便于地下空间开挖。

从政府主导政企合作，搭建资金运作平台

通过引入市场化机制平衡社区城市更新所

多层住宅效果图

里弄住宅效果图

社区口袋公园效果图

历史文化艺术街区效果图

需资金，创造空间增量，平衡城市更新成本，减轻政府财政负担，同时也为市场提供参与城市更新的渠道和平台。

从政策瓶颈到专政策包，辅以项目实施

根据片区更新方案具体诉求，从主体、产权、规划、资金等多方面提出数10条更新政策建议，形成建新社区专项更新政策包，保障社区更新方案的实施。除零星旧改与成套改造2条更新路径之外，探索多元化的有机更新方式，把留与走的选择权还给居民。

专家评价

"这个社区综合更新设计方案内容较完善，研究也很深入细致，而且有一些创新探索的内容，对徐汇区类似社区的更新建设有积极的意义。"

——原上海市规划和国土资源管理局副总工程师　汪均浩

"规划方案通过开放门禁的方法整合公共空间资源，通过内部通道的梳理和环境设计活化原有的消极空间，并嵌入步道系统，引导健康、文明的生活方式。成果中对建筑改造、立面优化、环境提升等更新工作进行了全面引导，并提出资金保障和实施管理机制，有一定创新。"

——上海市城市规划学会副理事长　罗镔

番禺路街景

"漫步番禺"街区更新

项目概况

项目时间：2020—2022年
项目地点：长宁区番禺路沿线
项目规模：用地面积60 hm²
更新类型：综合整治
更新主体：上海市长宁区人民政府
设计单位：上海现代城市更新研究院

项目背景

番禺路（延安高架路—淮海西路段）总长约1.2 km，位于长宁区东部，北有愚园路历史文化风貌区，西连新华路历史文化风貌区，东临衡复历史文化风貌区，是长宁区东部重要的南北向道路，历史悠久，沿线功能复合，也是长宁四条重点开展城市更新的历史风貌道路之一，其定位为"漫步番禺"。

番禺路为南北走向，多为建筑山墙面对道路，可以利用的建筑前区空间较少；番禺路又承载部分过境交通的功能，是延安高架江苏路匝道下来第一个通向徐汇的通道。番禺路主街能够承载的活动和空间是有限的。不同时段的热力分析也显示"活动在后街"是番禺街区的空间行为特征。因此，项目研究视角从番禺路拓展到番禺街区，从线性到网络，通过打通街区腹地内部的触媒节点和慢行路径，激发整个片区的活力，形成"针灸效应"。

番禺路总平面图

番禺路更新前街景

番禺路更新后街景

番禺路所在的新华路街道,是上海市"15分钟生活圈"首批15个试点街道之一,也是2021上海城市空间艺术季的两个重点样本社区之一。本项目以提升历史街区活力、挖掘城市公共空间潜力为目标,开展番禺路街区城市更新工作,探索历史风貌保护框架下城市更新的可行路径,是长宁区城市更新的又一次重要尝试。

经验借鉴

特色体验构建

结合慢行网络提炼"历史文化径""时尚休闲径""运动健身径""城市空间艺术季展览径"4条特色游线,服务居民、游客、上班族等各类人群。以番禺路为主干,后街网络为载体,在"街区漫步"中阅读海派建筑风貌、感受社区烟火气息、营造街区人文氛围、体验影视时尚文化。

践行人民城市理念,公众、专家、政府、企业共谋共建

通过"人人街区计划"向居民征求方案,收获了大量有价值的社会提案,纳入更新改造方案。通过细胞计划,让公共艺术助力社区营造,邀请60位艺术家贡献了29组的公共艺术作品,植入各类空间当中,成为激发街区活力的触媒。2021年年底,长宁区政府主办"漫步番禺"城市更新研究会,区委区政府主要领导、区各委办局出席会议,广泛听取了郑时龄、毛佳樑等专家,万科、瑞安、上影、天祥、K11等涵盖综合开发、投融资、策划运营不同领域企业的建议。

多渠道设计,激发市场主体参与积极性

在项目清单中切分政府、市场不同主体职责,整治提升类项目前期建设由政府主导,后期通过潜力地块增量收益反哺公益,长效运营。

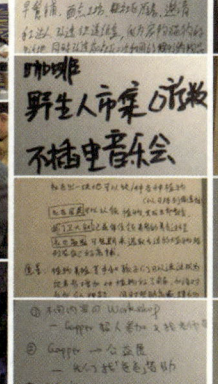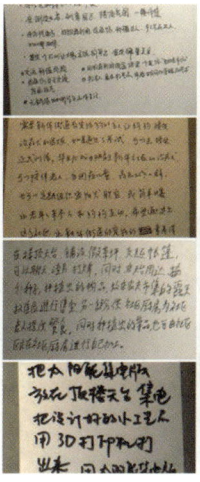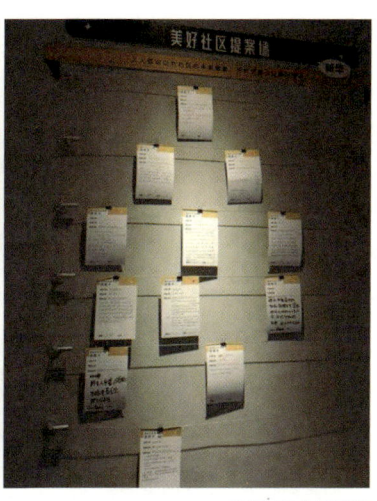

番禺路更新社会提案

倡导政府引导、市场运作、多方参与模式，鼓励社会和第三方机构介入，潜力地块中包含租赁运营、综合开发、自主更新等类型多样、实施主体多元的项目。

发挥金融市场对城市更新的促进作用，设计番禺路专项资金获取路径，探索建立包括原始权利人、金融产业机构、国企等投资方在内的"番禺路专项城市更新基金"，通盘考虑区域各类更新项目。

"统筹主体"探索，多元化模式下明确主体责任

统筹主体在项目前期承担资产归集、意向达成、配合收储等工作，在后期持续作为开发运营的主体。构建运营团队与设计总控团队为核心的番禺路城市更新运营公司，作为统筹主体整合市场资源，协调各方利益，负责综合开发、租赁运营等各类项目的前期开发及持续运营。长期承担街区公益设施建设、活动组织运营、街区硬件维护、项目设计管控等各项职能。

专家评价

"每一条街道都有特色，应打造不同定位与功能。上海特色街道的打造需要交通、城管、市政、规划等各方团体共同努力，从投资、运营、管理各方面进行考量，统筹规划，探索创新机制和方法。"

——上海历史风貌专家组组长　郑时龄

"采用'点—线—面'的更新策略，增强番禺路两侧历史建筑、公共建筑和社区的互动，把资金流、信息流和人流更好地延伸到整个街区的腹地，使人们漫步其间，细细品味，形成既和谐又有魅力的空间。"

——上海市城市规划行业协会首席专家　毛佳樑

章堰村鸟瞰图

青浦章堰村

项目概况

项目时间：2015—2021年

项目地点：青浦区重固镇

项目规模：村域面积1.99 km²，项目核心区面积128 hm²

更新类型：乡村振兴

更新主体：上海市青浦区重固镇人民政府、中国建筑第八工程局有限公司、上海中建东孚投资发展有限公司、上海重固投资发展有限公司

设计单位：GVL怡境国际设计集团

项目背景

章堰村隶属上海市青浦区重固镇，有着深厚的文化底蕴。随着城市化步伐的加快、人口外移，基础设施与建筑年久失修，村落复兴与可持续发展问题亟待解决。2015年年底，上海市青浦区人民政府授权重固镇人民政府与中国建筑第八工程局有限公司、上海中建东孚投资发展有限公司、上海重固投资发展有限公司联合体签订了《上海市青浦区重固镇新型城镇化PPP项目合作合同》，拟将章堰村新型城镇化PPP项目打造成"国家新型城镇化建设示范区、江南新水乡建设范本、上海城乡一体化建设示范窗口"。

经验借鉴

全民共享的公共空间体系

章堰村内的崧泽塘和章堰泾，形成了一横一纵的人字形结构，共同构成了章堰村居民日常生活的主要空间载体，也是古桥、古井、埠头等多个历史古迹所在。设计对古村落历史风貌特征要素进行梳理和研究，依据历史文献和地方志，恢复崧泽塘古河道以及三座古桥，以水乡聚居作为乡村景观格局的基础。

改造前的章堰村

章堰文化馆鸟瞰图

在老街旧址的基础上重塑"五街六巷八弄"的巷道骨架，再现滨水空间骨架的传统风貌景观，也形成"热街冷巷"商业与居住共存的乡村生活，既能为游客提供丰富的游览体验也能为在地居民提供贯通灵活的使用空间。

构建运营合作模式，形成产业利益益共同体

章堰村在推进乡村振兴过程中，通过一系列的机制和模式创新，在推动产业振兴的同时实现了群众增收。章堰村与中国建筑第八工程局有限公司签署章堰古村落合作开发运营一体化协议，其中集体经济组织占股10%，古村落项目正式运营后，每年村集体经济组织都将从运营收益中获得一定比例的分红。此外，协议明确规定，项目整体租赁期满后，所有地上物业无偿移交给集体经济组织，实现集体经济组织增收。古村落核心区引入的进博国别馆、创新企业、文创企业、八局人才发展中心和免税店等产业将带动章堰村经济规模扩大，就业岗位增加，闲置资源充分利用，村民集体收益分红增加。产业发展成熟后，将带动周边闲置农房出租，为政府带来财税双收。

大众评价

"新旧交互的改造风格独特大胆，新旧相嵌不破不立，让人耳目一新。"
——大众点评网友

"村子造景别致，商业气息浓厚，只是改造后的古镇少了些古朴和烟火气。"
——大众点评网友

露香园片区规划鸟瞰图

老城厢露香园片区改造

项目概况

项目时间：2002年至今

项目地点：老城厢露香园地区

项目规模：用地面积19.2 hm²

更新类型：有机更新

更新主体：上海城投置地（集团）有限公司（一期），上海露香园建设发展有限公司（二期）

设计单位：同济大学建筑设计研究院（一期），上海水石建筑规划设计股份有限公司（二期）

评估单位：上海现代城市更新研究院

项目背景

露香园片区位于老城厢区域的西北角，东起河南路，南至方浜路，西侧与人民路和中华路平行相接。项目整体占据整个老城厢十分之一的面积。

作为上海历史风貌保护区内第一个成片开发的商业类住宅项目，露香园在工作初始便秉承着"延续历史文脉，留存城市记忆"的理念，从国际方案征集，到现状历史要素评估梳理、控制性详细规划优化，再到建筑设计和工程实施的全过程，与规划、建设主管部门保持紧密沟通，在风貌保护专家组的指导下，以创新思路探索城市更新的优化方案。

露香园作为上海历史风貌区内规模最大的更新项目，经历了从单纯的"拆旧建新"转变为"延续历史风貌有机更新"的过程。历经20年，上海城投置地从历史人文与城市风貌研究入手，试图与更长的历史、更真实的生活对话，在现场历史遗迹的基础上重塑老城厢的场所精神和特有风貌，为上海未来的城市发展提供了一个文化人居的城市更新样本。

经验借鉴

文化价值挖掘

老城厢露香园属于上海典型的历史地段保护范畴，为了建立具有原真性、完整性的历史街区空间档案，上海城投对露香园区域的街道场所、空间尺度、建筑风貌与居民生活进行了详细的风貌实录，并对区域内保留的7组历史建筑和残留的古城墙遗址开展了全方位的灾害评测与全方位的记录，并对重点建筑片段采用3D激光扫描技术进行全真数据保留。

基于现状的风貌实录基础上，为了尽可能地尊重露香园区域的历史和文化，在项目伊始，上海城投便开展了文化本底详细调查，从人文历史、城市文脉和历史风貌等多个方面出发，通过记录、调查和深入研究，为传承老城厢"上海之根"的城市历史文脉与文化精神做足充分准备。后续又将详细梳理的成果编制成书，指导设计方案，并通过展览、影像等方式将其一一呈现，再现露香园地区的历史荣光与更新项目的前世今生。

场域精神重塑

首先是保护老城厢地区的城市肌理与功能延续。肌理保护需要对地区的建筑格局、街巷

露香园片区规划平面

露香园片区街道风貌实录

露香园项目工程重要节点

 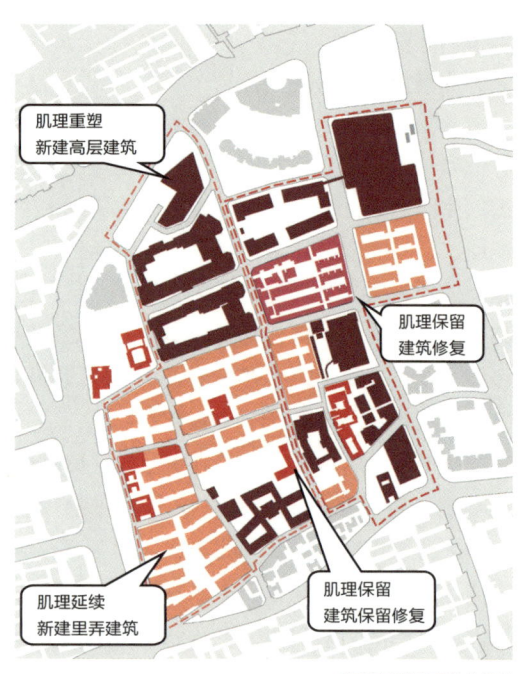

2000年露香园地区传统肌理　　　　　　　露香园项目肌理优化保护

网络、公共空间系统进行全面的疏理和整合，空间尺度的把握、历史地标的再现和功能性设施的布局都应体现露香园地区的历史传承。同时，又要确保满足当代生活的各类配套用地完整和指标合规。原有成片里弄是20世纪二三十年代建造，如今在复建和新建的过程中，有必要留出一些样板，作为城市历史记忆的一部分，延续居住功能，保留了老城厢的烟火气。

对于肌理相对完整的地块，在维持既有格局、适度优化完善步行网络和小微公共开放空间；对于原先肌理零散细碎的地块，则依据整街坊开发需求与风貌保护基本原则进行优化重塑。

其次是历史街巷的重生与活力复兴。在项目具体实操过程中，对现存16条历史街巷中的10条进行场所重塑。在延续历史街巷格局的基础上，对于保护的历史风貌道路街巷，严格遵循原有的空间尺度关系和红线宽度，突出两侧建筑传统老城厢里弄中西合璧的历史风貌特征。

为复兴里弄烟火气息，在延续原有十字商业格局的基础上进行演化，突出打造"河南南路—大境路—方浜中路"商业轴线，引入独具

街弄墙院空间尺度的重塑

老城厢文化内涵的商业品牌，打造慢生活商业街区。

针对老城厢公共绿化极度匮乏的问题，露香园项目将老城厢环城绿带的生态理念延伸至

区域内部，提升公共绿化的量与质。项目通过打造蓝绿丝带上的重要都市园林式公共空间节点——露香新园，再现历史六景，以塑造"十米见绿、百米见园"的生态网。

建筑活化利用

动迁后的露香园区域保留有万竹街41号、同庆街37号、万竹小学、大境阁等众多珍贵历史建筑。面对这些宝贵资源，在对其进行甄别、评估的基础上，采用多样的保护技术分类施策，无论是落架大修、迁移复建，还是原址保护、元素或构件保留等，均有针对性的方案。建筑局部细节与修复手法，如门窗比例等细节尺度，也进行详细推敲。无论是修旧如旧的文保建筑，还是复建改建的风貌建筑，抑或是新建的高层建筑，都通过建筑的色彩、材质和细节控制达到统一融合。

为了与保留历史建筑构建"更和谐多元的住宅风貌"，在新建建筑的设计上采取了以下措施：低层住宅的建筑立面以新式里弄建筑和花园里弄公馆为原型，再现石库门里弄的优雅文化情调；高层建筑裙房则是以现代特色元素呼应传统立面细节，既尊重上海20世纪20年代中西结合的历史，又能体现传统风貌和现代生活方式的融合。

随着上海城市更新迈入新的阶段，对历史风貌保护的要求越来越严格，旧有的法规体系更多是适用于大拆大建的城市发展模式，难以应对新阶段城市更新工作的需求，露香园项目在一定程度上推动了上海旧区改造和城市更新在政策机制上的变革。

露香园历史保留建筑

> **行业评价**
>
> 露香园万竹街41号的顺利完成，加速形成了上海传统历史文脉与现代高端生活有机结合的新型城市空间，对历史风貌区的城市更新起到了示范作用。
> ——首届上海市建筑遗产保护利用示范项目
>
> 露香园在兼顾传统、延续老城厢风貌条件下，建设满足现代居住方式，适应当代乃至未来城市生活需求的可持续发展新住宅。
> ——第十届广厦奖规划与建筑设计优秀奖项目

万竹街41号落架大修前后对比

露香园低层风貌区新建住宅

　　城市更新的参与主体,经历了从政府一元主导,到政府与市场共同推进,再多元主体协同合作的转变。本章首先对城市更新中涉及的政府、开发商、产权人、投资机构等各方主体进行了初步概述;随后对目前各地推进城市更新的重要实施和参与主体——城投企业进行了展开介绍;最后选取了开发商、投资机构的相关代表开展访谈,三位受访者分别来自国资企业、国有投资机构、地产投资机构,从自身参与城市更新的视角出发,结合项目案例,阐述了各自对上海城市更新的理解与实操心得体会。

04
城市更新多元主体

城市更新中的各类主体分析

文/世联评估价值研究院

城市更新的参与者主要有政府、开发商、投资机构（基金、金融机构等）。它们在介入阶段、资产标的选择、商业模式等方面各有不同。

政府

政府是更新项目的规划者与主要发起者、总体推动者、政策保障者与管理监督者。在大多数更新项目中，政府的作用越来越多地体现在顶层设计之中，市场化运作、公众参与以及社区自组织在城市更新中的主导性正越来越强。

政府在对城市更新项目进行顶层设计时，需要考虑和平衡多方主体之间的利益关系，实现管理方式和机制的创新。在我国的城市管理体系中，城市更新项目通常涉及规划、自然资源、建设、交通、环保、文化旅游、文物保护等多个部门，需要在它们之间建立一个统筹协调机制。

由于城市更新涉及到老旧城区，政府在规划过程中会遇到诸多问题，主要表现在以下8个方面：一是城市更新项目时间长，落地难，中间手续繁杂；二是城市更新过程中历史遗留的土地问题（例如土地的权属、性质）难以解决；三是产权物权分散，这会大大增加协商的时间成本和运作投资成本；四是地块规划设计困难（需权衡开发商、公共配套及村集体等多方的利益）；五是指标更改缺乏依据，更新过程中常常涉及对存量建筑的容积率、建筑高度、建设规模等规划控制指标的改变，但目前缺乏相应法规和程序依据；六是不易更新配套设施，有些情况下更新项目缺少配套设施，但常常难以找到合适的场地修建，这不仅需要腾空原有场地，还需要协调居民、业主、物管等不同利

设置较高级别的协调机构
• 由不同部门成员组成的城市更新委员会负责协调市级相关部门，同时协调下一级政府的相关部门。上海、广州、深圳等城市都采取这种做法。
• 例如，上海市城市更新法规中规定，市一级设立城市更新领导小组，成员由上海市政府及相关管理部门组成，负责全市更新工作涉及的重大事项的统筹、协调与决策；领导小组下设办公室，办公室设在市规划资源主管部门，负责牵头具体起草更新计划、工作任务、配套政策等。
通过部门联席会议制度协调城市更新工作
• 明确牵头部门与协办部门，由同级政府赋予牵头部门明确的权力和责任，代表同级政府协调各部门工作。
• 例如，北京在城市更新专项机制出台前曾以北京历史文化名城领导小组作为牵头部门代表市政府负责统筹城市更新项目。

政府部门间的统筹协调机制

益主体；七是与现代化标准不符，更新项目多是年代久远的建筑，按照现行的规划管理技术规定，通风、采光等涉及生活舒适度的指标难以达标，若增设、改建一些配套项目，或难以取得相邻利害关系人的同意，阻碍项目的推进；八是征收拆迁问题带来社会安定性隐患。如果遇到钉子户，被拆迁范围内形成对立的势力，征收项目将难以进行，发生社会维稳问题。

另外，更新项目需要融资支持。政府采取多种方式参与更新项目的前端投融资阶段。此外，国家开发银行等政策性金融机构通过发放中长期低息贷款、注资成立相关项目基金为城市更新项目提供全周期支持，并且通过联合融资及组建银团等方式吸引众多社会资本参与。更新项目在获取银行中长期贷款时一般需要抵押担保。

房地产企业

随着城镇化率的快速提升以及人口的持续流入，一线和二线城市的土地供应日渐稀缺，城市发展进入存量时代。城市更新为房地产企业发展带来了新的业绩增长点。具体来说，房地产企业参与城市更新主要有以下3个原因：一是一、二线城市土地供应趋紧，通过对老旧城区的整治改造和再开发，有效补充核心城市土储；二是相比竞争激烈的招拍挂拿地方式，

模 式	具体内容	案 例
地方政府利用财政资金直接投资	以政府部门为主体，利用财政资金直接对外投资，通过市场化公开招标的方式，确定执行主体，完成如片区综合整治、老旧小区改造等公益性较强的民生项目。在计划经济时期，政府主导了财政拨款、组织实施、动迁、建设、协调和仲裁等更新项目的各个阶段和各个方面。市场经济时期，政府内逐步分化出市政公司、城建公司、住房保障中心等经济部门承担委托动迁和工程等工作	河南省郑州市管城回族区老旧片区综合整治提升项目
地方政府配套资金同时发行城市更新专项债	以政府为主导，政府配套部分资金，其余缺口资金发行专项债。这种项目通常要求项目自身收益良好，能够覆盖债券本息，实现资金自平衡	粤港澳大湾区城镇老旧小区改造专项债券（一期）越秀区城市更新改造补短板项目
地方政府授权地方国企为主体进行投融资	由地方政府授权给地方国企作为城市更新项目的投资建设运营服务主体。以地方国企为主体，通过银行融资或资本市场融资完成城市更新项目的投资建设。地方国企投资模式下，城市更新项目的收入可能来源于项目收益、使用者付费、专项资金补贴等方面	南京市石榴新村城市更新项目
"投资人+EPC"模式/产业基金+"投资人+EPC"模式	在地方政府的授权下，由地方国企作为城市更新项目的业主方，通过对外公开招投标确定合作方，由地方国企与合作方按照约定股权比例成立项目公司，由地方国资与项目公司签订开发投资协议，以项目公司作为城市更新项目的投融资建设管理实施方。投资项目的资本金来源于股东出资，项目其他资金通过市场化融资获得。这种模式多用于综合性开发或者片区开发等大型项目中。与此类似的，还有产业基金+"投资人+EPC"模式，即在"投资人+EPC"模式基础上，引入以地方国企和社会资本合作形成的城市更新产业基金，以产业基金作为项目公司的出资方。同时，目前部分央企也通过引入社保基金共同组建基础设施基金进行股权投资，从而解决央企的投资资金问题	河源市东源县城乡基础环境综合提升工程项目
PPP模式	PPP模式下，项目回报机制有三种，分别是政府付费、可行性缺口补助和使用者付费。政府付费部分（补贴）通过纳入中长期财政预算的形式，保障项目还款来源及社会资本的合理收益	南京市鼓楼区铁北片区城中村改造更新及产业发展项目

政府参与更新项目投融资模式

能以更低的地价获取土地储备，从而获得更高的利润率；三是城市更新改造的对象往往是城中村和城区的老小区，这些项目位于城市核心地带，若在改造后入市，有较好的市场预期。

由于房企入局时间、资金投入和运营经验等不同，直接导致行业规模差距较大。规模较大的房企已布局100多个项目，总建面逾7000万m^2，规模最小的只参与了1个项目，建筑面积只有不到10万m^2。截至2021年，我们以城市更新潜在建筑总建筑面积作为指标来衡量企业参与度，将房企分为3个梯度。第一梯队房企参与城市更新部分的建筑面积大于4000万m^2，包括恒大、融创、佳兆业、富力、时代5家房企，其中恒大、融创和佳兆业更是拥有超出7000万m^2的旧改建面。第二梯队房企城市更新建筑面积段为600万~3000万m^2，规模上看与第一梯队出现明显断层。该梯队的房企主要包括资金实力和强大的操盘运营能力兼备的国企；同时，经验丰富的区域民企也分得一杯羹。第三梯队参与城市更新部分的建筑面积小于600万m^2，大部分房企位于该梯队，城市更新并非其主要业务，但仍把这作为一种有效的拿地方式，涉及的地域除一线城市外，也包括济南、太原、烟台、南昌等二三线城市。百强上市房企中，多达27家房企城市更新业务涉及广东省，热点城市如深圳、广州、佛山等，成为各大房企必争之地。整体上看，由于城市更新项目周期长、难度大、涉及多方利益等因素，具备较高的进入门槛，本土房企无论是在规模还是经验方面均具备明显的领先优势。其中，恒大、佳兆业、富力和时代四家房企均发家于广东，在大本营潜在土储建筑面积均超过3000万m^2。

房地产企业参与城市更新多采取政府主导模式，例如中海地产上海红旗村旧改项目。这类项目的周期比较可控，但地块通常附带较高的配建或自持要求，十分考验房企的资金实力和综合开发能力，企业通常不参与土地前期整理。在市场主导模式中，企业需要参与土地前期改造工作，相比之下，这类模式的开发周期更长，例如佳兆业深圳城市广场。此外，政府与市场合作模式下企业需要参与前期整理工作，项目的周期也会一般长于政府主导模式。

以上海为例，2021年6月2日上海成立800亿城市更新基金。上海地产集团与招商蛇口、中交集团、万科集团、国寿投资、保利发展、中国太保、中保投资签署战略合作协议。上海城市更新项目呈现出以下3个特点。第一，在参与方式上，现阶段房企参与上海城市更新的主要途径是与当地区政府接洽成立合资公司。目前上海城市更新采取"政企合作、市区联手、以区为主"的城市更新政策，即简政放权给区政府，由区政府组织公开遴选市场主体实施更新改造，一般情况下，选定改造主体后由区政府和城市更新主体共同成立合资公司实施。第二，在具体实施上，现阶段土地征收多由政府负责，采取协议出让和招拍挂并举的模式。上海城市更新土地出让需要通过两轮征询，第一轮是以问卷形式看居民是否愿意改造，第二轮是与居民沟通安置补偿条件，均达成通过率后方可开始征收。目前这一工作基本由政府成立的征收部门处理，征收成功之后再出让给企业。第三，在出让方式上，上海采取协议出让与招拍挂并举两种。例如，祥生2003年参与的虹口四平路改造项目、仁恒150亿元拿下2002年出让改造权的蒋家浜项目均为协议出让；而万科拿下的宝山杨行旧改项目，俊发青浦徐泾镇老集镇旧改项目以及中海普陀真如红旗村旧改项目等，采用的都是招拍挂出让的方式。总体来看，上海大部分是本地国企主导城市更新，然后再进行土地出让，而粤港澳大湾区多以开发商协议方式参与改造。

开发商在城市更新项目中面临开发周期长、资金压力大、专业性强、利益平衡难以及运营要求高等诸多难点和痛点。具体来说，第一，城市更新项目资金量大、周期长。城市更新流程涉及十多个复杂环节，投资链条长。资金方面，尽管央行运用降息、降准、再贷款等手段，保持流动性合理充裕，引导贷款市场利率下行，但为抑制房地产泡沫却极力避免资金直接进入房地产领域。此外，城市更新专项规划各项要求高。对于一个小的旧城改造单元，政府要求都有幼儿园、中小学学位、保障性住房、老干部活动中心、社会管理中心等，还需配备垃圾处理、公共交通站、供电供水供气、警务安全室等，因此，房地产开发商需要拥有足够的自有资金来运营城市更新项目。第二，旧改政策变化快，增加不确定性。很多项目前期签约时的政策随着时间的推移而发生变化，例如，政府逐渐加大对产业的比例要求，导致东莞、广州的很多项目按照新的政策在经济上不可行，而此时项目已投入一定的资金，房地产企业面临继续还是退出的抉择困难。第三，业主拆赔预期高，项目拆迁难度大。业主对于拆赔的高预期，导致一些资金充裕的公司有时也会因为拆迁不可控而资金链断裂或面临项目经济效益低下。第四，存在历史遗留问题。例如，村与村之间的界限存在历史遗留问题，导致集体资产处置时存在分歧，项目推动缓慢，从而加大项目投入成本。第五，需要建立一支专业、复合型的人才队伍。城市更新专业性强，需要建立一支懂得法律法规、熟悉政策流程、洞悉市场动向且值得信任的人才队伍，以应对出现的各种复杂问题。

值得注意的是，2021年8月30日，住房和城乡建设部发布《关于在实施城市更新行动中防止大拆大建问题的通知》（建科〔2021〕63号），文件明确提出"不沿用过度房地产化的开发建设方式"，并将其与房地产调控结合在一起，这意味着城市更新政策明显收紧。现阶段的城市更新仍然延用了过去房地产化的开发建设模式，在传统招拍挂模式拿地成本不断抬升、融资渠道大幅受限的背景下，很多地产企业为追求短期成效，通过介入城市更新以实现更低成本、更多渠道拿地、更多渠道融资，以及与政府更深绑定关系的目标，从而可以缓解压力和规避监管。而中央更强调城市更新的长期运营效益与规范运作，更突出政府引导与社会效益，希望以保留提升为主，"留改拆"并举，将其打造成城市升级工程，通过城市更新行动提升城市功能与治理能力。文件通过拆除比例不应大于20%、拆建比不宜大于2，以及就地、就近安置率不宜低于50%，3个量化指标严格控制大规模拆迁和增建，进一步拉长城市更新项目流程、大幅降低城市更新的土地运营价值，影响了地产企业参与城市更新的积极性。文件通过城市体检评估先行、基础设施摸底排查、存量项目再评估与整改，以及强化城市安全要求等方式提升了城市更新项目的运营成本，拉长了更新时间，城市更新项目进展步伐或会进一步放缓。

产权人

城市更新中的产权人是存量资产的所有者，可能是企业、集体或个人。产权人是城市更新的参与者和利益相关方，其更新意愿、补偿要求、配合程度、参与方式对更新项目的成败都起着关键性的作用。

过去政府一元主导的更新背景下，产权人更多关注自身的利益和补偿情况，例如，征收补偿价格是否公平；安置房的位置及质量、交付时间，以后邻里关系有何变化；历史遗留问题如何解决；参股物业的业态、经营收入如何；企业或集体内部矛盾及意见如何协调统一等。

目前，在政府与市场共同参与、多元主体协同合作的更新背景下，可通过进一步出台引导自主更新的有效举措（如更新奖励、税收优惠等），更好地发挥调动产权人的积极性，鼓励产权人自主更新、社会力量参与更新。鼓励不动产产权人自筹资金用于更新改造，鼓励金融机构创新金融产品支持城市更新。

产权清晰的企业单位或集体组织可作为更

阶　段	具体内容
改造前	资产评估、改造计划、资本支出预算及预算的合理控制、未来目标租户和租金的市定位、租金的优化和物业管理费用的最大合理提升、筛选承包商和分包商
项目运营阶段	维持项目能够持续保持在一个较高质量运营，从而保证资产的未来投资价值和投资回报的最大化
退出	资产证券化、股权回购、兼并收购、出售

资产管理渗透城市更新各环节

新实施主体，也可以协议、作价出资（入股）等方式委托专业机构作为实施主体；居民业主自主更新意愿强烈的住宅小区，可以成立业主自主更新委员会或授权业主委员会作为自主更新实施主体。在与政府和主管部门充分沟通和争取支持的基础上，通过提出更新申请、编制更新方案、提交审查审批、开展施工建设、完工通过验收等合理化流程，完成更新项目建设更新。

投资机构

黑石、凯德、基汇、高和资本、光大安石、翰同资本等私募或公募基金，在商业资产存量时代、在城市消费升级的背景下，积极投身于城市更新，打破原有的居住、办公和商业边界，探索挖掘新商业和新办公概念，推动资产增值升级。

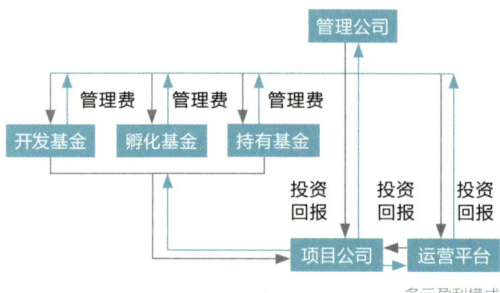

多元盈利模式

通过对资产的重新规划设计，城市更新唤醒资产的新生命周期。对存量资产的再定位、再改造、重新投入市场并实现资产增值和投资回报最大化，城市更新过程中的每一项工作都是围绕资产的优化和升值。资产管理涉及项目改造中的所有环节，项目的物业资产市场定位、规划设计、再定位、维护翻新、品牌推广、改造中的项目运作直至项目落成。

存量资产的投资周期长，大多需要经历投资改造期、经营调整期和经营成熟期3个阶段，一般需要3年到5年，甚至更长时间。同时，投资标的也容易出现综合体或复合业态。这就需要根据不同投资阶段和不同投资人的投资回报率要求，设立不同的主题基金匹配物业开发、开业前期、稳定运营的各个阶段。开发基金用于投资拿地、建设期的项目；孵化基金投资运营稳定、收益率达到一定水平的项目；持有基金/公募REITs投资于运营成熟、有稳定回报的项目。这样基本覆盖了商业物业的整体价值周期。

国内不动产资产管理公司热衷于投资一、二线城市的更新改造项目，寻找一些现在比较老旧、资产运营质量不高、价值被低估的存量资产，收购后进行重新定位、改造和运营管理，在经过改造、运营的资产价值提升后，以整售或者资产证券化的形式实现资产的退出，为投资人赢得收益。

高和资本的城市更新偏重一线城市商办物业更新改造，其偏好价格合理、周期适中并具有稳定现金流的成熟资产，同时也对房地产运营公司进行股权投资，连接资金、资产和跨业资源，打通产业链条。

由于5G和物联网等新一代信息技术的普及和推动，使存量楼宇（城市更新）的运营成本显著降低、运营效率大幅提升。2020年，高和资本建立了国内首支专注于地产科技领域的投资基金(GoCity PropTech Labs)，并投资了首个智慧能源项目"领环"项目，又与

投资策略	核心型（Core）	核心增益型（Core Plus）	增值型（Value Added）	机会型（Opportunistic）
物业类型	核心城市核心地段的优质物业，成熟运营	核心城市核心地段的优质物业，项目或因资源错配而未能充分体现价值，在短期内通过租户调整或少量维修、改造可实现提升	重新改造	新开发地产项目，轻资产运作项目，或是闲置、无管理的烂尾楼等不良资产项目
收益来源	稳定的现金流	现金流提升	物业价值提升	物业价值提升
持有期间	长期	长期	中期	短期
杠杆率	0~40%	40%~60%	50%~70%	>70%
期望收益率	6%~10%	9%~12%	12%~18%	>18%
目标风险敞口	≤5%	5%~25%	>25%	/
风险	较低	适中	偏高	较高

中粮大悦城共同投资开发"大悦春风里"，推出首个5G＋MEC智慧商业系统"悦云"。该系统除了具有大多数新商业所具备的智能向导、智慧停车、智慧营销系统等功能，最重要的是可以打通商户之间的积分系统，从而激活大悦城数十万的会员体系。这有可能为购物中心完成快速导流，从而提升其租金水平。这便是地产科技可能为商办物业带来的直接价值，商办物业的租金收益，又直接关系到其资产估值。

投资机构/房地产基金根据专业判断力寻找项目，引入资金方整体购入有增值空间的物业后，引入跨界资源对其再定位、改造，以增加租金回报率、提升物业估值。部分物业运营成熟后，将通过资产证券化或出售方式退出，获取资产增值收益。

投资机构在城市更新过程中，主要面临2个风险：一是征收拆迁时间和金额不确定增加融资风险；二是政策变化带来的项目价值折损风险。

城投企业如何参与城市更新?

文/吴志武 中证鹏元

城投企业可成为城市更新实施主体

什么是城市更新?

城市更新目前已由地方率先探索实践上升为国家战略。在我国,城市更新在地方层面的实践已经开展了20多年,深圳、广州、上海等城市已形成了各具特色的城市更新投融资模式,也形成了较为完善的城市更新政策法律体系。2021年3月,城市更新首次写入政府工作报告,被列入"十四五"规划文件中,标志着城市更新已上升为国家战略。

尽管城市更新目前还没有统一的定义,但根据各地城市更新实践,城市更新是对城市建成区(规划基本实现地区)城市空间形态和城市功能的持续完善和优化调整,这不仅局限于基础设施等环境的改善,还包括对历史文化、城市风貌、业态等的修复和复兴,更是城市空间、产业结构的更新,注重高质量和可持续发展,是一项系统性的改造活动。城市更新的范围目前主要包括老旧小区、老旧厂区、老旧街区和城中村等。

城市更新模式从开发形态上可以分为拆除重建类、综合整治类和有机更新类。拆除重建的最大特点是原土地和建筑的权属和用途会发生巨大的变化,而综合整治类基本不会拆除房屋,以保留原房屋建筑为主,主要提升房屋功能、配套设施和周边环境,如给水燃气管道、小区环境等。相比于大拆大建,有机更新重在保留城市文化肌理,并在此前提下迭代更新居住环境以及周边产业,既坚持特色又焕新城市活力,提升城市功能,挖掘旅游价值。城市更新上升为国家战略后,也意味着我国城市更新已进入注重高质量发展,减少拆除重建,进行可持续发展的新阶段。

城市更新按项目开发模式可以分为3种类型:一是政府主导模式,即在城市更新项目开发由政府直接组织,掌握控制权;二是市场主导模式,即由市场主体负责城市更新和运营;三是政府和市场合作模式,即政府发挥示范引导作用,鼓励市场主体的参与。从过去地方城市更新的实践来看,上海城市更新以政府为主导,统一协调,从政策制定、项目开发、配套设施等方面,政府及其下属城投公司均承担重要角色;深圳采取高度市场化运作的模式;广州为政府引导,企业、集体村民多方合作。总体呈现多元化的局面。

为了严格落实城市更新底线要求,转变城市开发建设方式,2021年11月住房和城乡建设部发布《关于开展第一批城市更新试点工作的通知》，推出21个城市更新试点城市（区），包括：北京市、河北省唐山市、内蒙古自治区呼和浩特市、辽宁省沈阳市、江苏省南京市、江苏省苏州市、浙江省宁波市、安徽省滁州市、安徽省铜陵市、福建省厦门市、江西省南昌市、江西省景德镇市、山东省烟台市、山东省潍坊市、湖北省黄石市、湖南省长沙市、重庆市渝中区、重庆市九龙坡区、四川省成都市、陕西省西安市和宁夏回族自治区银川市。

城投企业可以成为城市更新实施主体

城投企业一直是我国地方推进城市更新的重要实施主体和参与者，以上海为例，上海城市更新经历了以解决居住条件为主的重建旧改，20世纪90年代以发展经济为主的"推倒重建"模式，在21世纪初注重存量保存和维护，再到近10年以来围绕有内涵的有机更新操作。这四个阶段中，地方国企包括城投企业成为了城市更新的重要参与者，打造了一大批如上海新天地、上海8号桥和上海三邻桥等代表性项目。

城市更新上升为国家战略后，相比其他企业，城投企业参与城市更新具有以下更多优势。

政策优势。2021年8月，住房和城乡建设部发布了《关于在实施城市更新行动中防止大拆大建问题的通知》，明确城市更新由政府主导的地位，项目不应沿用过度房地产化的开发建设方式，不应大拆大建，应更加侧重城市更新的公益的属性，以提升功能、保留城市记忆为主，鼓励推动由"开发方式"向"经营模式"转变。城市更新由政府主导，作为政府出资设立的城投企业将会有广阔的机遇和空间。

经验优势。城投公司长期从事土地整理、保障房建设、基础设施项目建设等，在此过程中积累了丰富的建设、管理和运营经验，而城市更新项目也将会大量涉及此类业务，因而，城投公司从事城市更新具有较强的基础。同时，由于城市更新项目周期较长，实施风险较大，城投企业可以充分发挥自身的经验优势，减少项目风险。

体制优势。城市更新覆盖面广，在实施过程中涉及到众多政府职能部门，例如，地方发展改革、规划、土地、住房建设、交通等，一些项目审批流程长而且复杂，涉及的部门多，面临的政策风险也大。城投企业利用自己体制内的优势，可以有效减少政策方面的风险，缩短审批流程，推动城市更新进程。同时，作为政府出资设立的企业，不像市场化企业，城投企业会降低对利润方面的追求，会在追求城市可持续性发展和利润之间保持平衡，尤其是城市更新进入减少大拆大建的新阶段后，部分市场化企业因为利润下降而可能降低对城市更新的兴趣时，城投企业可以获得更多的发展空间。

对于城投企业而言，城投公司成为城市更新的实施主体，有利于推动市场化转型。一些城市更新项目有一定的收益，城投公司从事这些项目可以获得一定的市场化收入，还可以正常开展市场化融资，而不具有合规性风险。另外，城投公司开展城市更新，通过收储、整理、划拨、招拍挂等多种方式获得大量建设用地使用权，并加以改造、重建和更新，既可以提升土地资产价值，也为壮大城投公司资产实力创造了良好契机。此外，城投企业参与一二级土地联动开发，提高了城投在土地业务中的收益空间，有利于化解城投企业债务。

城投企业参与城市更新投融资模式选择

投融资模式选择

城市更新资金需求量大，仅靠财政投入难以满足城市更新资金需求，需要通过多种渠道多方筹集。城投更新的参与者和资金来源主要有地方政府、实施主体、原产权所有人、社会资本和金融机构，城市更新根据不同的实施主体和项目类型会产生不同的投融资模式。城市更新项目由政府主导进行实施，其投融资模式有政府直接投资、政府专项债投资、政府授权国有企业等，资金来源主要为财政拨款、政府专项债等。如果引入社会资本来实施，主要的投融资模式包括PPP模式、投资人+EPC模式和城市更新基金模式等。

城投企业参与城市更新项目其投融资模式主要有以下选择。

政府授权模式

这种模式是由地方政府授权城投企业作为城市更新项目的投资建设运营主体，资金来源可以是地方政府财政预算安排和发行地方政府专项券，如果项目投资与财政投入之间存在缺口，可以由城投企业通过发行债券、政策性银行贷款、专项贷款等方式筹集，城投企业举借债务后偿债资金的来源有政府回购、项目收入、财政补贴等。该种模式的优势是可有效利用国企资源及融资优势，多元整合城市更新各种收益，能承受较长期限的投资回报；缺陷是收益平衡期限较长、较难，由于可能存在隐性债务风险，导致市场化融资开展困难。

以绍兴市城中村改造建设投资有限公司为例，公司作为绍兴市保障性安居工程建设重要的投资建设主体，担负着当地保障性住房及城中村改造等安居工程的投融资和建设管理任务。公司业务模式是经绍兴市人民政府授权，绍兴市住房和城乡建设局与发行人签订《投资建设与收购（BT）框架协议书》。发行人以BT模式投资建设当地保障性安居工程，建设完工后由市政府负责收购，项目偿债资金来源包括政府回购收入、保障性安居工程项目余房拍卖收入等。

PPP模式

PPP模式是一种公私合作模式，该模式中城投企业作为政府出资方代表，政府通过公开引入社会资本方，将城市更新项目一定期限的特许经营权授予由城投企业和社会资本方成立的项目公司，由项目公司作为城市更新项目投融资、建设及运营管理实施主体。项目投入资金有赖于股东资本金及外部市场化融资，项目收入主要源于政府购买服务和项目经营收益。该模式的优点是通过市场化运作，引入社会资本提高城市更新效率及经营价值，通过风险收益分摊机制，减轻政府财政压力，但受10%红线影响，运作周期较长，符合PPP回报机制的项目偏少。

以2020年9月重庆市住建委正式启动九龙坡区城市有机更新老旧小区改造项目为例，该项目涉及九龙坡区6个老旧小区改造，改造小区总建筑面积约102万m^2，改造栋数366栋，主要改造内容包括基础设施改造、完善工程建设和提升工程建设，项目总投资估算37 180万元。项目通过公开招标选择社会资本[北京愿景华城复兴建设有限公司、核工业金华建设集团有限公司、九源（北京）国际建筑顾问有限公司]，由重庆渝隆资产经营（集团）有限公司与中选的社会资本共同出资组建SPV项目公司。本项目采用"ROT"运作方式，项目合作期限为11年。项目回报机制为可行性缺口补助。

城市更新基金模式

在政府的倡导下，城市更新基金已经成为城市更新项目融资中一种常见的城市更新项目投融资方式。目前，上海、北京、广州、重庆等地已经落地城市更新基金。城市更新基金从发起人角度有两种。一种是政府主导的城市更新基金，一般由财政部门负责实施，当地城投公司负责具体代为出资人职责。另一种是市场化企业主导的城市更新基金。城投企业参与城市更新基金一般由城投企业作为政府出资人发起设立基金，吸引各类社会资本参与，组织形式上，城投企业为基金管理人（GP），负责组建基金管理公司和基金日常经营管理，收益为管理费和利润分成；其他参与企业为有限合伙人（LP），以其所投资的金额为限承担有限责任，但不参与基金的日常经营管理，其收益为公司的利润分成。基金构架一般为母基金+子基金，子基金主要针对城市更新的各个阶段或子项目。该模式优势是能够整合各方优势资源，多元筹集资本金及实施项目融资，加快项目推进，有利于发挥国有资本四两拨千斤的作用；劣势是目前城市更新投资回报收益水平、期限等与城市更新基金资金的匹配性不强，成本较高，退出机制不明确，面临实施上的诸多挑战。

2021年6月2日，上海城市更新基金在上海正式成立，为目前全国落地规模最大的城市更新基金（基金规模800亿元），发起人包括中交集团、招商蛇口、万科集团、国寿投资、保利发展、中国太保、中保投资、上海地产集团，其中，上海地产集团作为基金管理人。该基金采用母子基金架构，由城市更新母基金、一级开发子基金及针对自持商业运营的子基金构成，基金主要定向用于投资上海旧区改造和城市更新项目，促进上海城市功能优化、民生保障、品质提升和风貌保护。

投资人+EPC模式

城市更新的投资人模式是在地方政府的授权下，由城投企业作为城市更新项目的业主方，通过对外公开招投标确定合作方，城投企业与合作方按照约定股权比例成立项目公司，签订开发投资协议，以项目公司作为城市更新项目的投融资建设管理实施方。投资项目的资本金源于股东出资，项目其他资金通过市场化融资获得。该模式优势是能够引入大型工程建设单位及专业运营商等社会资本，整合资金优势，实现对大体量城市更新项目的推动实施；劣势是目前满足这种回报机制的片区开发项目较少，受土地政策限制，现有项目主要通过工程及政府补贴实现回报，存在隐性债务风险，融资难度大、综合成本高。

以广东东源县城乡基础环境综合提升工程项目为例，该项目投资额为409 240万元，项目采用"投融资+设计施工总承包+运维服务"（投资人+EPC+O）模式实施，建设内容包括土地综合整治、饮水工程建设、环保基础设施建设等。东源县政府授权东源县城乡建设投资公司作为项目投资主体，通过对外招标，与中标联合体（中铁二十三局集团有限公司、中铁建发展集团有限公司等）组建项目公司，项目回报为农田垦造指标交易等。

投融资模式对比

上述几种投融资模式城投公司在城市更新项目中多有采用，但各模式在参与者、适用对象、资金来源、融资合规性等方面存在一定的差异。

从城市更新参与者来看，政府授权模式主要是以地方政府为主导、城投企业负责项目实施，一般不涉及社会资本，PPP模式和城市更新基金模式都涉及吸引社会资本参与，投资人+EPC模式也是政府授权模式的一种，但这种模式由城投企业和社会资本共同实施。

从项目使用对象来看，政府授权模式较为普遍，在城投企业具备条件下，各种城市更新项目均可以适用这种模式，PPP模式和城市更新基金适用于项目回报较为明确的项目，投资人+EPC模式满足了体量较大的城市更新项目对资金的需求，因而，成片区域更新开发可以采用这种模式。

从项目开发资金来源来看，政府授权模式资金源于财政预算安排和城投企业开展市场化融资，可能会产生隐性债务，存在合规性风险，PPP模式和城市更新基金模式资金源于股东出资和市场化融资，可以通过风险分摊机制减轻财政压力，投资人+EPC模式资金来源于股东出资和市场化融资，可能会产生隐性债务，存在合规性风险，但可以通过风险分摊机制减轻财政压力。

城投企业参与城市更新该注意什么？

注意项目风险，兼顾公共利益和经济利益

城市更新项目大多建设周期较长，不确定因素较多，风险较大，但在反对大拆大建背景

类型	政府授权模式	PPP模式	城市更新基金	投资人+EPC
参与者	地方政府，主要实施者是城投企业，不涉及社会资本	城投企业，社会资本	城投企业，社会资本	城投企业，社会资本
适用对象	所有城市更新项目	收益较为明确的项目	收益较为明确的项目	大体量城市更新项目
资金来源	财政预算安排和市场化融资	股权出资和市场化融资	股权出资和市场化融资	股权出资和市场化融资
是否有风险分摊机制	无	有	有	有
融资合规性	存在合规风险	不存在合规风险	不存在合规风险	存在合规风险

城投企业城市更新投融资模式对比

下，低收益或者无收益的综合整治类和有机更新类项目将会增多，这些项目将可能收益无法覆盖项目支出，收益平衡无法实现。城投企业作为城市更新实施主体，尽管需要承担一定的公益性职能，但仍然要对项目做好市场调查和分析，将产品设计得当，选择恰当的开发模式，例如，采用滚动开发模式有利于缓解资金压力，项目建成后做好项目运营，最大限度地挖掘项目价值，以保证收益能够实现平衡。同时，城投企业从事城市更新还需兼顾公共利益和经济利益，在确保公共配套服务有保障、居民幸福获得感提高的同时，尽可能做到项目有利可图，从而不至于增加债务负担，或者隐性债务风险。

投融资模式因项目而选择，防止隐性债务风险

为了顺利推进城市更新项目，城投企业需要熟悉各种投融资模式的优势和缺陷，由于一些投融资模式适应对象有所不同，城投企业需要根据不同的项目类型选择投融资模式。考虑到在反对大拆大建之下，低收益或者无收益的综合整治类和有机更新类项目会增多，这可能会降低对社会资本的吸引力，不利于缓解财政压力。因而，城投企业在做好项目产品设计、确保项目收益的同时，还需为项目争取良好的政策支持。由于部分投融资模式可能会增加隐性债务风险，城投企业要规划好城市更新项目的"投融管退"，防范新增隐性债务。

城投企业参与城市更新的未来展望

城市更新空间大，将给城投转型带来巨大的发展空间

城市更新进入减少大拆大建的新阶段后，在政府主导城市更新背景下，城投企业未来将成为城市更新的实施主体。而根据测算，截至目前，中国房地产总市值约为496.15万亿元，按照2%的城市更新转化率，城市更新或将带来约10万亿元的巨大市场。城市更新除了可以直接参与这一广阔市场外，还可以参与因城市更新所带来的在工程咨询、建筑材料、停车场、社区广告、社区养老、医疗、托幼、保洁等方面新的业务机会，从而有力地促进城投企业转型。

城投企业参与城市更新将有利于推进城市品质的发展

过去，以房地产商为主的城市更新开发主体虽然极大地推动了我国城市的发展，适应了

城镇化的发展要求，但它们为了获取自身利益的最大化，往往压缩公共服务设施配套以及开放空间，甚至对城市历史文化的保护与传承也造成了破坏，对城市品质的塑造形成了不利影响。而城投企业作为政府下属国企，未来成为城市更新的实施主体，相比房地产商等私人资本，将会减少"大拆大建""拆旧建新""拆真建假"等破坏现象，更多地注重城市品质的提升，注重人居环境的改善，注重城市历史文化的遗承，着眼于城市居民的幸福获得感。

在投融资模式上，城市更新基金等式将会发挥重要的作用

由于政府授权模式可能会增加隐性债务，在目前严监管背景下，城投企业实施一些城市更新项目时开展市场化融资较为困难，而城市更新基金模式由于不存在合规性问题，可以有效规避这一问题。从目前来看，城市更新基金模式在城市更新中已得到了广泛的推广，北京、上海、广州、天津、无锡、石家庄等城市已经相继推出了城市更新基金，城投企业可以积极参与城市更新基金的发起、设立，充分利用这一模式，解决城市更新过程中的融资问题。提升人居环境，重视传承城市历史文化，并关注城市居民的幸福感。

城投企业以一二级联动方式参与城市更新将会增多

过去政府授权城投企业进行土地一级开发，城投企业通过与政府签订协议在成本加成一定收益率方式获取回报，还会有部分的税返优惠及财政补贴，但这种业务模式由于涉及土储，难以进行市场化融资。随着城投公司实力的增长，也以一二级联动的方式参与到土地开发建设的过程中，即城投公司既负责前期的一级土地开发业务，也参与出让环节拿地，在获得土地使用权后进行二级开发建设。由于一二级联动的供地模式简化了城投公司参与土地一二级开发的流程，也可通过后期二级开发的回款收入平衡资金压力，提高了城投在土地业务中的收益空间，且不存在隐性债务风险，有利于减轻财政负担。因而，预计城投企业以一二级联动方式参与城市更新将会增多。

国资企业更新实践：
长阳创谷 工业老厂蜕变世界级科创园区

文/白若凌

受访者：奚荣庆

上海杨浦科技创新（集团）有限公司副总经理、长阳创谷董事长

上海杨浦科技创新（集团）有限公司（以下简称"杨浦科创集团"）专注在科创投资与科创园区开发运营领域，是杨浦承载产业转型的城市更新平台，走出了一条杨浦独特的"科技创新+城市更新"的发展道路。本文结合杨浦科创集团在城市更新上的探索与实践，通过解读"长阳创谷"这一城市更新中老旧厂区转型的案例，展示百年工业历史建筑更新与产业进化。

长阳创谷占地11万m²，规划总建筑面积约50万m²。前身是日商建于1920年的东华纱厂，1945年，由中国纺织机械公司接收，生产丰田式织布机。1952年，改名为中国纺织机械厂。1986年，中国纺织机械厂与意大利舒美特纺织厂合作生产TP型箭杆织机，为中国纺织工业作出了不可磨灭的贡献。

1992年，改制成为中国纺织机械股份有限公司，其生产的纺织机械，风头最劲时曾占据国内市场85%的份额，也因此成为了上海八大上市企业的龙头。2000年前后，该厂址停产关闭处于闲置状态，历经将近一个世纪，曾经的纺织大厂走到了历史的拐点。

2014年，杨浦科创集团与中国纺织机械股份有限公司的母公司上海电气集团股份有限公司联手打造长阳创谷这一项目，通过更新改造，为老工业厂区注入新的动力，成为上海最成功的工业遗址更新，是科创园区的经典案例之一。从生锈烟囱到创业灯塔，从百年厂房到科创动力基地，长阳创谷走出了一条经典的城市更新之路。

工业遗址更新："走科创这条路"

杨浦，被誉为"中国近代工业的摇篮"，也是上海科教重镇与科创人才摇篮。当前，区内创新创业主体发展，正从"工业杨浦"到"知识杨浦"再到"创新杨浦"的转型升级中。

作为杨浦区双创、科创园区领域载体打造的元老级人士，上海杨浦科创集团副总经理、长阳创谷董事长奚荣庆参与并见证了杨浦多个创业创新项目。从创智天地到长阳创谷，前后近20载，围绕科创、双创，探索创新载体，服务好新旧动能转换，支持好城市转型发展。

面对这座沉淀了近一个世纪的历史工业遗址，如何让传统纺织工业载体蜕变，让老旧厂区华丽转身，选择文创之路还是科创之路等问题，摆在了后继者面前。奚荣庆接受我们专访时表示，长阳创谷的发展不是一蹴而就的，从

中国纺织机械厂旧照

更新前闲置厂房

诞生之初的"长阳谷"到如今的"长阳创谷",迭代背后印证了长阳创谷的城市更新历程。

长阳创谷在改造过程中,对原有工厂主体建筑完整保留,原有桁车、吊臂重新改造为过街廊道、园区装饰,原厂铁轨、管道、仪表、控制箱等元素则尽量修旧如旧。曾经风靡上海足坛的中纺机足球队训练场地予以保留,改造之后成为占地7 000 m²的青春草坪,这在寸土寸金的市中心办公园区中,保留下来作为员工的共享绿地弥足珍贵。

长阳谷,改造之初定位为文创园区,后更名为长阳创谷,Chang Yang VALLEY升级为Chang Yang CAMPUS,从常年闲置的破旧厂房,变身为地标式的创新创业街区。奚荣庆介绍,这不是单纯意义的更名,而是为了准确定位这座创新基地。CAMPUS的含义有校园、社区的意思,从科学创新角度来看,入驻园区的企业感受到的环境,应是开放、自由、创新的氛围。

基于开放、创新理念,塑造创新人文环境,长阳创谷承袭了杨浦科学教育的创新基因,依托复旦大学、同济大学等10余所知名大学和百余家科研院所,形成了无边界创新生态系统,海内外大批青年人才将长阳创谷作为逐梦的空间、腾飞的起点。集聚来自清华大学、普林斯顿大学等全球知名高校的创业人才、2万多名青年工作者、300余家企业在此创业。

在空间打造上,长阳创谷注重为科技工作者提供创新舞台。在中纺机足球队训练场改造的创业者草坪、青春草坪上,创业者可以席地而坐,让创新思想得到迸发。十几米高的纺纱空间被改造为路演大厅——长阳会堂,为园区内企业提供一个分享、交流、项目路演的场所。由原车间主任办公室改造而来的独角兽花园大街,布局了符合知识工作者学习生活的餐厅、咖啡馆、酒吧、设计书店、创意街市等。

长阳创谷还引入一些具有内容生产能力的创业型公司,通过引入具有内容生产能力的第三方,撬动创新生活力。福布斯中文网主编汤唯唯创办的"造就",是一个类似TED式的演讲项目,先后举办超过50场"剧院式演讲"的线下活动,吸引观众近数万人;中信出版社大方书局,开设长阳创谷季度读书会,联合园区300多家企业的青年们共同参与,在阅读与交流中激发思想灵感、点亮创意火花。

工业遗址的改造充满了很多挑战,涉及土地、规划、安全等方面。奚荣庆直言,长阳创谷更新的成功,背后坚守了几点原则:中心城区的工业厂房厂区改造,尽可能打开空间,让利于市民利益,城市更新要做友好型的城市更新,让城市更新反哺于市民。市中心的老厂房改造,选择科创还是文创之路,不仅要看工业遗址本身的要素、定位与产业转型要求,还要

长阳创谷绿色园区

考虑项目改造之后的外部性。虽然文创类项目可以快速改变这一地区的面貌，但是科创能够真正带动这一地区的就业，还能带来产业结构的调整，真正实现产业转型还是要靠科创。还要看老旧厂房改造后的经营密度，经营密度关系到产业集聚和对当地经济的贡献。此外，对于运营和改造团队来说，自我驱动力以及对项目打造的情怀，是保持一个好项目持续更新的不可或缺的原因。

空间更新：绿色生态、开放共享、社区复兴

长阳创谷作为典型工业遗址更新项目，更新进程一直是动态的，动态体现在每一个阶段对空间的重新定义上，也体现在对创新需求不同阶段的洞察中。

长阳创谷对企业办公空间之外的公共空间注入大量创意，这在一般的园区改造中显得非常特别。"我们要营造办公空间、会议室之外的第三空间。"奚荣庆希望创业者走出办公空间，走入公共空间、多功能厅来激发创新活力。

长阳创谷从2022年开始升级公共空间部分，先后更新打造了体育中心、企业中心、创业中心、活力中心和艺术中心。体育中心是占地4 000 m²的高品质运动空间，包含了篮球、网球、羽毛球、匹克球、乒乓球、无人机足球FPV、飞盘等10多项健康体育项目。企业中心为园区企业提供高品质的企业交流、沟通、互动多维度空间。艺术中心数字科技赋能经典文化为理念，引入敦煌文旅集团有限公司资源，打造敦煌美术馆，提升园区艺术气息和人文氛围。活力中心则是将园区中心草坪进行局部改造，打造一个"可步入、可亲近、可运营"的场地，让园区工作者在工作之余亲近自然、舒缓压力、找回创意和活力。

据介绍，5个中心建成后，长阳创谷的生态体系和服务平台将进一步完善，共建共管共享的理念将进一步放大，入驻企业的创新动力、白领的满意指数、幸福指数也将进一步溢出。"我们打造的第三空间，能够让人们随时随地在这里进行连接，不受约束"，奚荣庆说。

长阳创谷不仅仅对员工开放，还是一个面向市民开放的创新园区。市民可以随意通行畅游园区，参加各类兴趣活动，感受人工智能等各类创新成果，游逛园区内咖啡馆、米其林三星餐厅以及各种休闲场所。长阳创谷引入"缤

长阳创谷休闲场所

长阳创谷公共服务配套设施

果盒子",利用5个集装箱,打造一片"无人部落区",集合了无人奶茶店、无人便利店、无人健身房3种新业态。夜幕下的长阳创谷,老人、孩子、情侣……还有众多年轻的园区企业职员,沉浸在各自的领域,或享受生活,或勤奋工作。

奚荣庆介绍,长阳创谷将园区的围墙打开,让科技企业和周边的居民社区互动起来,一起带动周边社区的复兴。园区的各类公共设施,不仅仅满足企业的需求,也方便了附近社区居民,园区内各类公共配套服务也真正做到了共享。奚荣庆说:"除了完善配套,我们还给长阳创谷每一寸土地买了保险,能够让进来散步、打卡的老年人有保障。"打破园区与社区边界,让城市更新真正做到城市复兴,让人民城市人民建,人民城市为人民的理念落到实处。

奚荣庆认为,长阳创谷的更新,不仅仅注重"面子",注重环境打造、公共配套建设、复兴社区活力;还注重"里子",新旧动能转化带来的产业升级,带来的高经济附加值的企业落户,对地方经济的贡献则是实实在在的。

在推进园区升级和产业转型中,长阳创谷注重发展数字经济、人工智能等产业。目前,入驻了埃森哲、英语流利说、造就Talk总部、智能云科、小红书、赢彻科技、美事美选等近200家双创领军企业和极富双创特征的中小企业。

作为首批入选上海市人工智能试点应用场景的园区,长阳创谷人工智能的应用在园区随处可见,洗地机器人、剪草机器人悄无声息地进行精准作业,14级无人驾驶通勤车穿梭往来,随时给人们提供便捷的交通服务;安防机器人坚守岗位,在园区流动巡逻,随时处置应对突发问题。

此外,在聚焦"双碳"发展战略上,长阳创谷聚焦能耗数据采集、公共充电桩、碳足迹管理等要素,有序推进低碳数字化平台建设,初步构建了数字化底板和能源数据接口,为低碳数字化管理打下基础。2022年,长阳创谷园所在的杨浦大创谷功能区入选上海市生态环境局发布的"低碳发展实践区创建名单"。

在杨浦科创集团打造的创新产业高地中,创智天地的"创"字,蓝色一撇寓意科技蓝,代表了上海数字转型重要的一笔,长阳创谷"创"字一撇铁锈红,一脉相承,颜色不同,实则暗含了工业遗址焕发蓬勃之势的一抹朝阳红。将科技创新与城市更新相结合,长阳创谷探索出一条上海城市转型、新旧动能转换的创新之路。

国有投资机构更新实践：
TOD驱动城市发展 上海第一座不停运地铁站改造始末

文/白若凌

受访者：庄巍

上海地铁资产投资管理有限公司董事长

城市轨道交通站点是一个区域的交通枢纽，上海地铁1号线莲花路站是人流量最大的5座站点之一。自1997年投入使用以来，一直保持高承载能量，由于时代需要和功能提升需求，上海地铁资产投资管理有限公司进行地铁、公交正常运营下的城市更新，开创了我国轨道交通站点更新的先例。

作为全国首个运营车站更新扩建的案例，因"有效降低站点再开发前期成本，加强轨道交通客运服务能力，开发收益优先用于轨道建设和运营维护，反哺轨道交通可持续发展"的特点，被国家自然资源部纳入《轨道交通地上地下空间综合开发利用节地模式推荐目录》并向全国推荐。上海地铁莲花路站点的改造成功，一举成为TOD理念与城市更新理念相得益彰的复合利用改造样本，为我国地铁上盖开发和地铁车站改造树立了典范。

如何在轨交正常运营的情况下进行城市更新？轨交站点城市更新的难点在哪？如何通过城市更新升级轨交站点的功能，将城市交通站点打造成立体复合空间，实现地铁站功能的多元化，驱动地铁站二次发展？上海地铁资产投资管理有限公司董事长庄巍接受了我们的专访。

项目背景：莲花路站的前世今生

上海地铁1号线莲花路站，位于闵行区境内，建设于1994年，是一号线连接徐汇闵行的重要站点。1996年建成投用，属于上海地铁线路中"元老级"车站之一，工作日最高客流达9万人次。

莲花路站外北广场东西两侧，共有［莲石专线、莲朱专线、莲枫专线、莲廊专线、莲卫专线、莲金专线、莲漕专线、莲浜专线、150路（过境）等］14条公交线首末站点设于此，无疑是闵行区梅陇镇和市区对接的第一交通枢纽，也是人们快速进入闵行的"北大门"。

庄巍介绍，由于原莲花路站为地面车站，且无站厅，站台宽度也不大，因此客流承载能力有限，尤其是工作日高峰时段短时客流积压情况严重，对大客流的蓄客能力不强。同时，该站的北站台售票区域与进站闸机的垂直布局，使进站客流与购票乘客形成对冲。

公交站点受场地条件限制，大量公交乘客在北广场内不得不散乱候车。公交与地铁之间只能通过地面进行露天换乘，难免日晒雨淋，同时在广场内积聚的人员也容易形成人流对冲，造成一定的安全隐患。

莲花路地铁站一

此外,从区域层面上看,莲花路站位于闵行南方商务区核心商圈内,但是站体形象老旧,与商圈显得格格不入,特别是由站点通往南方商务圈人行动线还有待提升。

建成20多年来,莲花路站不同于目前常见的地下车站、高架站,是少数的地面车站,车站形象也与周边的环境形成反差。为缓解区域交通压力,上海地铁资产投资管理有限公司自2018年6月开展复合利用改造工作,莲花路站点迎来焕新时刻。

更新路径:上海第一座不停运改造的地铁站

改造一个地铁站点远不像改造一幢楼宇那样简单。方案设计之初,改造团队便选择了一条具有挑战的路径——站点不停运改造。

"最大的难点,在于如何做到地铁不停运,以及对周边居民生活出行的影响降到最低。"庄巍谈道,在改造期间,为了确保乘客正常出行不受影响,项目实施之初便周密制订了地铁和公交不停运改造方案。将西侧8条公交线路暂时移至项目红线之外的临时公交场地,而原有地铁站房拆除时,新建临时车控室,增加地铁监护措施。

在项目施工过程中,共经历了8次"翻交",每次翻交前都对客流动线做模拟测试,并提前进行方案公示及告知。在市民乘客的理解配合支持下,工程实施过程中地铁始终保持正常运行。

上海莲花路站点项目占地17 617 m^2,规划用地性质为商业、交通枢纽综合用地。项目总建筑面积近5万 m^2,采取站厅综合开发利用的模式。地上5层(建筑高度24 m),地下1层。地上商业开发面积31 005 m^2,地铁站厅站房面积4 228 m^2,公交枢纽3 452 m^2。地下建筑面积8 472 m^2,地下机动车停车位253个。非机动车停车位500个,公共自行车停车位180个,出租车停车位8个。

这场改造,不仅要摘去"简陋"的帽子,还要增加客流承载能力。根据此次施工规划,站前广场改造完成后,二楼东侧为新建莲花路地铁站站厅层,付费区与非付费区总面积约2 500 m^2,蓄客能力将大幅提高,高峰时段客流拥挤状况得到有效缓解。

为了提升公交与地铁的联动,这一次改造也重点对地面公交换乘系统进行了优化和改造。公交枢纽纳入其建筑体西侧,在保留原有公交线路的前提下,扩大原有公交场地,拉近与地铁的换乘步行距离,实现足不出楼换乘,形成了公交地铁一体化的换乘格局。

莲花路地铁站二

同时，还新增了258个地下一层停车位，规划非机动车停车区域，极大地提升了莲花路站点多元出行方式。除此之外，还打造了商业体、休闲广场、开放式绿化等便民设施。莲花路站点改造工程已于2021年7月竣工，更新改造后引入了日本三井不动产来运营商业，已于2021年12月开业。

难点突破：TOD更新理念的首次落地与本土化

莲花路站更新最大的创新之处在于地铁不停运下完成项目整体的改造，首创了同类项目更新的先例，也是中国首个地铁站采用TOD理念进行更新改造的样本。还在轨道交通用地综合开发中，大胆创新尝试轨道交通用地出让方式，综合利用轨道站点交通场站和周边土地，为TOD站点土地转型和可持续发展创造可借鉴可复制的城市更新模式。

"项目创新性和突破性的改造，体现在对项目的理解及思考维度上，即不仅以车站改造及客运服务能力升级为目的，还站在城市运营的视角思考地铁车站与区域发展的关系，将功能单一的车站打造成融合商业服务的地铁车站上盖综合体，使其成为南方商务区发展新的驱动力"，庄巍说。

莲花路站由于复合改造的定位，其亮点来自对商业的重塑，释放了商业活力，打造轨交生活圈。莲花路站从一座功能单一的交通换乘车站，变成了一座地铁上盖的商业综合体，实现了地铁和商场的无缝连接。

申通地铁与日本三井不动产集团进行商业设施部分的开发和打造，结合了车站、商业、办公一体化的复合型设施，引进了众多年轻时尚及首次入驻梅陇地区的餐饮、购物品牌，为周边的市民打造了一站式解决交通、购物、工作的都市新生活模式。

莲花路站改造不仅仅是自身项目的提升，通过2层连廊的打通，提供5座天桥空中步道，分别接入友谊商城、南方商城、莲花国际、中庚商业广场4大商业体，地铁站点与商场的人行动线创造性地解决了南方商圈隔离的痼疾，也有效提了升车站的蓄客能力，实现商圈内商业体之间的互动和联系，引领区域从零散低端商业向规模化商圈转型升级。截至2023年第一季度，客流量约115万人次，经营收入较上一年稳步提升。

在TOD理念下，从一个交通枢纽到一个商业地标，这对激活存量空间起到什么作用？庄巍认为，莲花路站改造具有积极的示范作用，但是更多的是给提升存量空间带来了更多思考方向，即更多地站在城市发展与区域服务功能提升的角度看待存量空间，最大化地挖掘其潜在价值，而不是局限在项目本身。

庄巍认为莲花路站点改造成功的重要一点是TOD更新理念的引入，并融合城市更新，这将是未来城市建成区升级的内在驱动力，以一个车站一个项目为起点，沿着地铁线路，串联成线，重新排布或升级区域内的功能布局，使建成区能够在不大拆大改的前提下，不断升级，为城市发展提供一条可持续发展的路径。

地产投资机构更新实践：
城市更新"商管+资管"模式如何打造？

文/白若凌

受访者：郁敏珺

上海锦和投资集团有限公司董事长

在城市更新领域，上海锦和投资集团有限公司（以下简称"锦和集团"）扎根老旧厂区改造、办公楼宇改造等存量资产的盘活与提升，是上海深耕这一领域的代表性企业。从漕河泾上海金星电视机厂进化蜕变，静安区静江建材市场的华丽转身，每一个改造项目都是一个城市更新样本。

在城市更新领域的企业中，锦和集团是为数不多的"轻重并举"的典型企业。2020年，锦和集团旗下轻资产商用物业运营管理板块——锦和商管（603682.SH）登陆资本市场，2021年，锦和集团与私募股权投资机构华平投资宣布双方拟共同成立锦和资管平台（以下简称"锦和资管"），聚焦城市更新与再开发领域。锦和集团成为典型专注在城市更新领域的"商管+资管"双轮驱动型的企业。

城市更新资管平台如何打造？城市更新项目如何操盘？如何看待城市更新项目的发展变迁？锦和集团董事长郁敏珺接受专访时表示，中国城市发展已经进入新的阶段，产业发展产生新的需求，城市更新领域蕴含了相当多的机会，存量市场未来会是城市发展新的主战场。

锦和城市更新的"商管+资管"模式

锦和集团创立于1995年，是一家专注于存量商用物业运营与管理、资产投资管理、高端服务式公寓、高端度假酒店开发与管理的综合集团，包括：锦和商管、锦和资管、base佰舍公寓和酒店管理。

四大业务板块之一商用物业运营与管理——锦和商管，成立于2007年，是商业物业管理服务平台，专注城市更新领域，通过对城市老旧物业、低效存量商用物业的市场定位、设计改造、招商运营和物业管理提升物业价值，并在改善城市面貌的同时，挖掘建筑的历史文脉，推动文创产业的孵化发展。

锦和商管通过对城市老旧物业、低效存量商用物业的重新市场定位、设计改造、招商运营管理来提升物业价值，并在改善城市面貌的同时，挖掘建筑的历史文脉，推动文创产业的孵化发展。目前，其项目已遍及上海、北京、杭州、南京，拥有"越界"和"越都荟"2个项目品牌，以及全资物业公司——锦能物业。除了输出管理能力，承租运营和接受委托轻资产管理外，锦和商管还管理锦和集团旗下重资产业务。

base佰舍公寓

　　锦和集团的资产管理业务，始于2009年，整体收购位于上海市中心南京西路凤阳大厦，改造完成之后成为御锦轩凯宾斯基高端服务式公寓。2021年，由锦和集团与华平投资拟共同打造的资产管理板块独立平台锦和资管乘风而来，业务聚焦于城市更新与再开发领域。作为在国内城市更新领域资产管理规模较大的平台企业，锦和资管专注投资上海、北京核心地段的存量物业，因地制宜进行投资开发改造、持有经营和资产全周期管理，是存量市场上专注城市更新方向的新锐。

　　服务式公寓品牌base佰舍，通过迭代和创生型设计方法，将闲置空间转化成长租公寓，对既有老旧建筑重新定位、设计改造、运营管理来提升其物业价值，是锦和集团城市更新业务中重要的一个业务板块。

　　从锦和商管、锦和资管、base佰舍公寓的布局来看，锦和集团"轻重并举"，在轻资产商管能力的基础上，催生重资产板块的发展，扩大对新业务长租公寓板块的布局，显现了锦和集团的战略定力。这也从一定程度体现和强化了锦和商管与锦和资管不同的能力和擅长优势。郁敏珺强调，商管和资管业务的协同，也体现了锦和集团内生的不同能力在不同业务方向的深耕，进而塑造成为各自独立而又相互支撑的业务逻辑。

　　在郁敏珺看来，资产管理实现"投融管退"，"投""融""退"却是偏金融的属性，唯有中间环节"管"处理好，才能"退"得好。

　　与郁敏珺交谈中，她多次谈道"逻辑""算账"。"如果管理不当，资产没有增值，不会退得好，整个'投融管退'的逻辑就不存在。"

　　郁敏珺说："对资产管理而言，不仅仅是商管的概念，还包括酒管、公寓管理、办公管理，但核心就一个'管'字。""投融管退"要实现完美闭环，关键是资产价值获得增值提升，这必须要有一个很强的管理团队，因为管理团队的能力决定了"投"得对不对，成功不成功。这是资管"轻重并举"的核心，也是把资管真正做好的原因。

　　在郁敏珺的逻辑中，"'管'的能力非常重要"，管理是资管最大的变量，是资管的核心，更是基础。

进一步来说，如何定义管理得好？郁敏珺指出，管得好的标准是能不能提升资产的收益。这就要求在收购之前定位准确，同时项目改造、设计、商务成本控制能力要强，要能实现在最初投资模型中的租金收益，即在原有的基础上有了价值提升，这才叫管得好。

对于资产管理的最后一环"'退'得好"，主要考验有没有对资产价值重新定位、重新修复的能力，有没有一双慧眼去发现资产被低估，或者资产有可能修复、价值被提升的情况，如果有这个能力，那么就能实现对改造项目进行价值提升，进而达到比较好的退出目标，实现资产管理的闭环。

郁敏珺说："从锦和的内部操作流程和投资逻辑来看，我们去投一个项目，投资部门和项目运营部门会一起做投资测算，这样操作的目的是构建一个闭环，或者说投的时候不仅是纸上谈兵，还要更为深入和落地。并不是拍脑袋或者简单拿成熟项目对标，主要是看有没有能力把价值段控制在可以对标较高水准物业的收益上。"

在城市更新领域，不同类型资产往往投资运营的公司各有不同，能够横跨不同类型资产管理，在不动产资产管理业内，像锦和集团这样的公司比较少见。郁敏珺说："对锦和来讲，办公、公寓、酒店三种业态都专注，是基于我们对产品的管理能力、价值判断能力，这也形成了锦和资管的差异化优势。"锦和诊断一个资产需要重新提升价值，往往会有更丰富的视角，定位资产适合改造提升的方向有更多选择。

正是基于锦和的商管、资管能力，获得了不少基金的青睐。锦和集团目前还与新加坡主权投资基金GIC，加拿大Bentall Green Oak集团、InfraRed南丰大中华房地产基金、首创置业等有深入密切合作。

在房地产市场快速发展的20多年中，锦和集团没有选择"高周转"，而是选择了一条符合自身DNA的路径。如何去总结锦和的城市更新模式？在郁敏珺看来，这背后没有什么特别之处，锦和集团仅仅走了一条中国很少机构选择的道路，却是在国外普遍而成熟的模式。她认为，长远来看，中国城市更新的资产管理要回归本位，回归创造价值的本位，回归商业模式的本位。

如何定义一个"好"的城市更新项目？

上海作为超过百年具有深厚历史底蕴和工业基础的大都市，城市更新之路和世界城市脉络相仿，都有伴随工业化的进程，从老工业厂

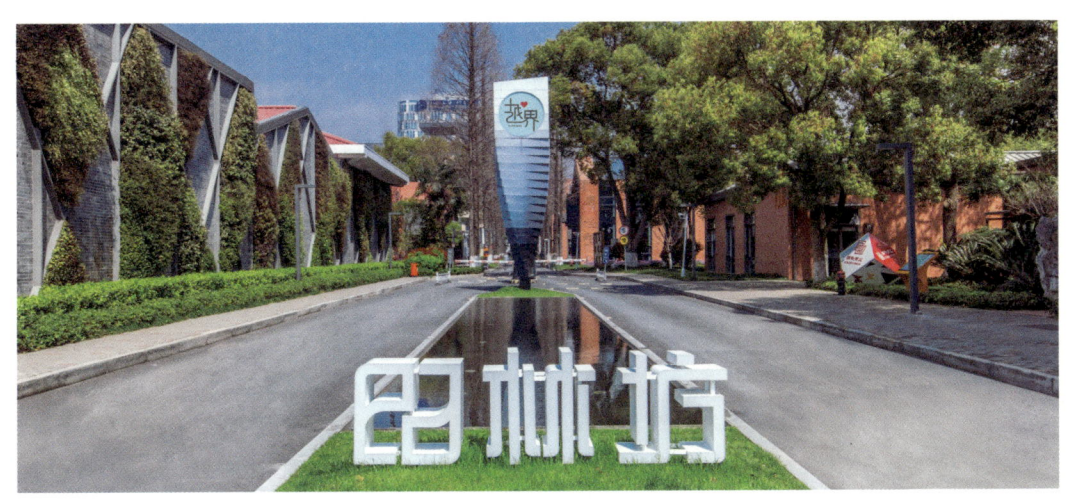

锦和越界创意园田林坊

越界锦和尚城效果图

房、工业厂区的重新焕发新生,也有居民社区、办公楼宇、城市基础配套的更新,在更新过程中重新定位、重新改造、重新让历史建筑适应当代社会的发展需要。

锦和集团的第一个城市更新项目即是此类项目,也成为上海工业厂房改造标志性的案例。锦和于2007年进军城市更新领域,将位于上海市徐汇区漕河泾的金星电视机总厂老旧工业厂房改造更新为锦和越界创意园。

"越界"创造性地将空间进行分割组合,形成了"两轴、三片、七星"的空间布局,引入国际前沿的Office-Park商务园区概念,将园林艺术融入公共空间,在开放式生态园街区中形成产业互动。"越界"定位于"创意工作+创意生活"的高品位产业集聚区,将设计研发、文化传播、广告创意等文化创意产业形成完整的产业链。在这里已经走出了工业3D打印的领航者光韵达,中国领先的互动娱乐供应商游族网络等知名新兴企业。

郁敏珺说:"'越界'推出之前,漕河泾工业园区是典型的以科研和工业为主的工作区,也是一个功能极其不平衡的区域,与目前提倡的职住平衡、工作生活配套丰富相悖,与现代化办公、新产业、新经济发展的需求也相背离。"越界创意园出来之后,打破了漕河泾的产业园区不平衡的现状,功能性业态的入驻,也让越界创意园成为漕河泾区域产业园区的代表。

"越界"经历了产业园区、文创园区到科创园区三个阶段,也是顺应了产业发展需求和办公人群新消费的趋势。从20世纪80年代见证上海彩电市场辉煌的金星电视机厂,到2007年上海最大的单体文化创意产业园区之一"锦和越界创意园",再到2022年全新的30万m²花园式办公商业综合体——越界锦和尚城落成,锦和越界的城市更新伴随着上海城市更新的升级进化,从改造园区、深入挖掘越界创意园的文创潜力,提升其功能定位、环境品质、空间形态等,通过存量工业用地转型途径进行自主更新。

郁敏珺谈道:"城市更新的逻辑深植于产业需求的变迁中。"我们观察美国的那些高科技公司,相当多选择工业厂房和老旧的厂区改造后的办公环境,工业风、大开间、开放办公,符合这些高科技企业先锋、自由、平等的创新理念。在这样的环境和氛围里工作,能够激发人的创新能力,进而催生一批又一批的创新型公司。例如，纽约布鲁克林科技三角区（Brooklyn Tech Triangle），成为纽约市科技创新区"三剑客"之一；家用电器公司戴森（Dyson）选择新加坡荒废几十年的发电厂，将建于1926年的圣詹姆斯发电站改造之后作为其全球总部。

郁敏珺说，产业中的人的需求发生变化了，生活习惯、工作习惯、人们对空间的理解，以及对传统办公空间需求也会发生变化，体现在对空间的要求、环境的要求，与过去对产业园区的诉求不一样，也和原来的传统办公诉求不一样，所以才有兴起的文创园区、科创园区这些新的办公形态。

锦和集团在"越界"项目的成功，为其城市更新的业务的拓展奠定了基础。2009年，将上海航天技术院808研究所改造为具有包豪斯风格的永嘉庭；2016年，将南市发电厂改造为5万m²办公园区的越界世博园；2021年，改造的衡山路8号，主要由盛家花园、美童公学水塔、2处优秀历史建筑和2栋鲜明的当代建筑组成，是具有文化时尚功能和现代化办公功能为主的地标场所。

每一个城市更新项目都具有独特风格和属性，每一个项目都是非标品。每一个改造案例也都是一个文化和艺术品，从商业逻辑来看，郁敏珺认为，城市更新虽然非常感性，背后更多要依靠理性。

"人们经常在谈论城市更新时，会有很多情感成分诉诸其中，寄希望于美好憧憬之中。虽然前瞻性的逻辑和创意的东西看起来不是理性的东西，但它恰恰是理性的反应，感性中有理性的积淀。"郁敏珺认为，城市更新作品，不是按部就班地进行改造升级，或参照成熟产品进行简单复刻，改造产品有创新创意的一面，更多是建立在理性的算账基础上，即资产管理的能力，是在经验累积之后呈现的爆发力，是对城市更新的理解能力。

郁敏珺认为，城市更新是一个理性的工程，包括对项目理解、重新定位，对资产价值提升的能力，对客户诉求的把握，对产业发展与行业趋势的洞察等，有热情（passion）的一面，也有远见（vision）一面。做城市更新项目的出发点不是为了某种情感、某种需要，而是要基于理性，因为从项目到最后要"算账"，算账依赖感性，就不专业了。

成功的城市更新项目应该具备哪些特点？郁敏珺说："我觉得城市更新项目大致这有四类模式，叫好又叫座，叫好不叫座，不叫好却叫座，不叫好也不叫座。第一种是有名气又赚钱，最后一种是既无名气也不赚钱；第一种是理想状态，最后一种是失败案例。剩下两种类型，是当前城市更新大部分项目面临的情况。"

在郁敏珺看来，作为一个可持续发展的城市更新项目，可以不叫好，但要叫座。不过，管理企业所有项目中需要有既叫好又叫座的样板，否则难以形成自己的打法，奠定企业的江湖地位。"很多项目只叫好不叫座，无法形成一个商业模式的逻辑。好的城市更新商业模式，要能持续还能发展壮大，绝大部分要叫座，如果不是，那项目距离失败就很快了。"

对于深耕城市更新10余年的锦和集团，郁敏珺认为，城市更新是城市发展的新阶段，而中国城市更新的主战场会是一线城市。未来，锦和集团将重点聚焦上海、北京，做好每一个产品，让各方满意，体现城市更新企业的价值。

锦和越界世博园

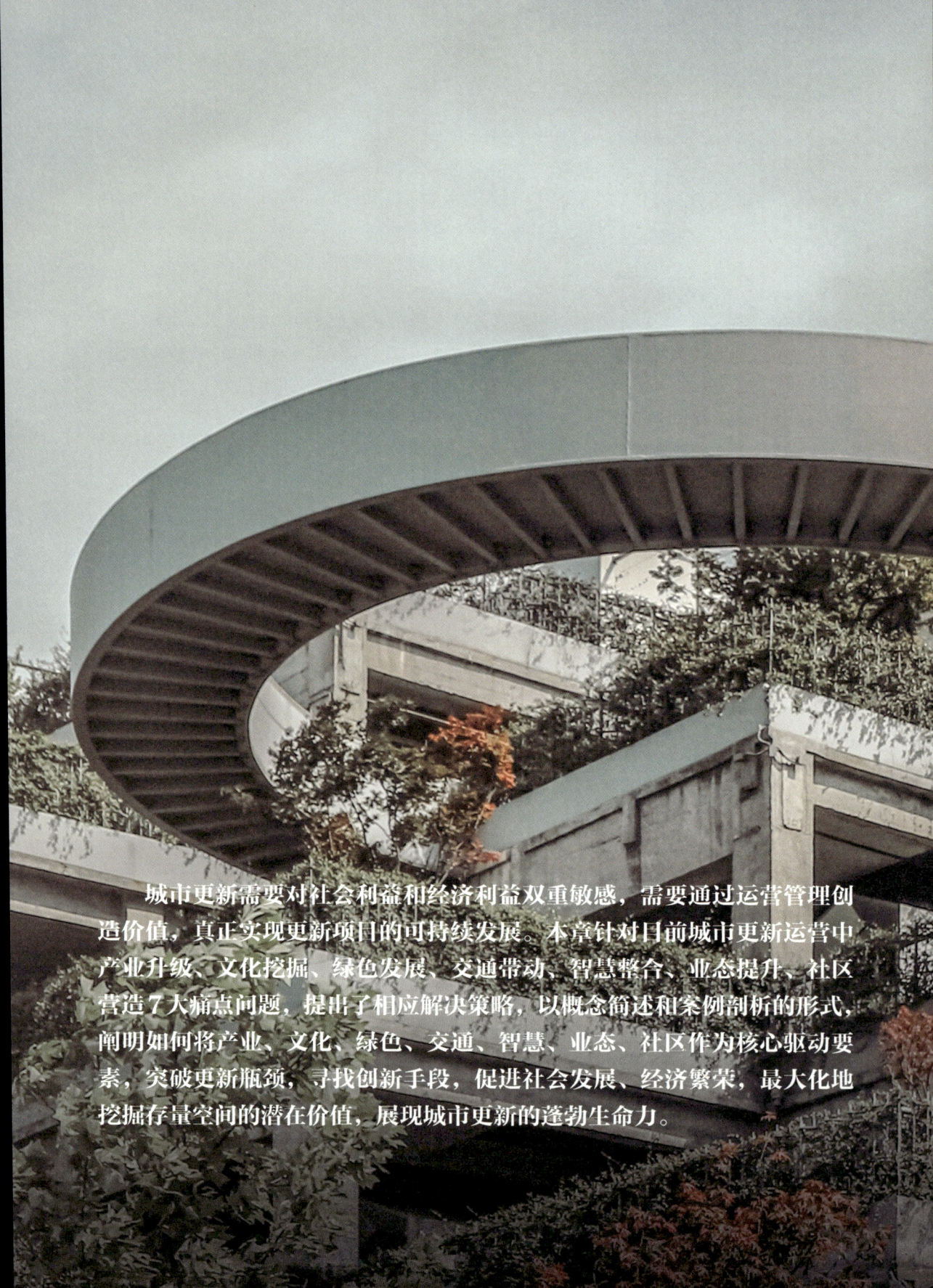

　　城市更新需要对社会利益和经济利益双重敏感,需要通过运营管理创造价值,真正实现更新项目的可持续发展。本章针对目前城市更新运营中产业升级、文化挖掘、绿色发展、交通带动、智慧整合、业态提升、社区营造7大痛点问题,提出了相应解决策略,以概念简述和案例剖析的形式,阐明如何将产业、文化、绿色、交通、智慧、业态、社区作为核心驱动要素,突破更新瓶颈,寻找创新手段,促进社会发展、经济繁荣,最大化地挖掘存量空间的潜在价值,展现城市更新的蓬勃生命力。

05

城市更新 永续运营

七大核心驱动要素，
助力城市更新运营价值提升

文/仲量联行

　　城市更新是一个伴随城市永续发展的社会性系统进程，它不仅是城市物理空间的更新改造，更是细致的有机体活化赋能。虽然世界上许多大城市都在进行城市更新，全球一体化的大背景也让这些城市互通互联，但城市更新的路径却难以用单一模式归纳总结。具有较大影响力的中心城市已经开始深入思考最适合的、可持续的、有机化的城市升级路径。其中，以城市更新项目为抓手的城市升级，是现阶段可持续的城市焕新。长期主义、多维度视角、高效运营是城市更新发展需要探索的新阶段。

运营要素一
构建产业生态

"以产为继"是城市更新的原动力：围绕产业发展需求，构建产业生态体系化运营，是解锁城市更新运营可持续性的密码。

城市更新区通过产业升级迭代构建新的产业生态，不断完善强化自身优势产业的同时，融入城市产业发展生态圈，打造持续运营活力。

产业生态：通过深耕主业，延伸上下游产业链，构建新的产业生态运营闭环体系，培育新动能，释放经济发展新活力。

城市更新：释放新的载体空间，为产业生态建设提供发展空间，获得可持续运营活力。

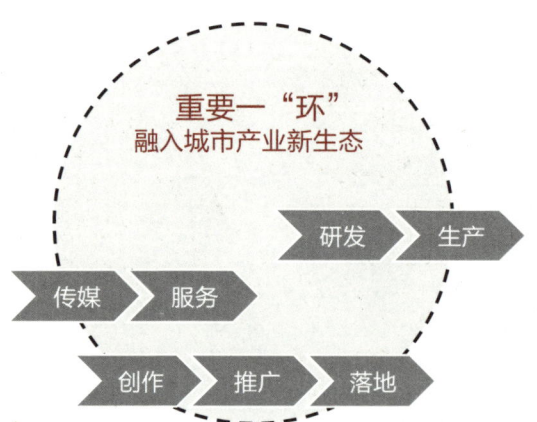

以项目连接的片区城市产业生态圈——承接某一产业链环节，支撑城市新产业生态建设，在新产业发展落地运营中扮演重要角色。

项目本身也是一个产业生态圈——化单一功能街区为复合功能产业社区，通过产业链聚集、延伸、构筑自身完善的产业生态服务体系。

案例

亚马逊西雅图总部

通过集群式发展，实现新的科技产业生态圈运营闭环

城市经济发展正在由要素驱动向创新驱动转变，以科技新媒体等为代表的创新产业正在呈现强劲的增长势头，并已在部分城市商务区成为继金融业、专业服务业和商贸业等传统主导产业之后的核心产业增长极。

例如，亚马逊一类互联网巨头公司，成为城市更新空间腾挪后产业发展新的驱动力，带来了新的产业生态与功能，形成了新的科技产业生态圈运营闭环。

从2010年的约5千人到2020年的约5万人，亚马逊在西雅图扩张态势持续强劲，截至2017年，亚马逊西雅图办公室体量达75万m^2，办公载体从单点式发展转向集群式发展。

西雅图政府不断通过城市更新为亚马逊及各类科技龙头企业在不同时期提供对应载体，以及多元的餐饮配套、深厚的文化氛围、完善的教育医疗配套，从而实现科技产业的高度聚合，助力西雅图城市科技产业生态圈运营闭环的打造。

城市更新丰富区域空间载体，产业发展推动区域复合化和特色化，空间和产业相互促进，驱动城市功能不断升级。在此基础上，需面向创新产业导入，适配产业办公载体及配套需求，完善优化区域配套，形成完善的产业生态圈运营闭环体系。

办公载体从单点式发展转向集群式发展

	2010年	2017年
亚马逊西雅图办公体量	15万m^2	75万m^2
亚马逊西雅图员工数	5 211人	40 000人
一卧室租金	875美元/月	1 946美元/月

通过园区产业生态闭环运营，实现城市更新项目价值提升

案例
纽约布鲁克林海军厂
产业运营助力传统工业区转身为以技术驱动的现代制造业中心

	2002年以前	2002年	2003年	2004年	2016年	2017年
	以传统制造、仓储物流企业为主	Crye入驻，防护装备全流程生产服务商，租赁面积92 m²			Crye扩租至8 361 m²	
服饰及配件		Sartorous入驻，服装配件定制生产服务商		Catbird入驻，珠宝定制设计及生产商，租赁面积120 m²		
建筑工程			Patina Studios入驻，室内设计及生产企业	FullStack Modular入驻，装配式建筑定制设计及生产组装企业		
科技媒体				Duggal Group入驻，交互媒体全流程服务商，租赁面积1 858 m²	Duggal Group扩租至18 580 m²，租赁面积翻至10倍	
餐饮零售						Russ&Daughters入驻，食品制造零售商，租赁面积1 300 m²

纽约布鲁克林海军厂更新历程

纽约布鲁克林海军厂起源于1801年，占地1 km²，第二次世界大战时期曾是美国建造大量军舰和航母的核心造船厂。伴随战争结束及纽约制造业向服务业转型，在经营了165年后，军厂被政府关闭，慢慢荒废。自2002年开始，伴随政府多轮重振制造业的举措，纽约布鲁克林海军厂逐渐发展成为纽约最大的工业综合园区，成为纽约新一代智能制造的主要承载区。纽约布鲁克林海军厂现在拥有450多家企业，员工超过11 000人，每年为纽约市带来超过25亿美元的经济效益。

作为美国历史最悠久的海军造船厂，纽约布鲁克林海军厂拥有纽约最健全的制造业产业体系。在新一轮改造升级过程中，纽约政府在传承原有工业空间肌理、延续工业产业文脉的基础上，更顺应产业发展趋势，由原有的传统制造升级为智能制造，同时与城市功能进行交互，赋予旧工业厂房以新生，成为城市技术创新驱动的现代制造业中心，构建了新的智能制造产业生态圈。通过产业运营的持续迭代，助力片区城市功能的转型，实现资产价值的杠杆放大。

通过历史遗存的再利用，转型为商业创新功能载体

厂房改造
老厂房改造成多层次商业业态，以增加该区域的创新度及其识别度

产品展示
在商店和咖啡馆展示海军码头设计或者生产的物件，成为展示布鲁克林文化的展品

创意地标
多元化的商业业态与当地文化相结合，打造城市潮流地标

结合休闲、教育、文化互动，提供与城市接轨的服务功能

休闲功能
丰富的餐饮、零售、娱乐配套及空间

教育功能
以S.T.E.A.M.中心和布鲁克林电影学院为代表的高品质教育机构提供专业教育与培训

文旅功能
串联10余个历史建筑和船舶码头景点，介绍区域从历史工业园区转变为现代制造中心的背后历程

案例

上海市北高新技术园区

聚数而发、凝智而升,从老工业区到大数据产业之都的蝶变

市北高新技术园区位于上海市金色中环城市发展带,是上海核心区最大的产业创新驱动城市更新项目。前身为彭浦工业区,经过30年的城市更新,市北高新技术园区以大数据、云计算为核心赛道,已成为上海大数据产业高地,集聚超过600家数据智能类企业,大数据企业数占全市三分之一,单位土地税收产出强度连续多年排名全市第二。

以产兴城

产业载体+产业生态形成线下线上融通

推出"五大产业新空间"等不同类型的硬件载体,打造数字数据产业联盟,构建新型合作机制和服务体系,打造数字企业"朋友圈",实现产业链、创新链、生态链三链融合。

平台生态

建平台、释动能,培育大数据科创企业

启动"市北高新助力科创引培计划",发起十亿元投资规模的全市第一个大数据产业基金,依托聚能湾国家级孵化器、上海超级计算中心大数据产业孵化基地,建立覆盖企业全生命周期的孵化服务,培育大数据产业相关科创企业。

数字管理

以大数据为抓手构建数字管理场景示范

通过物联网、云计算、BIM、GIS、大数据等技术,建立市北高新技术园区综合管理平台,集成园区企业经济与环境数据、绩效评估等数据,实现数据可视化、技术智慧化、管理系统化,为建设决策提供数据支撑。

"云数智链"一体化驱动城市更新	围绕"数据采集、数据分析、数据应用、数据服务"构建上海首张数据智能产业链市级高新园图谱,集聚数据智能企业超过600家,形成"底层技术突破+行业跨界联动+应用场景落地"的发展新格局。

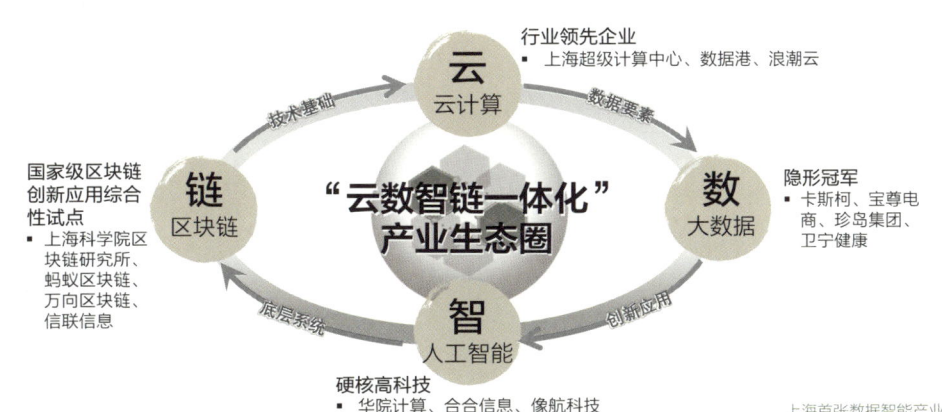

上海首张数据智能产业链图谱

运营要素二
赋新城市文脉

当历史与现代城市运营相融合时，文化留存的城市更新项目被赋予时代魅力。

时间赋予城市魅力。城市不同发展时期保留至今的历史和文化符号具备不可复制的文化价值。城市更新过程中，如何活化和再利用城市文脉，彰显城市内涵，撬动和传递城市文脉的价值，是城市更新区别于新区建设的重要使命，对城市发展有着不可估量的意义。

城市文脉的复兴和传承，不应该仅仅停留在单一的文化展示、展览和回顾上，而应该基于文化积淀，结合新时期的城市发展使命，与城市功能进行充分交互，通过新产业、新功能和新业态的导入，构建新型城市功能体系，实现真正意义上的城市文脉赋新。将历史记忆与生活方式结合，将产业文脉延续和升级，将城市功能延展和扩充，形成多元、复合、升级的城市有机空间，更能有效地赋能历史的时间价值，兑现历史文脉的未来价值，激活城市文化新生。

站在运营的角度，聚焦人的需求，基于历史文化和城市肌理的深入挖掘，结合城市发展理念，提出具有文化活化复兴意义的特色城市更新模式，同时关注社会价值、经济价值、文化环境价值的平衡。

挖掘人的需求

人文是城市更新的重要根基，城市发展的根本目的是更好地为人服务、为人的活动服务。城市更新承载着城市居民生活方式变更及话语表达体系迭代的重要使命。以人的需求为核心，除生活、办公、商业、社交需求之外，还需关注历史传承、归属认同与思想表达焕新的文化需求。

提炼文脉价值

尊重在地文化、挖掘在地文化、提炼文脉价值，不仅关注在空间与场景中的文化内涵释放，同时关注文脉的培育及创新表达。着重关注城市记忆的复兴，与人的需求相结合，能够引起人的强烈精神认同感和共鸣，是保护并传承文化的重要意义。

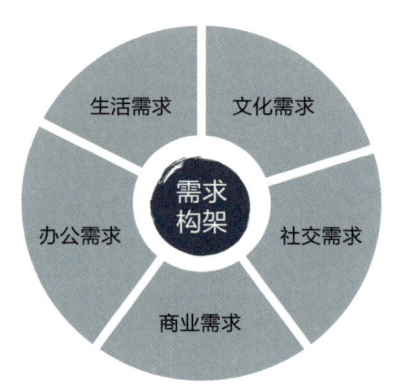

人的需求框架

案例

上海徐汇滨江

文脉赋新的文化运营，实现从"工业聚集地"向"文化走廊"转型

曾经依托水运码头，徐汇滨江是当时上海最主要的交通运输、物流仓储和生产加工基地，承载了百年工业历史。之后在文化先导理念下，逐步落成一批如龙美术馆（西岸馆）、余德耀美术馆等核心文化项目，使徐汇滨江成为上海最具有文化品位和文化气质的滨水区域。

"西岸美术馆大道"布局图

在文化导向的更新及运营之下，打造徐汇滨江成为艺术传媒引领的文化集群。

保留城市记忆，与创意设计交融，形成独特艺术面貌

西岸将海事塔、吊车、厂房等承载城市记忆的工业元素与在地创意社群的设计理念相互交融，通过特色立面创新与结构设计，打造独一无二的"记忆×创新"交织的城市空间和具有前沿性的景观节点与装置。

运营多场全球首秀首发首展首演，凸显艺术传媒活力

独特的人文活力吸引了时尚、汽车、家居等诸多国际一线品牌的关注。历年来，已经吸引了香奈儿百年品牌展、宝马海外举办的全球新品发布会，以及一部分一线品牌新品首发、品牌大展和时尚庆典。

工业元素记忆 × 艺术功能公共空间

国际一线品牌首秀运营

运营要素三
秉承绿色发展

多要素协同发力，实现城市全方位焕新，激活城市整体的绿色低碳循环。

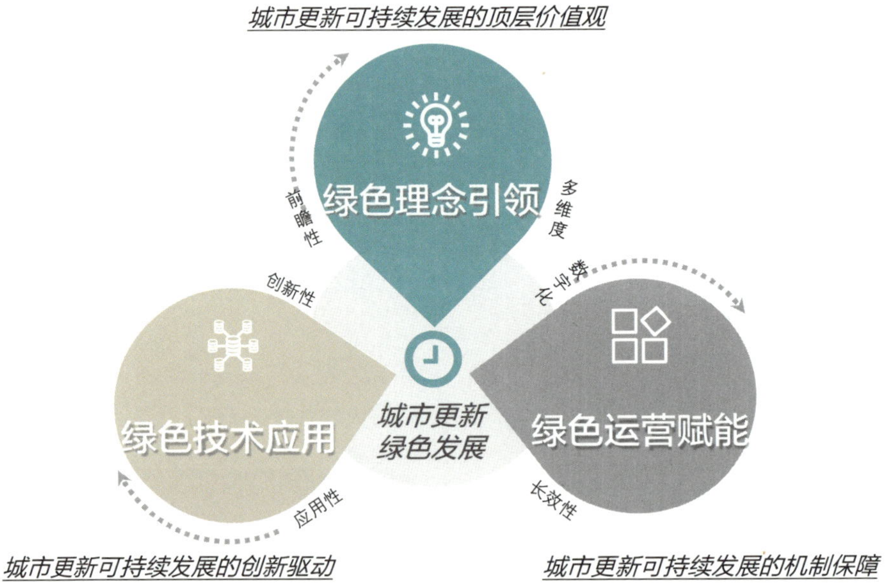

城市更新可持续发展的顶层价值观

绿色理念引领 — 前瞻性 / 多维度 / 长效性 / 创新性 / 应用性

绿色技术应用　　城市更新绿色发展　　绿色运营赋能

城市更新可持续发展的创新驱动　　　　城市更新可持续发展的机制保障

01 **整合多要素**
要素联动，协同发力

建筑革新 — 社区治理 — 产业变革 — 能效提升 — 市场激活

02 **覆盖全环节**
全程赋能，长效发展

绿色规划 — 绿色开发 — 绿色招商 — 绿色运营

03 **构建新范式**
场景革新，全面转型

绿色生产方式 — 绿色生活方式 — 绿色生态方式

案例

深圳大梅沙碳中和社区

以前沿绿色理念作为顶层价值观，指导城市更新的全周期开发

前瞻视野

以兼具在地性和前瞻性的绿色理念，转变城市发展方式

在延续在地传统和脉络的基础之上，引入国际化前沿绿色理念，变革城市更新发展模式，为城市发展塑造新动能、拓展新范式。

多维融合

融合多元化理念，指导城市功能复合化开发更新

丰富绿色发展内涵，将绿色可持续理念与景观、人文、艺术、科技等理念融合，指导城市空间载体、生产方式、生活方式等方面的复合化绿色更新；围绕绿色发展理念，助推城市更新过程中的人产城关系的二次重构。

长效赋能

贯穿城市更新全生命周期，助力长效可持续发展

以绿色理念为导向，贯穿在城市更新的全流程中，赋能绿色规划、绿色开发、绿色招商、绿色运营等"投—融—建—管—退"全环节开发；整合建筑革新、社区治理、产业变革、能效提升及市场激活等要素协同发力，践行绿色理念，催生新功能、新场景、新业态。

城市更新全流程贯彻绿色理念	大梅沙万科中心的一期项目"生物圈三号碳中和创新园"于2022年10月正式亮相。该项目通过在运营阶段实施持续且严谨的碳排放管理，结合少量的绿电采购、自有项目的碳汇开发，实现项目运营后的碳中和。

绿色规划
- 在景观、采光、外立面等设计中实现秉持低碳设计理念，打造低碳景观系统及低碳建筑空间

绿色开发
- 大梅沙万科中心将通过为期4年的更新改造，打造成国际级碳中和建筑
- 建设过程大量采用中国本地传统、再生产品，实现材料的可再生与本地化

绿色招商
- 为秉承可持续发展理念的企业与机构量身定制科研办公、创新孵化、教育培训、展示交流的空间
- 提供顶级低碳设施空间和办公室碳排放合规数据

绿色运营
- 运用数字化技术从碳排放、能源、废弃物、环境等方面实现绿色运营
- 采用智慧运维系统，实现降低碳排放、优化运营绩效、提升用户体验

绿色技术
- 采用高效率的能源设备提高使用效率
  ✓ 微电网系统
  ✓ 光储直柔展示区
  ✓ 有机堆肥

三大场景 五大环节
基础设施零碳化 / 应用场景零碳化 / 生活方式零碳化

大梅沙绿色理念贯穿全流程开发

案例
德国欧瑞府能源科技园
构建前沿绿色技术试验场，驱动城市多元场景体系更新升级

技术引领

绿色技术革新，塑造城市更新的核心驱动力

综合运用多种创新性绿色科技手段，为城市更新提供技术驱动，塑造可持续的城市生产生活方式；通过智能化的信息平台，建设城市更新的统一绿色化网络，统筹城市更新的高效运营。

场景应用

多维场景应用，以绿色技术驱动城市场景更新

从城市更新过程中的难点出发，以城市需求为导向，通过绿色技术应用解决城市转型发展难题；以城市的空间、交通、建筑、生活等场景体系作为绿色技术的试验场和应用场，实现全域化场景的绿色转型。

良性互动

建立互动机制，以场景应用反哺绿色技术革新

结合城市更新的场景应用成效，向绿色技术企业进行反馈，推动绿色技术的进一步升级和革新；城市载体和生活方式的绿色转型为技术产业发展提供丰富的社区、商业、休闲等配套，助力产城融合。

| 绿色技术赋能城市更新场景应用 | 德国欧瑞府能源科技园位于柏林市区西南方位，园区共占地 5.5 hm²。2014 年就实现了德国联邦政府制定的 2050 年二氧化碳减排的气候保护目标——二氧化碳减排 80%。 |

绿色能源科技创新引领

- 集成多种绿色低碳技术实现能源转型
  - ✓ 储能技术
  - ✓ 智能电网技术
  - ✓ 生物技术
  - ✓ 智慧信息技术
  - ✓ ……
- 搭建智慧能源网络平台，采用智能化能源管理系统
- 构建智能化能源管理系统，实行源-管-端一体化管控

绿色技术的全域试验场

- 绿色交通应用——无人驾驶车试点项目
- 绿色建筑应用——办公照明系统通过日光传感器进行自动控制
- 新型充电桩——园区内的充电桩被直接安装在路灯灯柱上
- 园区安全管控——传感器、摄像头、GPS 导航等技术保障车辆安全地来回穿行

绿色低碳技术生态圈构建

- 完善低碳技术产业链和服务链，引入150多家新能源和低碳技术企业、科研机构和初创公司
  - ✓ 施耐德   ✓ TUV
  - ✓ CISCO   ✓ Hubject
  - ✓ ……
- 围绕低碳技术强化产学研合作，引入波茨坦气候影响研究所、墨卡托全球公共于气候变化研究中心（MCC）等研究机构

能源科技园三大板块

案例
上海杨浦滨江
以绿色运营赋能高质量城市治理，助力城市长效可持续发展

数智运营
推进绿色化和数字化双转型，促进智慧化城市治理

依托于智能物联、大数据等数字技术，建立城市更新智慧化综合运营平台，推动城市绿色转型；对城市更新的生态系统进行实时碳监测、碳管理和大数据分析，提升城市绿色低碳治理水平。

市场宣传
开展可持续观念科普教育，实现绿色价值推广

面向不同年龄段群体创新绿色低碳科普和教育形式，将践行绿色低碳作为教育活动重要内容；引入碳普惠机制，面向企业和个人的日常绿色低碳行为，进行积分奖励，激励全民加入城市绿色去碳化行动。

活动推广
积极举办绿色活动，倡导绿色低碳环保生活方式

积极开展绿色可持续相关公众活动、节庆活动等主题活动，让绿色理念深入人心，成为城市广受推崇的绿色风尚；以绿色可持续活动为契机，可承办论坛、峰会等活动促进行业交流，提升城市影响力，构建绿色城市品牌。

绿色运营成就工业遗存蝶变	杨浦滨江岸线全长15.5 km，目前开发贯通南段5.5 km。在城市更新，保护工业遗址的同时，对标世界一流滨水区，以高标准规划引领区域发展，打造上海滨水岸线上最闪亮的"世界级城市会客厅"。

❄ 可持续生活方式
绿色+时尚、艺术、商业等元素的结合，举办新潮的可持续活动，从衣食住行乐等方面，广泛传播和弘扬可持续理念。
- ✓ 可持续生活方式展
- ✓ "一江一河"城市创新论坛
- ✓ 秀岸生活节
- ✓ 时尚秀
- ✓ 宠物节
- ✓ ……

🌐 "公园城市"体系绿色基底
从"公园城市"到"城市公园"，构建水、城共生的"湿地城市"体系，打造有温度的生活秀带和高品质的生态生活融合区。
- ✓ 绿之丘
- ✓ 大桥公园
- ✓ 儿童室外活动基地
- ✓ ……

👤 市民友好的绿色公共空间
提倡儿童友好、人人友好，构建儿童友好公共空间示范区，以"社区+滨江"的联合创建模式，打造亲民的可持续空间。

〰 数字化转型智慧化平台
- • 打造杨浦滨江南段数字孪生底座，建立滨江城市运行数字体征体系。
- • 建设杨浦滨江智慧管理平"1+3+N"数据应用体系。
  - ✓ 1个城市运行体征展示系统
  - ✓ 3个公共应用领域
  - ✓ N个应用场景

绿色运营四大策略

杨浦滨江四大绿色运营策略

运营要素四
整合交通价值

通过"小街区+快慢行分离+TOD复合开发"三大理念，由旧有的2D交通体系向4D交通体系转变，全面整合交通价值，充分融合商业功能，提升区域的交通效率与城市活力。

在城市扩大发展的过程中，新区往往采用更高的规划标准、更新的发展理念，在基础设施建设时兼顾多层次交通体系的构建，包括地面宽敞的城市快速路网、地下的轨道交通线网、空中的二层慢行系统等。城市核心区作为传统老城区，街道尺度相对更小、更宜人，但由于发展历史悠久，基础设施相对落后，缺乏立体多层次的交通体系，在很多区域，车与人在地面抢占空间，交通效率低下，体验感较差。因此，在城市更新的过程中，应注重多层次交通体系的构建，通过"小街区+快慢行分离+TOD复合开发"三大理念，由旧有的2D交通体系向4D交通体系转变，全面整合交通价值，充分融合商业功能，提升区域的交通效率与城市活力。

旧有 2D 交通体系人车同层、快慢并行

4D 交通体系

多层次交通体系转型构建

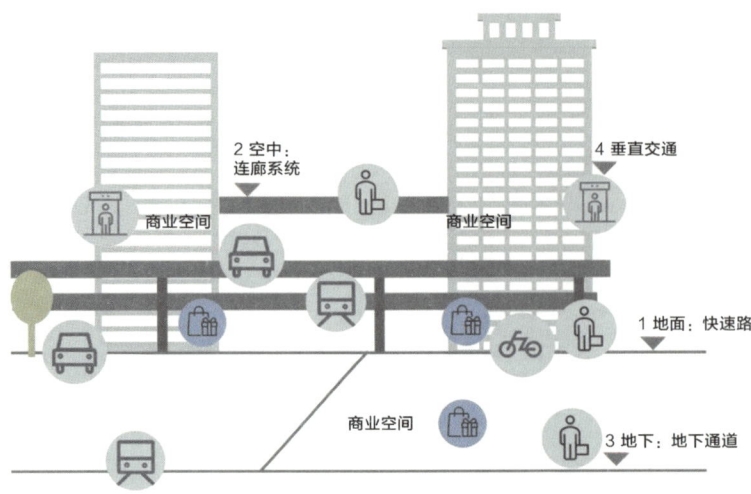

整合交通价值模型

案例

东京丸之内

从单一功能CBD到复合型街区的国际商务中心运营转型

丸之内位于东京都千代田区皇居外苑与东京车站之间，作为车站周边地区的核心区域和东京的中央商务区，聚集着超百家上市公司、约28万商务人士。在这个寸土寸金的繁华地，日本最大的商业地产开发商三菱地所持有和管理着约30栋办公楼，自1890年以高出当时地价3倍价格将丸之内地块纳入囊中后，已在此苦心经营超130年。

跨越百年的国际商务区转型之路

从2007年起，丸之内逐步开启从以商务、商业、酒店、会议等单一功能的CBD向文化、娱乐、学习、生活复合型街区发展。

1984年	1998年	2007年	2017年	
以三菱一号为起点的建设阶段	国际商务办公区	开放性多元化街区	构建国际商务中心	进一步扩大和深入阶段

通过"旧区活化运营"，丸之内逐步更新为具有特色和风格的国际商务中心区

公共空间 | **串联通道提升步行人流**
通过构建串联所有商务办公大楼的仲通大街，提升步行人流，扩散区域的活力与繁华。

丸之内仲通大街

历史活化 | **活化历史增添文化气息**
将具有历史意义的第一栋办公楼三菱一号打造成充满文化和艺术的美术馆。

三菱一号美术馆

地下商业 | **优势元素打造特色商街**
深度运用动漫元素逐步丰富东京站一番街，使其成为代表日本文化特色地下商业街空间。

东京站一番街

05 城市更新永续运营

案例

伦敦国王十字车站区域

聚集高等院校与科技巨头，打造品质物业载体与活跃城市氛围

伦敦国王十字街区位于卡姆登区（Camden）与伊斯林顿区（Islington）的交界线处，占地 2.7 km²，街区内人口约 4.5 万人。至 2022 年年末，伦敦国王十字街区已建成全英国规模最大、最具战略地位的综合交通运转枢纽，为数百万乘客带来改善。

本地+国内+国际交通重要枢纽

该区域连接 6 条地铁线路，可直达希思罗机场和伦敦城市机场。欧洲之星的英国终点站位于该区域，乘客只需花费 2 小时 16 分便可抵达巴黎市中心。区域内拥有 3 个火车站，其中 2 个为国家干线火车站，共连接 5 条火车线路。

发展路径

伦敦国王十字街区依靠其交通枢纽地位，进行综合用途发展，在追求高密度的同时注重保护城市景观和历史建筑，通过公共空间建设吸引高科技租户入驻。

通过引入住宅、大量零售、餐厅、教育文化设施及公共绿地，街区为城市创造了一片可以满足不同客群生活方式的目的地。

以办公与配套零售为主体业态，吸引了谷歌、Havas 等知名公司入驻，为区域注入了高端产业社区的成功要素。

如今，该区域入驻企业达 120 余家，产业范围涵盖科技、教育、时尚、金融、娱乐

工业和配送服务阶段	衰落阶段	重建阶段	发展阶段	科技中心阶段
过去	1945	1999	2012	2019　未来
1945 年以前	**1946—1999 年**	**2000—2010 年**	**2013—2019 年**	**2020 年至今**
• 1850 年，大北方铁路 GNR 开始建设国王十字火车站。 • 1856 年，米德兰铁路的圣潘克拉斯火车站建成。 • 该区域作为煤炭运输中心、农产品交易中心以及仓储运输中心。	• 受"二战"与英国去工业化影响，铁路运输衰退，国王十字街区成为被遗弃的工业区，被列为"伦敦最贫困十大选区"名单。 • 居民抗议、资金链断裂，改造计划始终未能实施。	• 2000 年，房地产开发公司 Argent 着手对该区域进行开发。 • 2007 年，海峡隧道法案宣布将欧洲之星线路的伦敦站点迁至国王十字街区。 • 2012 年，国王十字火车站改造完工，与圣潘克拉斯火车站接通。	• 以 TOD 模式打造办公与商业配套，引入科技巨头。 • 2016 年，优先打造公共空间，创造活力城市氛围以维持产业核心吸引力。 • 2020 年，完成周边区域改造。	• 近年来，数字和科技公司空间需求猛增，该区域成为伦敦新的科技中心。 • 产业集聚效果逐步凸显，众多国际领先企业将办公楼迁至该区。

等多个领域。2004年以来，该区域就业增长134%，科技工作者增加237%，房价上涨163%，各项指标都数倍于伦敦平均水平。

关键成功要素

从工业时代衰落的最贫困选区之一，成长为知识经济时代的新人气中心。

公共空间

丰富的公共空间与慢行体系，形成强有力的人口社交效应，加大创新阶层对片区的认同感。

构建舒适宜人的公共空间

空间融合

高度融合的空间凝聚多元创新功能，营造满足创新阶层复合需求的环境氛围。

| 功能分布的复合化：垂直交互空间 | 多元办公空间体系：汇聚多样的企业生态 | 多层次的商业体系：满足多元客群需求 | 多层次的居住体系：多阶层融合的宜居片区 |

艺术商业

针对科技人群及创新阶层丰富的第三空间，吸引年轻创意人群。

通过前沿艺术空间营造时尚潮流氛围　　开放式商业空间与文化活动传递活力氛围

研学一体

依托大学与高品质办公物业载体吸引科创头部企业入驻、促进产业聚集与协同发展。

高等院校集聚 → 储备人才，提升区域形象 → 吸引龙头企业 → 加速产业聚集

促进产学研一体化协同发展

运营要素五
发力智慧更新

建筑立面和片区界面的提升是城市更新在视觉上的通常手法，就体验感的全面提升来说，智慧化和数字化技术在城市更新中的应用，给我们带来全新维度的拓展。大数据本身作为数字产业构建的基础，发挥出强大的产业托举能力；采用智慧化科技手段在运营上的突围，更是依托虚拟空间延伸出更丰富的城市更新可能性。

张园智慧更新

"一幢一档"传承还原张园历史风貌

在张园的修缮中，170幢历史建筑实行了"一幢一档"的备案方式，为后续张园历史建筑的保护、修缮、利用奠定扎实的基础。

数字技术助力建筑遗产信息化保护

建立标准参数化构件库，搭建建筑信息模型，搭入在线平台，实现对张园石库门建筑的可视化、信息化管理。

历史建筑活化更新打造潮流新地标

引进国际顶尖品牌，通过首店、首秀、首发效应，运用最新数字科技，以张园的外墙作为舞台荧幕，打造集时尚、艺术、历史为一体的沉浸式灯光秀，展现上海先锋文化与海派文化。

"一幢一档"完整资料库

历史建筑保护三维地理信息平台

数字灯光秀

案例

海上名园"张园"

"一幢一档"数字化管理焕新往昔繁华,铸就城市更新新典范

基于BIM+GIS技术的石库门数字化保护,提供多数据源融合的平台,更丰富真实地展现石库门的多元数据及周边地理环境。

规划设计

- 实时感知张园数据动态,打造有温度、可感知的石库门建筑群。
- 43幢建筑3D建模、284台智能监控摄像机、482个烟雾温湿度传感器、20个震动倾斜传感器。

张园数字化运营平台

建设施工

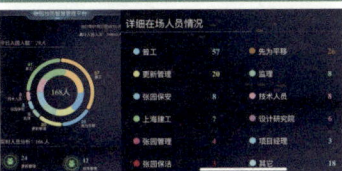

- 构建建设施工的智能化闭环管理。
- 依托电子监控、电子感应、人脸识别等技术,以及三维BIM+三维GIS系统,对历史建筑进行信息化、智能化、全息化的管理。

招商运营

- 构建用户O2O线上运营平台,实现线上线下的流量闭环。
- 涵盖会员服务、在线预约等12项功能。
- 对接实时人流情况、招商信息、运营信息等。

运营要素六
激活城市空间

"以人为本"是城市更新的人文根基

城市的发展就是城市空间不断回应人的需求更迭的过程,城市更新运营应该从人的需求出发,分别满足市民的基础、社交及精神层面的需求。

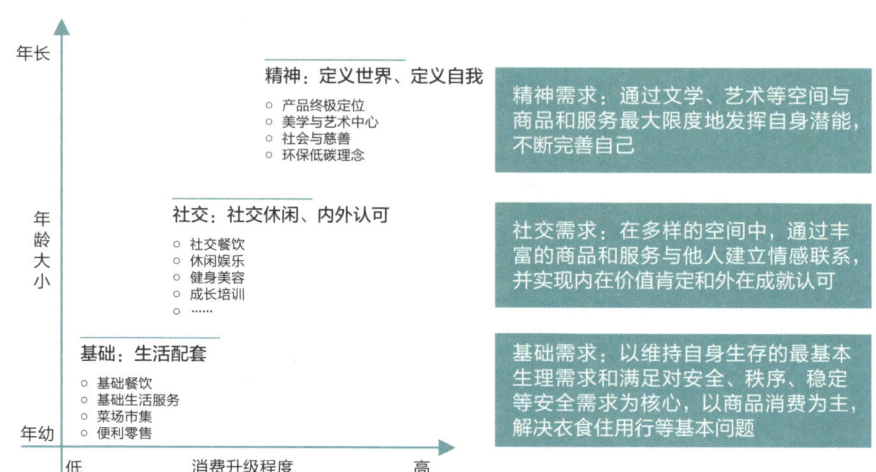

基于以上人的需求层次分析重新定义消费者的需求,并对消费场所即空间产生深刻影响。

人在重构,但永远为本——彰显个性化、社交化、平等化、差异化、本土化、娱乐化等需求。

场在外延,但永远创新——城市升级和技术发展驱动新消费时代的"场",在形式、空间和模式上推陈出新;场的创新本质上是以人为中心的塑造,为人的需求差异或行为差异而构建的产品及场所的呈现方式。

	过去的人	现在及未来的人
角色	单纯消费者+低维一元流量	商业合作者+高维多元流量
消费方式	单纯的被动式	积极的体验式
消费需求	性价比、安全性	个性化、社交化、平等化、差异化、本土化、娱乐化
	功能　　　服务	功能　　　服务+体验

人在重构需求

场在外延创新

新消费群体的出现和原有消费群体的需求驱动新消费场景的出现，带动了消费空间尤其是公共空间的创新利用和更新发展，呈现出氛围营造、人文关怀、科技赋能等特征。

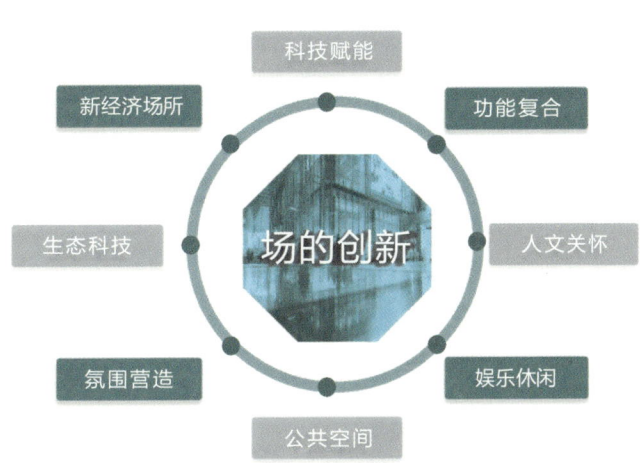

聚焦需求行为，抓住城市更新未来的运营方向

01 生活需求
- 原生生活场景
- 温度和烟火气空间
- 生活模式延续
- 人际关系重建

02 办公需求
- 产商一体
- 科技赋能
- 绿色可持续
- 创新办公空间
- 工作场景与消费场景融合

03 商业需求
- 多元复合的消费触点
- 创新消费场景
- 丰富消费内容
- 多元、包容、无界消费体系

04 社交需求
- 社群消费
- 圈层空间
- 社交空间
- 沉浸场景

05 文化需求
- 在地元素挖掘利用
- 原生态生活场景与气息
- 业态本地化
- 空间本地化

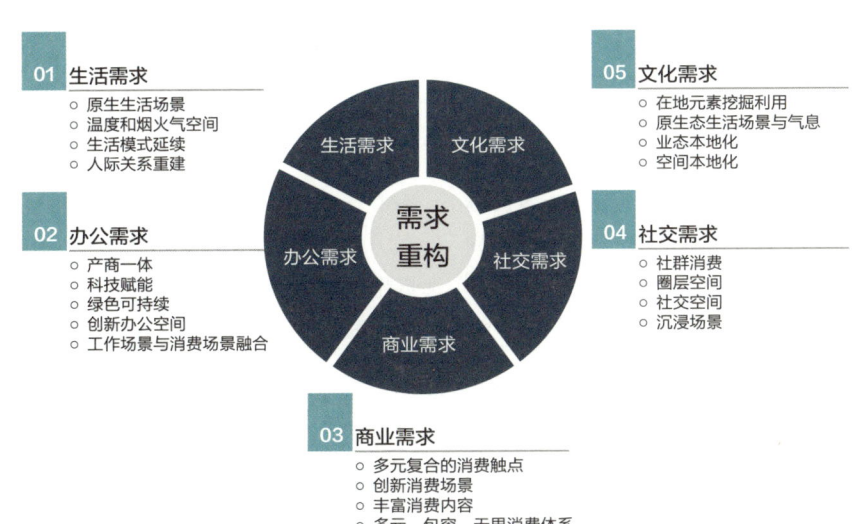

"以创为源"是城市更新的想象空间

网红经济并不是城市更新的活力源泉，从招商运营层面持续关注人的终端消费需求的变化，不断引入创新的主理人和内容，以场景、业态和运营的持续迭代，引领消费者生活方式的革新，才能实现真正的"长红"。

以主理人社群构建创新生态，实现创新活力的消费运营

什么是主理人？

通常指潮流品牌的主要领航者。一般是该品牌的所有者或职业经理人。

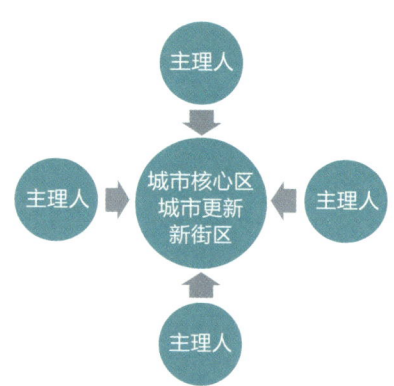

创新的街区构成元素：主理人

区别于传统购物中心，城市更新诞生的新街区，没有传统购物中心载体的隔阂，直面消费者，成为主理人品牌生长的天然土壤。不同的主理人拥有不同的观念思想，带来先锋的内容和理念。

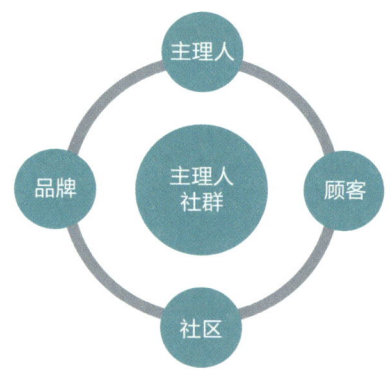

创新的街区运营模式：主理人社群

主理人拥有自己的"圈子"，以社群的方式集群发展，互相借力，在某片集中区域集中呈现，通过规模效应形成先锋内容聚集地，为街区构建出内容的创新生态，为区域带来持续活力的源泉。

为什么是主理人？

潮流品牌发展的需要，时尚品牌下沉的需要，街区社区治理的需要。

潮流汇聚，品牌下沉——品牌走进街区，独特空间带来全新交互体验。

自然生长，社群发展——社群方式集群发展，构建创新街区生态。

以生活方式提升消费黏性,带动可重复的消费运营

随着大众消费升级以及Z世代、中产阶级成为消费主力,先锋、精致的生活方式愈发受到广泛关注和青睐,"售卖生活方式"成为流行,可为消费者提供情绪价值,让人在有限的空间内释放压力,感受无限的生活乐趣,牢牢黏住核心客户群。

代表先锋生活方式、保有鲜明价值观的品牌正在快速成长。这类品牌均秉持"做我自己,让热爱者追随"的理念,通过自身定位传达性格鲜明、品位极高的某种特定生活方式。该类品牌均拥有一大批特定消费者,它们的聚集最终形成高质素私域社群的聚合,极大地提升了所在区域的消费黏性,带动街道乃至整个区域活力的大幅提升。

以内容迭代的运营体系,保证消费内容的永续活力

在市场迭代越来越快的背景下,"动得越快"的场景内容才能为市场持续带来吸引力。过去的商业逻辑在于品牌通过开线下店,以优质内容吸引顾客来店消费,以较长的经营年限积累客流和口碑。

但随着线上渠道的丰富,线下店的媒介和广告属性增强,策展型商业空间、自我迭代能力强的内容兴起,只有引入以更短迭代周期为消费者带来新鲜感的场景、内容,结合丰富的运营活动,才能赢得当下的消费者,带来可实现"长红"的永续活力。

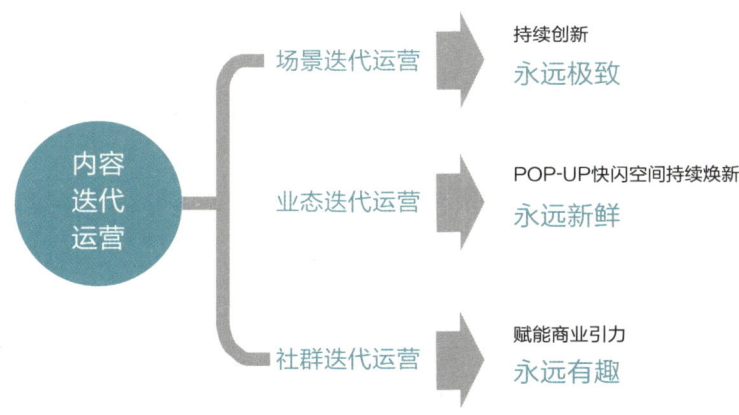

内容迭代运营体系三大抓手

案例

上海安福路—武康路片区

主理人社群创新活力消费运营，国内先锋主理人品牌策源地

安福路、武康路位于徐汇区，距今有100多年历史，街道两旁大量洋房住宅及历史建筑林立，有茂密的绿化树木为行人提供舒适的街道环境，同时也充满着小街区独特的文化韵味，深受小资上海人喜爱。

2019年前后，安福路—武康路片区被划入上海文化风貌展示区，引入不少特色鲜明的品牌小店，逐渐成为上海文化消费的高地，吸引大量年轻人目光，人气快速上升，成为远近闻名的网红街区。

潮流汇聚，品牌下沉

品牌走进街区，独特空间带来全新交互体验

品牌选择"隐"于街区小巷，推动品牌线下孵化与品牌下沉；而小街区带来的独特空间尺度也加强了品牌互动，让品牌理念更加深入人心。

自然生长，社群发展

社群方式集群发展，构建创新街区生态

安福路—武康路片区的生态更多是自发形成的，近5年品牌"聚集效应"明显，不同的主理人在此聚集，开设自创品牌或运营新的下沉品牌，形成独特的圈子和街区社群文化，并吸引更多类似品牌入驻，形成良性循环。

安福路—武康路片区特色品牌店

案例
成都 Regular 源野

以生活方式带动可重复的消费运营，公园城市先锋生活方式的极致表达

2021年，由存量物业改造而来的商业项目——成都Regular源野面市，这个仅有6 500 m²的商业空间，通过与公园有机结合的场景打造，引入20个主理人品牌，为消费者带来先锋的生活方式和消费场景，很快成为风靡全国的存量改造精品商业的标杆范本。

项目拥有3个户外下沉花园、1个公共空间Gregarious、代表20种理念和生活方式的主理人品牌集群，它们在共同满足当下年轻人审美价值的基础上，提供丰富的精神价值，以生活美学观和商业审美力作为"核心引力"，以品牌矩阵的社群号召力为"私域轴心"，强势吸引"热爱者"与"追随者"，形成超强且持久的消费黏性。

成都Regular源野中的许多品牌，基本都呼应由"公园"所延伸出来的健康、自然的生活方式，与其自身命名为Regular的初衷——常态的、自然的、真实的、立体的生活一脉相承。同时，依托公园传递健康生活方式，也与成都作为"公园城市示范区"的城市特质高度契合，能进一步加强与本地消费者的连接，形成持续黏性，实现"长红"与永续活力。

Farm to Table 农场到桌
从食材的有机培育环境到每一道菜品研发，整个生产供应链都能得到有效管控，倡导吃得生态，吃得天然，吃得健康。

在公园野餐
点完单后可租用野餐垫和餐盒，直接在公园绿地中用餐，感受在大自然野餐的特别体验。

户外运动就是玩
涵盖徒步、露营、骑行、跑步、瑜伽、健身等各类运动产品，强调"运动就是玩"。

植物标本博物馆
一家自然主题商店，以植物、生物等大自然元素的标本和碎片，展现大自然的生命和意义。

精致生活为王
烘焙融合咖啡、花店、周边，探寻生活的更多可能，号召精致的生活。

成都Regular源野主理品牌店

案例

上海 Gentle Monster
内容迭代运营保证消费

成都 Regular

场景迭代运营：Gentle Monster 上海淮海路旗舰店

Gentle Monster作为"艺术策展式"未来零售模式的开拓者，跳脱商业空间的既定限制与固有印象，呈现想象之上的线下空间及零售体验，并强化品牌独特的DNA。同时，各店铺每隔一定周期会更新场景主题，持续保持场景吸引力和话题度。例如上海淮海路店，在5~6年时间打造了4版主题场景，迭代迅速，高度符合当下零售商业发展趋势。

2016.9
THE ARTISAN

2018.1
THE SALON PROJECT

2019.3
THE MOBITECTURE

2021.9
HAUS SHANGHAI

业态迭代运营案例：成都REGULAR源野

通过打造POP-UP快闪空间Gregarious，一方面引入不同的品牌开设快闪店；另一方面利用空间与不同品牌举办策展活动，通过高频次、快迭代的业态内容，保持项目的新鲜感与吸引力。Gregarious在2022年下半年举办了9场各类快闪活动及展览，持续保持商业活力。

2022.6
KOHI.OK Coffee

2022.6
Janue Pantry

2022.7
梵几FNJI 椅子戏法

2022.8
凡几Common Rare POP-UP

2022.9
HOJA × Hand POP-UP

2022.10
山池SAANCI Coffee POP-UP

2022.10
CLAP × RAINS POP-UP

2022.11
KENZO 全国首家限时花店

源野　　　　　　　　　　成都麓湖

社群迭代运营：成都麓湖

成都麓湖作为城市新区大型生态居住片区，前期商业发展不成熟时期，以都市微度假为关键切入口，发力社群运营，以丰富的业态及活动，构建社群氛围、形成话题标签。

麓湖结合当下消费趋势，先后打造露营营地、运动公园与岛集，不断推陈出新，通过举办不同的主题活动、连接各类新兴业态的品牌主理人、消费社群共同迭代创新商业内容及运营模式，逐渐形成麓湖式"公园式商业图景"的独有标签。

城市露营

丸露营营地

得益于"露营IP"社群和内容的积累，麓湖提供的户外场地和灵活的合作方式，多方面的优势组合促成了一个内容复合、形式创新、社群黏性强的爆款营地空间。

共创营地

麓坊运动公园

依托临湖区位，麓湖吸引成都具有影响力专业运动机构，联合打造具有活力生活场景，形成了10万m²的麓坊运动公园，并不断引入最新的潮流运动品类，迭代运动引流吸附力。

市集营造

麓湖"岛集"

麓湖积极营造商业生活化运营模式，满足当代年轻人微度假、社交休闲化的商业需求，迭代选品和场景空间，打造成都首个帐篷与水上市集麓湖"岛集"，营造微旅行市集气候。

运营要素七
化解社区矛盾

同大多数国家一样，城市的发展扩张必定会面临老旧社区更新问题，早期我国的社区更新几乎是在大规模的拆建模式中往复进行的。随着时间的慢慢推进，这种大规模拆建模式的弊端也逐渐显现，大拆大建不再广泛可行，社区微更新成为趋势。但社区微更新也面临六大矛盾亟待解决。

| 片区改造和城市功能统筹的矛盾 | 文化延续与城市发展的矛盾 | 居民多样化需求与外环境空间不足的矛盾 |

| 有限资金来源与改造成效的矛盾 | 盈利模式单一和持续运营的矛盾 | 不同参与方利益之间的矛盾 |

案例
上海愚园路更新改造
解决文化延续与城市发展的矛盾、居民多样化需求与外环境空间不足的矛盾

改造背景

上海愚园路保留了施蛰存故居、百乐门舞厅以及《布尔什维克》编辑部旧址等诸多历史保护建筑，被列为上海64条"永不拓宽"的马路之一。在上海新一轮城市更新中，愚园路的改造模式由"拆、改、留"变为"留、改、拆"，政府提倡最大程度利用现有空间，解决人民群众不断提升的城市公共功能需求，唤醒沉睡许久的城市文脉。

改造难点

社区商业格局混乱、辐射能级较低，并且社区空间陈旧缺乏活力互动。

改造措施

一方面有机融合历史建筑与新潮商业元素；另一方面引入高端精致复合型商业业态，营造街区商业氛围。

借鉴意义

上海愚园路沿线的社区更新改造亮点是对愚园路商业与文化历史氛围的挖掘，通过提升邻里共享空间，有机融合历史建筑与新潮商业元素，引入高端精致复合型业态，营造愚园路"跨界、精致、融合"的街区新形象。

历史建筑与新潮商业元素有机融合

案例

北京劲松社区微改造

解决有限资金来源与改造成效的矛盾、盈利模式单一和持续运营的矛盾

大多数社区改造都面临改造资金来源问题，单纯依靠政府投入社区基建改造难以从根本上提高居民生活品质，而社会资本参与的改造投入需寻求一定的盈利空间。北京劲松北社区改造由朝阳区政府牵头，引入专注资产管理的愿景集团共同参与社区微改造，集团总共投入资金超4 000万元。

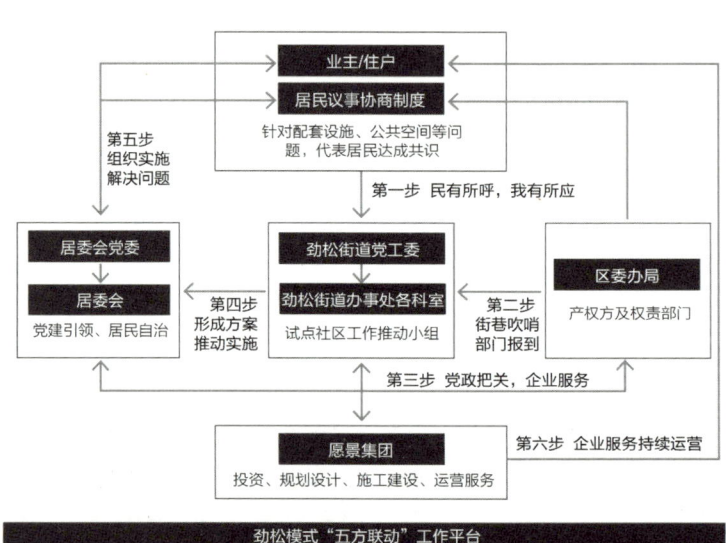

愿景集团将约1 600 m² 的闲置公房空间整合建设便民商业设施。例如，将200 m² 的废弃车棚改造后出租于"匠心工坊"便民商店，为居民提供保姆家政、家电清洗、针头线脑等生活服务商业，同时引入多家老字号连锁食品企业入驻经营。

愿景集团于2020年正式以多层0.43元/m²/月和高层1.42元/m²/月的标准收取物业费，除了物业管理费用愿景集团还将收取每月150元的停车费以及电梯维护费等渠道收回投资成本。根据愿景集团测算，社区改造约10年后可实现投资回报平衡及可持续运营。

案例
上海缤纷社区搭建改造共治平台
解决不同参与方利益之间的矛盾

建立推进机制

上海市浦东新区规划和土地管理局牵头制定了一系列文件经浦东新区规划委员会集体决策后下发街镇，明确了缤纷社区建设的建设目标、建设内容、工作机制、项目流程、管理模式、激励机制和责任分工，并通过流程图的形式让街镇直观地了解推进的步骤。同时，文件明确了9项行动的选址方法以及技术要点，将建成案例汇编成册，加强共享。

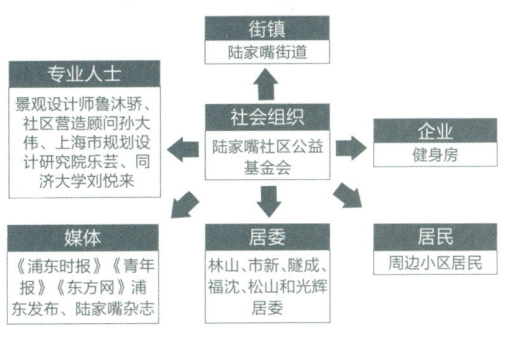

明晰三会流程

缤纷社区建设不同于一般的建设项目"委托设计—建设施工"的基建流程推进，更强调过程，本质上是设计介入社区工作的过程，以上海市在社会治理工作中已经建立的较成熟的"三会一代理"制度为蓝本，建立"一图三会"的推进流程，以居委会、业委会、规委会为主体，在项目产生、项目实施、项目评价等环节上实行全过程自下而上"一图三会"的社区自治、共治模式。

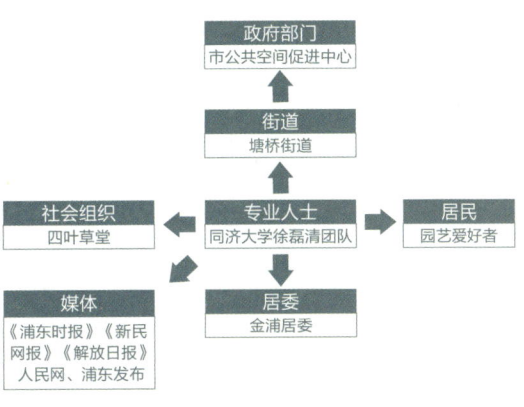

搭建沟通平台

缤纷社区的工作在横向上涉及浦东新区规划、土地、建设、民政等多条线，在纵向上涉及市、区、街道、居委会多层面，信息和资源极为分散。为此，缤纷社区建设、建立了联席会议、微信群、微信公众号、每周项目报表等多个平台。

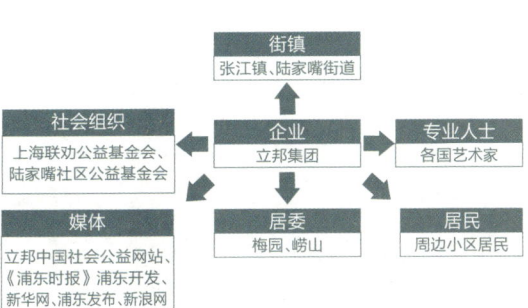

　　附录由国内其他城市更新实践案例和城市更新政策解读两部分构成。案例方面,选取了北京、深圳、南京、杭州、重庆5个城市的典型更新案例,代表了目前国内最前沿的城市更新探索和实践;政策解读方面,汇总了国家、长三角、上海层面的城市更新法规政策,对近年长三角的城市更新法规政策进行了综述,详细介绍了上海城市更新方式的探索与变迁、城市更新法规政策的演变,对《上海城市更新条例》进行了精要解读,总结梳理了上海城市更新实施流程及相关的管理和参与主体。

06

附录

国内城市
更新实践

石榴新村更新鸟瞰效果图

南京石榴新村

项目概况

项目时间：2021年

项目地点：南京市秦淮区

项目规模：用地面积1.6 hm²，建筑面积3.14万m²

更新类型：综合整治

更新主体：南京秦淮城市更新建设发展有限公司

设计单位：重庆市市政设计研究院有限公司

项目背景

石榴新村位于南京市秦淮区，属南京市核心地段，现状房屋呈现两三层的老旧楼房并列排布的格局，房屋外立面破损严重、管线杂乱、配套缺失、安全隐患众多。整个居住片区占地面积约1.6 hm²，长期生活在石榴新村的居民大多为低收入人群，生活空间局促。石榴新村片区作为推进居住类地段城市更新的试点项目之一，对南京老旧住区城市更新从政策、主体、资金等多方面进行了探索，也促进了相关居住类地段城市更新政策的出台。

经验借鉴

目标导向至问题导向

政策激励以解决问题为导向，适度放宽管控。探索居住类地段城市更新路径，对地段进行精细化甄别，结合建筑质量、风貌和需求目标，选择保护、保留、改造、拆除等适合的模式，达到地段的有机更新。

06 附录

石榴新村更新前照片

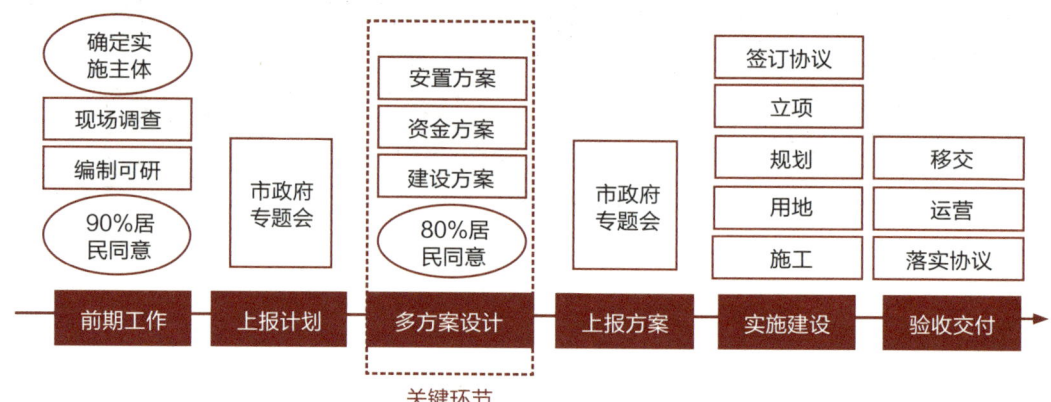

明确办理流程示意图

简化程序放宽管制

通过允许调整边界、简化程序、放宽指标等措施提高规划可行性，相关部门从规划、土地、资金支持、不动产登记等方面，加大政策支持力度。考虑到更新项目普遍地块小、分布散、配套不足等更新困境，在保障公共利益和安全的前提下，适度放松用地性质、建筑高度和建筑容量等管控要求，为解决原地安置需求，可按照享受老旧小区城市更新保障房（经济适用房等）土地政策进行立项；符合条件的项目，可享受相关税费减免政策。以尽量不损害公共利益为出发点，增强居民群众获得感。

鼓励多元主体参与

居民全程参与小区更新的共商共建，由实施主体与居民签订更新协议，自愿向管理部门申请参与城市更新项目。过程中设立两轮征询相关权利人意见环节，充分尊重民意，体现共建共治。为了满足不同群体的需求，探索多渠道组合的更新方式，以回迁安置为主，异地置换、货币回购、优先购买原地商用房屋等多种方式相结合。

资金来源多元化

资金投入上采取政府"出大头"、居民"适度承担"的模式。整合外部土地进行捆绑，防止出现"高难度地块更新对于市场主体吸引力低"的尴尬局面。引入城市更新专项贷款，市场资本主体（南京越城建设集团有限公司）和银行（国家开发银行等）共同参与。原本由地

石榴新村改造前鸟瞰图

石榴新村更新方案效果图

方政府承担的"财政投入"模式，转变为市场主体通过融资、改造运营项目的"自我造血"模式，在一定程度上缓解中心城区更新改造项目容易出现资金瓶颈的局面。

专业评价

"石榴新村项目告别'拆迁走人'传统模式，政府和居民一起商量着进行拆除重建。和居民慢慢商议着办，采用有机更新的办法，让大部分住户留在原址圆'安居梦'，在留下城市'烟火气''人情味'的同时，催生了更多可能、满足了不同需求。"

——秦淮区委宣传部

大众评价

"现在可以说一天一个样，效率高、速度快，很多老邻居都和我一样，盼着早点回来住上新房子。"

——石榴新村居民

原南头古城鸟瞰图

深圳南头古城双年展展场

项目概况

项目时间：2016—2017年

项目地点：深圳市南头古城

项目规模：用地面积3.8 hm²，建筑面积12 485 m²

更新类型：保护更新+综合整治

更新主体：深圳市南山区人民政府

设计单位：URBANUS都市实践

项目背景

南头古城位于深圳中心区域，有着1 700余年建城史，随着历史的变迁由城市演变成村庄，形成了复杂的格局。古城中的建筑空间既具有本土文化历史性，也沉淀了不同发展时期的社会和文化遗产，建筑年代、类型及样式多样。经过调研分析、策划、规划设计，更新提出了以介入实施为导向、由点及面渐进式激活、以文化活动促进古城复兴的发展模式。

经验借鉴

城市策展，古城再生

2017年，都市实践工作室以策展人的身份将南头古城引介为"深港城市/建筑双城双年展"主展场地。通过"城市策展"的方式介入古城更新，以节点改造为开端并将节点串联起来，通过大型城市公共空间改造重塑古城文化和空间脉络。遴选出主要的公共空间，包括南门公园、主街边空地（十字街广场）、篮球场（报德广场）、铁皮屋（社区公共建筑）、工业厂房（创意工厂、集市工厂）和大家乐舞台等，将这些古城公共空间改造更新为双年展场地。双年展为古城再生和城中村改造提供了1

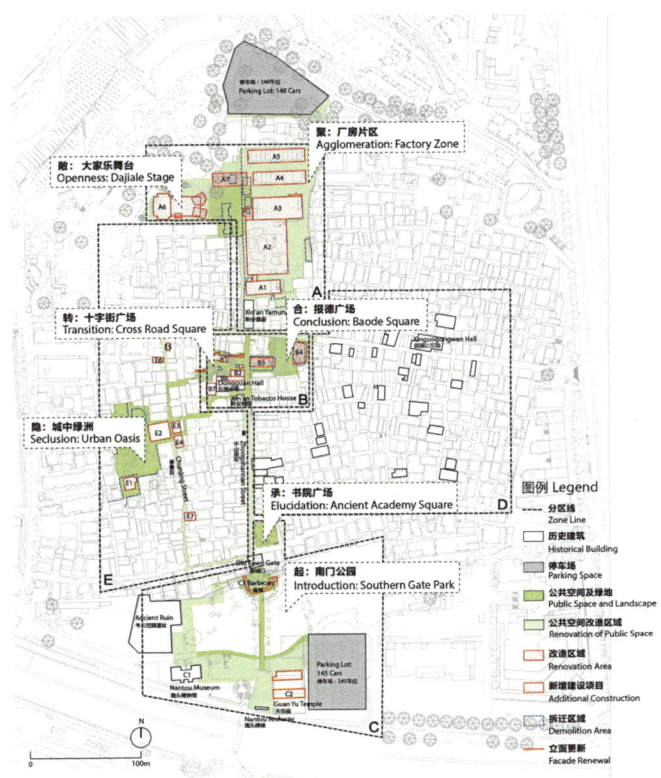

南头古城改造更新平面图

改造后的居民日常

改造后的报德广场

次另类实践的契机,借助此次策展,古城的公共空间系统得到完善提升,也为居民提供了解城中村历史与文化的载体。

城市修补,城中村复兴

通过前期场地研究和规划设计,确定以文化复兴和有机更新为主要发展战略,提出6项定制化的再生策略,分别为游园重塑计划、边界重塑计划、古建保育计划、主街领航计划、文创工厂计划、内城动态更新计划。

由于城中村居住环境恶劣、人群繁杂、管理受限,传统的城市更新方式难以适用于城中村的更新。基于城中村资源的多样性和丰富性以及人群的多元化,构建新的城市更新方式;通过整合内部资源,评估、筛选可修补的资源,并恢复其功能;在空间上植入新功能,延续内部体系,满足不同人群的空间需求;同时,从边界入手,为城中村这一封闭社区提供开放基础,从而达到多元主体的平台的建立,还通过多元组织协同管理,实现了多元融合。

大众评价

"2年的用心打造,细细咀嚼,细节之处与其他古城有很多不同,城市不同,文化不同,人文也不同,使古城韵味和特点有所差别,人们对它的细心打造是一种历史的延续。"

——大众点评网友

专业评价

"南头古城的重生已经借助城市文化事件走出了一小步,希望可以引发社会各界的重新思考:我们应该给城中村以时间,破除我们自身对城中村发展的思维定式。"

——孟岩、林怡琳、饶恩辰

小西湖街区航拍

南京小西湖街区保护与再生

项目概况

项目时间：2014年至今

项目地点：南京市秦淮区

项目规模：用地面积4.69 hm²

更新类型：有机更新

更新单位：南京历史城区保护建设集团有限责任公司

设计单位：东南大学建筑学院、东南大学建筑设计研究院有限公司

项目背景

小西湖街区是南京历史文化名城保护规划确定的22处历史风貌区之一，也是南京明清风貌特征保留较为完整的居住型街区之一。现状的小西湖建筑空间残破落后，淹没在棚户区之中。2015年，由原南京市规划局会同秦淮区政府推动研究小西湖街区保护与再生策略，共同探索出一条"自我更新""有机更新""持续更新"的保护新路径。2022年，南京小西湖项目荣获联合国教科文组织亚太地区文化遗产保护奖创新设计项目大奖。

经验借鉴

加强环境整治

在更新过程中，小西湖加强小区环境综合整治，对道路、停车场、公共空间、绿地、垃圾收集点等多种空间进行环境整

改造前马道街街景

改造前共享院

改造前堆草巷

改造后马道街街景

改造后共享院

改造后堆草巷

治。提升民众对居住环境保护的意识及责任感。打通围墙及门禁，实现社区内路径贯通。针对可通行铁门设置特定开放时段，开放关闭的铁门并打通围墙。进行公共卫生整治、垃圾收集点改造，通过打通小区路径，实现社区之间共享垃圾收集点，减少垃圾收集点数量，释放微空间。充分利用竖向空间，打造屋面垂直绿化，提升社区整体形象。

旧院落"一院一策"，共享院落成一景

留下的院落"一院一策"，兼顾保护与提升。以"院落或幢"为单元进行征收，居民可以自主选择去留。马道街与箍桶巷交叉口的院落里原先分布很多住户，经过协商，居民全部搬迁。保留下的建筑部分修缮、部分加固，还有部分经过拆除后重建，被打造成一处民宿。"共生院落"让老人居住和年轻人工作同处一个屋檐下；西侧院落将一栋三层老公房改造成"平移安置房"，对片区内整体搬迁院落的公房居民进行安置，居民搬走腾出的空间引进精品民宿、餐饮、大师工作室等新业态。

微型市政设施以适应狭窄街巷

在小西湖的更新改造中，既要保护修复地上传统风貌，同时更要提升完善地下现代设施，做到表里如一。改造之前的小西湖雨污水合流，街巷狭窄闭塞，私接乱搭电线、使用煤气包的现象较为普遍，居民生活不便利，并存在许多危险因素。

项目在改造设计中创新模式、突破常规，研发"微型综合管廊"，建设雨污分流的排水管和消防、电力、通信和燃气等市政基础设施，全面改善了居住环境品质。

专业评价

"在社会和技术创新方面，提供了可推广、可复制的经验。"

——联合国教育、科学及文化组织

菜市口西片老城鸟瞰图

北京西城区菜市口西片老城保护和城市更新

项目概况

项目时间：2019年至今

项目地点：北京市西城区菜市口西南侧

项目规模：用地面积6.5 hm²，建筑面积5万m²

更新类型：有机更新

更新主体：北京金恒丰城市更新资产运营管理有限公司、建信住房服务（北京）有限责任公司

设计单位：北京市古代建筑设计研究所有限公司、北京北建大建筑设计研究院有限公司、北京房地中天建筑设计研究院

项目背景

菜市口西片城市更新和老城保护项目位于西城区牛街街道，北起广安门内大街，南至法源寺后街，西起教子胡同，东至枫桦豪景。该片区是危改遗留项目，房屋基础设施老化破损严重，年久失修，汛期漏雨、排水管道堵塞等现象时常发生。房屋居住面积普遍偏小，住户老龄化情况严重。2019年，北京市西城区人民政府批准菜市口西片保护更新项目转为老城保护和城市更新的试点项目。

经验借鉴

多途径解决老公房遗留问题

项目启动"申请式退租""申请式换租"模式，公房居民按照个人意愿可退还房屋使用权，并获得货币补偿，符合条件的居民可申请共有产权住房和公租房；对于未参加申请式退租的直管公房承租户，以及私房和单位自管公房居民，采用"申请式改善"模式，实行"一院一策、一户一设计"，建造共生院落，优化公共空间环境；通过"促整院"的模式获得院落整体运营权，将未腾退院落居民通过房屋租赁置换的方式安迁至改造完成或区域外的空间。平移、置换、换租、腾退等多种途径实现了共生院落建设，破解申请式退租过程中的难题和盲点。

银企合作共建，激发市场积极性

为探索核心区平房院落保护的新模式新路径，利用中国建设银行北京市分行和北京金恒丰城市更新资产运营管理有限公司2家机构的优势，采用银企合作的全新思路。建设银行在城市各个区拥有6万余套长租房源，通过"换租"对居民进行居住场地置换。"住房租赁+城市更新"的模式，提升了菜西片区的区域价值。此外，更新实施主体可获得50年房屋经营权以提升更新积极性，社区商业入驻也能提升菜西片区活力。

因地制宜设计，延续老城风貌

通过"一院一策，一户一设计"的方式来应对四合院片区每座院子情况各不相同的现状。对于老旧建筑以及自建房拆除后腾退出来的空间灵活合理利用，扩充公共空间以及绿化绿植，提升片区整体居住质量和周围环境。由于片区内部空间资源较为零散，此次更新探索结合原住民的合院共生模式，保护现存的老城建筑、街巷及格局，留住现存北京老城的历史记忆和艺术价值。

打造动态数据库，保留城市记忆

菜西片区规划团队提出"一院一档"概念，通过现场调研、文献资料梳理，借助电子大数据管理平台，建立菜西片区"一院一档"的动态档案库，详细记录片区内院落及建筑情况。所有建筑拍照存档，从建筑质量、风貌到院落及建筑的历史文化价值等方面进行系统分类评估。随着建筑更新，数据库内容也会随项目推进而更新。通过电子存档，菜西片区动态数据库一方面打造了一份"让城市留住记忆，让人们记住乡愁"的存储载体，同时也能为未来菜西片区规划更新改造提供详尽的资料。

改造后的西砖胡同甲19号院

改造后的永庆胡同17号院

专业评价

"项目改造以来，积极补充公共设施，增加公共绿地面积，因地制宜打造口袋公园，提升景观绿化；增设兼具艺术性、生活性的城市家具小品；优化市政交通设施，提高公共空间利用率，实现了与周边环境的良好衔接融合。"

——北京市规划和自然资源委员会

白马凼小区改造项目实景

重庆红育坡老旧小区改造

项目概况

项目时间：2020—2022年

项目地点：重庆市红育坡片区

项目规模：改造建筑面积12.6万m^2

更新类型：有机更新

更新单位：重庆市九龙坡区人民政府、愿景集团

设计单位：重庆源道建筑规划设计有限公司

项目背景

重庆红育坡片区改造面积12.6万m^2，涉及老旧建筑88栋、8734人，存在违建突出、路面破损、网污管淤塞、公共照明缺失、线缆杂乱等问题。红育坡片区老旧小区改造项目在全国率先采用PPP模式实施改造提升。目前，该片区内小区已改造完成，实现旧貌换新颜。

经验借鉴

首个采用PPP模式激活的老旧小区改造

在改造中，挖掘微型资金造血来源，将细微收益汇聚，成功扩大片区改造与后续维护管理的资金来源。该项目通过社区组织梳理整合停车位、充电桩、农贸市场、公有房屋、闲置物业、广告位、散居楼栋清扫保洁7大类经营性收入来源，寻找创造市场空间；通过PPP模式的"ROT"运作方式，引入愿景集团与国有公司总投资3.7亿元共同组建SPV公司。创新市场模式，拓宽资金渠道，是全国首个采用PPP模式改造老旧小区的项目。

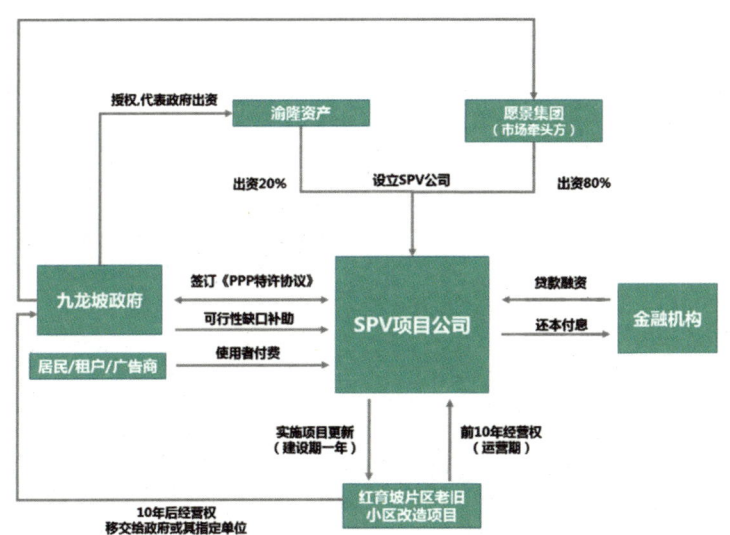

PPP模式示意图　　　　　改造后的红育坡小区

设施改造，织补居民生活空间

基础设施改造，外立面改造、破损屋面修复、屋面防水、单元门改造等，解决居民居住的基本诉求；完善工程建设，完善小区品质，如增设景观小品、改造户外公共照明设施、增设公共座椅等；提升工程建设，通过对公共区域的新增与改善，解决居民反映突出的公共空间不足问题。

拓展就业空间微型造血点

因历史遗留原因，红育坡片区中的白马凼社区部分居民已擅自将底层住宅改为临街小店。考虑到居民的就业需求，在改造中，并未采取"一刀切"的拆除式设计，而是通过示范区改造建设，带动和引领周边社区杂货小店提档升级。在保证片区就业稳定的同时提升了周边环境，形成白马凼社区临街院坝居民自发休闲聚集地。在加装休闲遮阳设施时，延伸院坝商业功能、拓展经营空间，不仅增加了就业空间，成为居民饮上一盏"坝坝茶""偷得浮生半日闲"的好去处，而且楼栋间可经营空地、单元门处楼栋广告板等设施也成为片区收入的微型造血点。

向上集约发展，借出停车空间

红育坡片区人口密度大、居住密度高，停车位短缺的问题十分突出。在白马凼社区，居民车辆只能临街停放，不但影响片区市容市貌，更造成了消防车道长期堵塞，存在极大的安全隐患。在住房和城乡建设、城市管理等多部门的支持下，机械停车库顺利完工并投入使用。高13.5 m、占地面积128 m²、有着36个车位的机械停车库，切实解决了居民的停车难题。此外，通过出租停车位，机械停车库还成为该片区主要的收入来源。

专业评价

"作为全国首个PPP模式改造项目，引入市场主体负责全过程投融资、设计、建设、物业管理，通过挖掘片区内停车、养老、广告、农贸市场等"造血点"，丰富社区服务供给，建成睦邻会客厅、社区养老服务站、卫生服务站、儿童活动空间等配套设施，补齐社区功能短板。"

——重庆市住房和城乡建设委员会

浙工新村改造项目效果图

杭州浙工新村危旧房有机更新

项目概况

项目时间：2022—2024年
项目地点：杭州市拱墅区朝晖街道
项目规模：改造建筑面积8.1万m^2
更新类型：有机更新
更新主体：杭州市拱墅区人民政府
设计单位：中南建筑设计院股份有限公司

项目背景

浙工新村位于拱墅区朝晖街道大木桥社区，共有14幢建筑，大多数楼幢由于建筑年代久远，安全隐患较多，其中4幢多年前已是C级危房，加上小区存在公共活动空间不足、配套设施不全等情况，居民改造意愿强烈。多年来，浙工新村在尝试了公共利益征迁、商业开发（土地收储）、维修加固等多种方式后，都没有真正化解更新的难题。

经验借鉴

自主更新创新理念

居民主体自主更新，是浙工新村危房重建项目的一大亮点。以"一楼幢一代表"为原则，成立由13人组成的居民代表自主有机更新委员会，代表多数居民行使权利，采用委托政府部门的形式实施项目改造。从"政府出资"变成"我要出资"，将政府的角色从出资者、实施者变为引导者、助推者，形成政府引导、居民出资、市场参与的多元化更新推进模式。对照周边存量住宅房屋市场价格和居民经济状况，引导居民理性选择，划定居民出资金额。

资金平衡创新模式

按照设计方案，项目总建筑面积约为8.1万m^2，涉及居民548户，拆除原13幢建筑，新建7幢住宅小高层，改造1幢建筑，还将新建"一老一小"活动中心等配套设施超1 500 m^2，新设地下车位460余个，绿化率提升至25%以上。新建部分在户数不变的情况下，保持新房套内面积不小于原房套内面积并适当扩大面积。

整个小区的更新费用约为5.3亿元，其中居民自筹资金约为4.7亿元，其余资金由政府利用老旧小区改造、未来社区改造等专项资金解决，从而实现在不新增政府补助的情况下项目资金基本平衡。

拆改结合创新路径

坚持实施路径的政策创新，围绕各项指标不弱化的要求，片区统筹容积率，合理确定日照、楼间距、车位配比、绿地率等，优化审批流程，通过居民补交扩大面积费用的形式"以旧证换新证"。

以"居民主体、政府主导、住建主推、街道主抓、社区主责"为基本原则，创新"拆改结合"政策支撑机制，在规划设计、流程审批等方面作出探索，努力实现资金可平衡、居民得实惠、环境有改善；同时，街道、社区坚持党建引领群众工作。2023年10月，住户搬出，危旧房拆除。2023年11月底，浙工新村城市危旧房有机更新（试点）项目正式开工，既定的安全隐患消除、功能配套完善、居住品质提升的目标一步步照进了现实。

改造前的浙工新村一

改造前的浙工新村二

改造前的浙工新村三

更新效果图一

更新效果图二

城市更新
政策解读

国家层面城市更新法规政策

2008
- 《国务院关于促进节约集约用地的通知》国发〔2008〕3号
  优先开发利用空闲、废弃、闲置和低效利用的土地，努力提高建设用地利用效率

2014
- 《关于推进土地节约集约利用的指导意见》国土资发〔2014〕119号
  提出严控城市新区无序扩张、着力盘活存量建设用地要求

2016
- 《关于深入推进新型城镇化建设的若干意见》国发〔2016〕8号
  加快城镇棚户区、城中村和危房改造，建立城镇低效用地再开发激励机制
- 《关于进一步加强城市规划建设管理工作的若干意见》
  要有序实施城市修补与有机更新，重点解决老城区环境品质下降、空间秩序混乱、历史文化遗产
- 《关于深入推进城镇低效用地再开发的指导意见（试行）》国土资发〔2016〕147号
  已暂停使用

2020
- 《关于进一步加强城市与建筑风貌管理的通知》建科〔2020〕38号
  限制盲目建设超高层"摩天楼"，推进历史建筑的保护利用，不拆除历史建筑、不拆传统民居、不破坏地形地貌、不砍老树
- 《关于全面推进城镇老旧小区改造管理工作的指导意见》国办发〔2020〕23号
  指出到"十四五"末期，力争基本完成2000年底建成的需改造城镇老旧小区改造任务
- 《关于开展城市居住社区建设补短板行动的意见》建科规〔2020〕7号
  因地制宜补齐既有居住社区建设短板
- 《住房和城乡建设部办公厅关于印发城镇老旧小区改造可复制政策机制清单（第一批）的通知》建办城函〔2020〕649号
  围绕城镇老旧小区改造工作形成了一批可复制可推广的政策机制

2021
- 《中华人民共和国国民经济和社会发展第十四个五年规划和2035年远景目标纲要》
  指出实施城市更新行动，改造提升老旧小区、老旧厂区、老旧街区和城中村等存量片区功能，推进老旧楼宇改造

《2021年新型城镇化和城乡融合发展重点任务》发改规划〔2021〕493号

推进以老旧小区、老旧厂区、老旧街区、城中村等"三区一村"改造为主的更新行动

《关于在实施城市更新行动中防止大拆大建问题的通知》建科〔2021〕63号

提出控制大规模拆除、增建和搬迁，保留利用既有建筑，保持老城格局尺度，延续城市特色风貌

《关于在城乡建设中加强历史文化保护传承的意见》商办流通函〔2021〕327号

要构建多层级多要素的城乡历史文化保护传承体系，历史文化遗产应保尽保，形成一批可复制推广的活化利用经验

《关于加强城镇老旧小区改造配套设施建设的通知》发改投资〔2021〕1275号

优先将民生设施缺口多的城镇老旧小区纳入年度改造计划

《关于推动城乡建设绿色发展的意见》

要推进既有建筑绿色化改造，鼓励与城镇老旧小区改造等工作同步实施

《关于开展第一批城市 更新试点工作的通知》建办科函〔2021〕443号

确认21个城市更新试点城市名单

2022

《2022年新型城镇化和城乡融合发展重点任务》

加快改造城镇老旧小区，力争改善基本居住条件，注重修缮改造既有建筑，防止大拆大建

《关于做好盘活存量资产扩大有效投资有关工作的通知》

对城市老旧资产资源特别是老旧小区改造等项目，吸引社会资本参与

《"十四五"新型城镇化实施方案》

推进以老旧小区、老旧厂区、老旧街区、城中村等"三区一村"改造为主的城市更新改造，探索政府引导、市场运作、公众参与模式

2023

《住房城乡建设部关于扎实有序推进城市更新工作的通知》建科函〔2023〕30号

各级住房城乡建设部门要切实履行城市更新工作牵头部门职责，会同有关部门建立健全统筹协调的组织机制，有序推进城市更新工作

《关于扎实有序推进城市更新工作的通知》

扎实有序推进实施城市更新行动，提高城市规划、建设、治理水平，推动城市高质量发展

《支持城市更新的规划与土地政策指引（2023版）》

为地方因地制宜地探索和创新支持城市更新的规划方法和土地政策，依法、依规推进城市更新提供指引

长三角城市更新法规政策

浙江省

《关于开展城市更新省级试点工作的通知》

《浙江省人民政府办公厅关于全面推进城镇老旧小区改造工作的实施意见》

《浙江省住房和城乡建设厅 浙江省发展和改革委员会 浙江省自然资源厅关于优化城镇老旧小区改造项目审批的指导意见》

《浙江省自然资源厅关于以数字化改革为引领进一步推进存量土地盘活利用的意见》

杭州市

《杭州市人民政府办公厅关于全面推进城市更新的实施意见》

《杭州市人民政府办公厅关于全面推进城镇老旧小区改造工作的实施意见》

《杭州市人民政府办公厅关于印发杭州市老旧小区综合改造提升工作实施方案的通知》

《杭州市人民政府办公厅关于推进城镇危旧住宅房屋治理改造工作的通知》

《杭州市老旧小区住宅加装电梯管理办法》

《杭州市人民政府办公厅关于积极推进老旧小区住宅加装电梯工作的实施意见》

《杭州市区老旧小区住宅加装电梯与管线迁移财政补助资金使用管理办法》

《杭州市加强文物保护利用改革实施方案(2021—2025年)》

《杭州市人民政府办公厅转发市房管局关于危旧房改善项目相关事项审批意见的通知》

《杭州市人民政府办公厅关于完善撤村建居和城中村改造有关政策的意见(试行)》

《关于下发城中村改造资金专户管理办法的通知》

《中共杭州市委办公厅杭州市人民政府办公厅关于继续深入开展撤村建居与城中村改造的实施意见》

《杭州市人民政府批转市扩大撤村建居改革试点推行农转居多层公寓建设领导小组办公室关于开展城中村改造试点工作实施意见的通知》

嘉兴市

《嘉兴市城市更新管理办法》

《嘉兴市人民政府办公室关于进一步加快推进城镇危旧住房治理改造工作的实施意见》

宁波市

《宁波市城市更新办法》

《宁波市城市更新试点实施方案》

《宁波市城市更新未来社区(完整社区)验收办法(试行)》

《城市更新未来社区(完整社区)实施方案编制及评审要求》

浙江省

宁波市

《宁波市人民政府办公厅关于印发宁波市城镇老旧小区改造三年行动方案（2020—2022年）的通知》

《宁波市鄞州区人民政府办公室关于印发〈鄞州区老旧住宅小区改造工作实施方案〉的通知》

《宁波市人民政府办公厅关于开展城中村改造攻坚行动的实施意见》

《宁波市老旧住宅小区改造专项资金管理办法（试行）》

《宁波市人民政府关于推进城市有机更新工作的实施意见》

《宁波市人民政府印发〈宁波市关于推进以成片危旧住宅区为重点的城市棚户区改造工作实施意见（试行）〉的通知》

《宁波市人民政府办公厅关于加强和改进市区三江片城中村改造工作的若干意见》

《宁波市人民政府关于开展宁波市市区城中村改造工作的实施意见》

湖州市

《湖州市老城片区城市更新（2021—2025年）行动计划》

温州市

《温州市区城中村改造攻坚五年行动实施方案（2021—2025年）》

《温州市老旧小区改造市级专项补助资金管理办法》

《温州市人民政府办公室关于印发2017年温州市城中村改造工作计划的通知》

《关于进一步加快推进城中村改造和城市建设的通知》

《温州市人民政府办公室关于进一步加强市区城中村历史文化风貌保护工作的通知》

《温州市人民政府关于扎实推进市区城中村改造工作的若干意见》

《温州市龙湾区老旧小区改造实施方案（2020—2022年）（草案）》

绍兴市

《嵊州市城市更新改造征收集体土地所涉房屋安置补偿办法》

江苏省

《关于实施城市更新行动的指导意见》

《江苏省城市更新行动指引（2023版）》

《江苏省历史文化名城名镇保护条例（2010修正）》

《江苏省政府关于加快棚户区（危旧房）改造工作的实施意见》

《省城镇老旧小区改造工作领导小组办公室》

《关于加快推进老旧小区加装电梯有关工作的通知》

《关于做好2022年城镇老旧小区改造工作的通知》（苏建函房管〔2022〕106号）

《江苏省城镇老旧小区改造技术导则》

《关于印发〈关于全面推进城镇老旧小区改造工作的实施意见〉的通知》

《江苏省城乡建设发展专项资金管理办法》

《江苏省城市古树名木保护管理规定》

南京市

《南京市城市更新办法》

《南京市城市更新试点实施方案》

《市规划资源局、市房产局、市建委关于印发〈开展居住类地段城市更新的指导意见〉的通知》

《南京市历史文化名城保护条例》

《南京城墙保护条例》

《南京市人民政府关于印发南京市老城建筑高度规划管理规定的通知》

《南京市政府关于加快危旧房改造工作的实施意见》

《南京市人民政府关于印发南京市主城区危旧房、城中村改造工作实施意见的通知》

《南京市人民政府关于印发南京市危旧房改造产权调换、城中村拆迁安置暂行办法的通知》

《关于加快浦口区危旧房改造工作的实施意见》

苏州市

《苏州市城市更新试点工作实施方案》

《苏州市城市更新技术导则》

《苏州市政府关于印发苏州市历史建筑保护利用管理办法的通知》

《苏州市人民政府关于印发加快市区城中村（无地队）改造的实施意见的通知》

《苏州市人民政府印发关于鼓励积极盘活存量建设用地促进土地节约集约利用的实施意见的通知》

《昆山市人民政府办公室印发〈关于扶持村（社区）集体经济组织"一村二楼宇"建设的实施意见〉的通知》

无锡市

《市政府办公室印发关于加快推进城市更新实施意见（试行）的通知》

宜兴市

《宜兴市中心城区城市更新专项规划（2021—2035年）》

《市政府关于加快全市棚户区（危旧房）改造工作的实施意见》

江苏省

江阴市
《关于扎实开展江阴城市更新工作的实施意见》

镇江市
《镇江市历史文化名城保护条例》

《镇江市人民政府关于鼓励工业企业提高土地利用效率的实施意见（试行）》

泰州市
《泰州市历史文化名城名镇保护条例公告》

《泰州市政府办公室关于印发泰州市加快推进城市更新工作实施意见的通知》

南通市
《南通市政府关于印发〈南通市市区历史文化街区和历史建筑保护办法〉的通知》

常州市
《常州市历史文化名城保护条例》

《常州市人民政府关于印发〈常州市市区三改工作实施意见〉的通知》

淮安市
《淮安市人民政府关于印发淮安市历史文化名城保护管理办法的通知》

《淮安市人民政府关于加快市区棚户区改造工作的实施意见》

扬州市
《扬州市人民政府关于加快推进城市更新的实施意见（试行）》

《扬州古城保护条例》

《扬州市人民政府办公室关于印发〈关于加快市区棚户区（危旧房）〉改造工作的实施意见的通知》

徐州市
《徐州市人民政府关于印发〈徐州市棚户区改造实施方案〉的通知》

连云港市
《连云港市关于全面推进城市更新工作的实施意见》

安徽省

《安徽省人民政府办公厅印发关于实施城市更新行动推动城市高质量发展实施方案的通知》

《安徽省人民政府办公厅关于印发全面推进城镇老旧小区改造工作实施方案的通知》

《安徽省住房和城乡建设厅等厅局关于做好专营单位支持城镇老旧小区改造相关工作的指导意见》

《安徽省财政厅安徽省住房和城乡建设厅关于下达2022年城市更新专项资金的通知》

合肥市

《合肥市城市更新工作暂行办法》

《关于印发〈合肥市2021年城镇老旧小区改造提升工作实施方案〉的通知》

《安徽省城市老旧小区整治实施办法》

宿州市

《宿州市人民政府办公室关于加快推进城市更新的实施意见》

《关于进一步加强城镇老旧小区改造项目管理工作的通知》

芜湖市

《芜湖市城市更新暂行办法》

铜陵市

《铜陵市城市更新专项规划（2021—2035年）》

上海城市更新法规政策

一般规定

- 《上海市城市更新条例》
- 《上海市城市更新指引》
- 《上海市城市更新规划土地实施细则（试行）》
- 《上海市城市更新操作规程（试行）》
- 《上海市城市更新行动方案（2023—2025年）》
- 《关于加强容积率管理全面推进土地资源高质量利用的实施细则（2020版）》
- 《关于本市全面推进土地资源高质量利用的若干意见》
- 《关于进一步提高本市土地节约集约利用水平的若干意见》
- 《关于加快转变发展方式集中推进本市城市更新高质量发展的规划资源实施意见（试行）》
- 《关于建立"三师"联创工作机制推进城市更新高质量发展的指导意见（试行）》

旧区改造、旧住房改造

- 《关于加快推进旧区改造、旧住房成套改造和城中村改造工作的实施意见》
- 《上海市旧住房成套改造和拆除重建实施管理办法（试行）》
- 《上海市旧住房更新有关行政调解和决定的若干规定》
- 《关于加快推进本市旧住房更新改造工作的若干意见》
- 《上海市旧住房综合改造管理办法》
- 《关于进一步做好本市既有多层住宅加装电梯工作的若干意见》
- 《关于规范既有多层住宅加装电梯建筑方案设计工作的通知》
- 《关于本市旧区改造地块土地管理和"历史毛地出让地块"处置的工作口径》
- 《上海市旧住房拆除重建项目实施管理办法》
- 《关于坚持留改拆并举深化城市有机更新进一步改善市民群众居住条件的若干意见》
- 《关于在本市开展政府购买旧区改造服务试点的意见》
- 《关于本市开展"城中村"地块改造的实施意见》
- 《关于进一步推进本市旧区改造工作的若干意见》

旧区改造、旧住房改造

- 《上海市关于加快本市中心城区危棚简屋改造的若干意见》
- 《关于执行〈加快本市中心城区危棚简屋改造若干意见〉中有关问题的实施意见》
- 《关于加快本市中心城区危棚简屋改造的实施办法》
- 《上海市旧住房成套改造暂行规定》
- 《关于〈贯彻上海市旧住房成套改造暂行规定若干问题请示〉的批复》

旧工业转型升级、产业用地

- 《关于本市盘活存量工业用地的实施办法》
- 《关于加强上海市产业用地出让管理的若干规定》
- 《关于进一步深化规划资源审批制度改革加快推进重大项目建设的操作办法》
- 《关于进一步深化行政审批制度改革加快推进重大项目建设的若干措施》
- 《关于上海市推进产业用地高质量利用的实施细则（2020版）》
- 《规划产业区块外优质项目认定工作指引》
- 《规划产业区块外企业"零增地"技术改造正面和负面清单》
- 《关于加强本市工业用地出让管理的若干规定》
- 《关于增设研发总部类用地相关工作的试点意见》

历史风貌区保护

- 《上海市历史风貌区和优秀历史建筑保护条例》
- 《关于如何理解与实施〈上海市历史文化风貌区和优秀历史建筑保护条例〉第三十二条的函》
- 《关于成立上海市历史风貌区和优秀历史建筑保护委员会的通知》
- 《关于深化城市有机更新促进历史风貌保护工作的若干意见》
- 《关于落实〈关于深化城市有机更新促进历史风貌保护工作的若干意见〉的规划土地管理实施细则》
- 《关于推进本市历史文化名镇名村保护与更新利用实施意见》
- 《关于进一步加强历史文化风貌区扩大范围（风貌保护街坊）保护工作的紧急通知》
- 《关于本市历史建筑与街区保护改造试点的实施意见》

房屋征收拆迁

- 《关于落实〈中华人民共和国土地管理法〉完善本市征地工作的若干意见》
- 《上海市国有土地上房屋征收与补偿实施细则》
- 《关于贯彻执行〈上海市国有土地上房屋征收与补偿实施细则〉的若干意见》
- 《关于贯彻执行〈上海市国有土地上房屋征收与补偿实施细则〉若干具体问题的意见》
- 《关于贯彻执行〈上海市国有土地上房屋征收与补偿实施细则〉若干具体问题的意见有效期的通知》
- 《上海市高级人民法院关于国有土地上房屋征收案件有关问题的意见（试行）》
- 《上海市征收集体土地房屋补偿规定》
- 《上海市征收集体土地补偿标准（2020）》
- 《上海市征收安置住房管理办法》
- 《本市建设项目涉及土地房屋征收工作程序（试行）》
- 《上海市国有土地上房屋征收评估管理规定》
- 《上海市国有土地上房屋征收评估技术规范》
- 《上海市国有土地上房屋征收评估报告鉴定若干规定》
- 《关于做好本市国有土地上房屋征收中公有住房建筑类型鉴定工作的通知》
- 《关于进一步规范本市房屋征收补偿工作的通知》
- 《关于推进本市房屋土地征收中企事业单位房屋补偿工作的若干意见》
- 《市政府办公厅延长〈关于推进本市房屋土地征收中企事业单位房屋补偿工作的若干意见〉有效期的通知》
- 《关于公有居住房屋承租人户口迁离本市或死亡的确定房屋征收补偿协议签订主体的通知》
- 《上海市城市房屋拆迁面积标准房屋调换应安置人口认定办法》
- 《上海市大型居住社区征收安置房源价格管理办法》
- 《关于本市实施农村集体征地留用地制度暂行意见的通知》

一江一河规划

《关于提升黄浦江、苏州河沿岸地区规划建设工作指导意见》
《上海市人民政府关于同意〈黄浦江沿岸地区建设规划（2018—2035年）〉》
《〈苏州河沿岸地区建设规划（2018—2035年）〉的批复》
《上海市"一江一河"发展"十四五"规划》

财政资金支持

《上海市历史风貌保护及城市更新专项资金管理办法》
《上海市住房保障和房屋管理局关于旧区改造安置住房免缴城市基础设施配套费的通知》
《上海市旧区改造专项贷款管理办法》

上海城市更新法规政策演变

2002
《上海市历史文化风貌区和优秀历史建筑保护条例》
已暂停使用

2004
《上海市人民政府关于进一步加强本市历史文化风貌区和优秀历史建筑保护的通知》
沪府发〔2004〕31号

2005
《上海历史文化风貌区保护规划》颁布
《上海市老城厢历史文化风貌区保护规划》颁布

2009
《关于进一步推进本市旧区改造工作的若干意见》沪府发〔2009〕4号

2011
《上海市国有土地上房屋征收与补偿实施细则》上海市人民政府令第71号

2013
《本市既有多层住宅加装电梯工作规划管理意见(试行)》沪规土建规〔2013〕887号

2014
《上海市房屋立面改造工程规划管理规定》沪规土资风规〔2014〕831号
已暂停使用

2015
《上海市城市更新实施办法》颁布
《上海市城市更新规划土地实施细则(试行)》出台

2017
上海市各类里弄房屋修缮改造技术导则
《关于深化城市有机更新促进历史风貌保护工作的若干意见》沪府发〔2017〕50号
《关于坚持留改拆并举深化城市有机更新进一步改善市民群众居住条件的若干意见》
沪府发〔2017〕86号
《上海市城市更新规划土地实施细则》印发
沪规土资详〔2017〕693号

2018
《上海市旧住房拆除重建项目实施管理办法》沪房规范〔2018〕1号

2018

《上海住宅小区建设"美丽家园"三年行动计划（2018—2020年）》

已暂停使用

《上海市历史风貌保护及城市更新专项资金管理办法》沪财发〔2018〕7号

2019

《关于"十三五"期间进一步加强本市旧住房修缮改造切实改善市民群众居住条件的通知》

《关于进一步做好本市既有多层住宅加装电梯工作的若干意见》沪建房管联〔2019〕749号

2020

《上海市旧住房综合改造管理办法》沪房规范〔2020〕2号

《上海市房屋管理局关于旧区改造安置住房及"城中村"改造地块免缴城市基础设施配套费的通知》沪房规范〔2020〕9号

《上海市房屋管理局关于进一步规范本市住宅小区公共收益使用管理相关工作的通知》沪房规范〔2020〕14号

《上海市历史风貌区和优秀历史建筑保护条例》

《社区新型基础设施建设行动计划（2020—2022年）》沪府办〔2020〕65号

《关于加强容积率管理全面推进土地资源高质量利用的实施细则（2020版）》沪规划资源详〔2020〕148号

《关于进一步深化行政规划资源审批制度改革加快推进重大项目建设的规划土地操作办法》上海市规划和自然资源局

《上海市旧区改造范围内历史建筑分类保留保护技术导则（试行）》沪建旧改〔2020〕588号

《关于进一步加强旧改范围内历史建筑分类保留保护相关工作的通知》市住建委联合

2021

《关于加快推进本市旧住房更新改造工作的若干意见》沪府办规〔2021〕2号

《上海市发展公共租赁住房的实施意见》沪房规范〔2021〕5号

《上海市基本公共服务"十四五"规划》沪府发〔2021〕5号

《关于落实〈关于深化城市有机更新促进历史风貌保护工作的若干意见〉的规划土地管理实施细则》上海市规划和自然资源局〔2021〕176号

上海城市更新规划土地实施细则（征求意见稿）

《关于住宅小区专项维修资金、公共收益的收支情况以及业主委员会工作经费年度审计工作有关问题的通知》沪房规范〔2021〕8号

《上海市共有产权保障住房销售差额资金管理办法》沪房规范〔2021〕9号

《上海市住房发展"十四五"规划》沪府办发〔2021〕19号

《上海市城市更新条例》

《上海市2021年度中央财政支持住房租赁市场发展试点资金使用计划方案》
沪房市场〔2021〕168号

《上海市人民政府办公厅印发〈关于加快发展本市保障性租赁住房的实施意见〉的通知》
沪府办规〔2021〕12号

2022

《上海市城市更新指引》

《上海市城市更新规划土地实施细则（试行）》

《上海市城市更新操作规程（试行）》

2023

《关于加快转变发展方式集中推进本市城市更新高质量发展的规划资源实施意见（试行）》

《关于建立"三师"联创工作机制推进城市更新高质量发展的指导意见（试行）》

2015
《上海市城市更新实施办法》

规划引领,有序推进
注重品质,公共优先
多方参与,共建共享

基本原则升级

2021
《上海市城市更新条例》

坚持留改并举,以保留保护为主
遵循规划引领,统筹推进
政府推动,市场运作
数字赋能,绿色低碳
民生优先,共建共享

推动区域整体更新

2022
《上海市城市更新指引》

规划引领,突出区域兼顾零星
对象全覆盖,重点有保障,目标综合化
以公平公正公开为前提,最大程度激发市场活力

《上海市城市更新条例》解读

对城市更新的内涵进行界定

公共服务：加强基础设施和公共设施建设，提高超大城市服务水平。
区域统筹：优化区域功能布局，塑造城市空间新格局。
以人为本：提升整体居住品质，改善城市人居环境。
文脉传承：加强历史文化保护，塑造城市特色风貌。
渐进更新：市人民政府认定的其他城市更新活动。

完善上海城市更新体系

2015年《上海市城市更新实施办法》（沪府发〔2015〕20号文）
2017年《上海市城市更新规划土地实施细则》（沪规土资详〔2017〕693号文）
2021年《上海市城市更新条例》（上海市人民代表大会常务委员会公告〔15届〕第77号）
2022年《上海市城市更新指引》

完善并明晰城市更新工作管理体系

完善两级政府及部门的城市更新管理机制
市政府：建立协调推进机制。
区政府：作为推进本辖区城市更新工作的主体。

规定各部门职责
主要职能部门：规划资源、住房城市城乡建设管理、经济信息化、商务等。
2020年成立的城市更新中心：统筹各部门在职责范围内完成城市更新工作。

完善上海城市更新管理层级，强化城市更新源头引领

市级层面：编制城市更新指引，明确本市城市更新的指导思想、总体目标、重点任务、实施策略和保障措施。

区级层面：区政府和相关管委会编制更新行动计划，明确区域范围、目标定位、更新内容、统筹主体要求、时序安排、政策措施。

区域层面：更新统筹主体负责编制区域更新方案。

零星更新：零星更新项目的物业权利人编制项目更新方案。

聚焦区域统筹创新机制

建立区域更新统筹机制

市更新行动计划确定的更新区域内，由更新统筹主体推进区域整体更新，并根据区域情况和更新需求，向统筹主体赋权赋能。

特定情形（历史风貌保护、产业园区转型升级、市政基础设施整体提升等），市、区政府可指定统筹主体。

创新实施保障机制

建立公益优先，兼顾各方利益的引导机制，平衡区域内不同项目间的成本收益，构建更新资源公平分配和各方共建共享的利益平衡机制，在用地性质、容积率、建筑高度等规划指标方面给予区域更新更大的保障力度。

参与主体多元，汇聚多方意见

明确了城市更新指引、更新行动计划编制过程中，专家委员会评审的程序。

物业权利人及其他单位和个人可向区政府提出更新建议。

上海城市更新实施流程

更新行动计划

更新行动计划编制 | **更新行动计划听取意见和审批** | **更新行动计划审定和发布** | **统筹主体确立** | **区域更新方案编制**

区人民政府应当根据各级国土空间规划与国民经济和社会发展规划，组织编制更新行动计划，划示更新区域，并针对各更新区域，明确规划设计条件、统筹主体的确定方式等内容。

更新行动计划的编制，应当广泛听取各单位和个人的更新建议。更新行动计划编制过程中，区人民政府应当组织听取市、区相关部门意见，并组织专家委员会专家进行评审。

区人民政府应当将更新行动计划报市规划资源部门；市规划资源部门审查后报市人民政府审定。经审定的更新行动计划应当通过城市更新信息系统向社会公布。区人民政府应当做好社会推介、解读与咨询工作。

更新行动计划发布后，区人民政府应当根据更新行动计划确定统筹主体。以公开遴选方式确定的，区人民政府应当发布遴选公告，物业权利人和市场主体均可报名参加遴选。以指定方式确定的，应当通过区政府常务会议等形式集体决策确定。
统筹主体确定后，统筹主体应当与区人民政府签署区域更新统筹实施协议，协议中应当明确统筹主体、权利和义务，区域更新方案编制完成时限等内容。

统筹主体应当按照更新行动计划及统筹实施协议的要求，形成区域更新方案。区域更新方案主要包括规划实施方案，利益平衡方案和全生命周期管理清单。

规划实施方案
包括土地使用、开发强度、空间管制、道路交通等系统的开发指标。按需开展城市设计，公共服务设施、交通影响评价等专题研究。

利益平衡方案
包括产权归集或者合作的具体措施，各城市更新项目的土地利用方式、实施主体、实施时序、资金筹措与使用安排等，以及规划实施方案中确定的公共要素的建设实施要求。

全生命周期管理清单
包括运营管理、项目绩效、物业持有等要求。

区域更新方案

区域更新方案听取意见与评审 → **区域更新方案认定与发布** → **区域更新方案与控制规划调整** → **区域更新方案实施**

区域更新方案编制过程中，统筹主体应当与区域范围内相关物业权利人进行充分协商，并听取相关专业主管部门、利害关系人意见，组织专家委员会专家评审。

区人民政府应当根据各级国土空间规划与国民经济和社会发展规划，组织编制更新行动计划，划示更新区域，并针对各更新区域，明确规划设计条件、统筹主体的确定方式等内容。

更新区域的划示
更新区域应当根据区域情况和更新需要予以划示，兼顾保民生和促发展的要求，综合考虑规划实施情况和专业主管部门的意见。更新区域一般涉及多个物业权利人，原则上不小于一个街坊。

更新区域的规划设计条件
更新区域的规划设计条件应当符合各级国土空间规划，充分衔接相关专项规划的管理要求，包括区域更新目标，开发强度、高度分区等要求，可预留弹性，以及公共服务设施、市政交通设施、公共空间、历史风貌保护等底线要求。

统筹主体的确定方式
统筹主体的确定方式有公开遴选和指定两种。公开遴选统筹主体的，应当通过"公开招标""竞争性谈判"等方式开展。属于历史风貌保护、产业园区转型升级、市政交通设施整体提升等情形，市、区人民政府可以指定统筹主体。

区域更新方案的编制与认定
区域更新方案编制过程中，统筹主体应当与区域范围内相关物业权利人进行充分协商，并听取相关专业主管部门、利害关系人意见，组织专家委员会专家评审。统筹主体报送区域更新方案时，应当附具物业权利人、专业主管部门、利害关系人和专家意见的采纳情况。

区域更新方案由区规划资源部门接收，报区人民政府认定并明确有效期。涉及已批控制性详细规划优化的，区域更新方案经认定前，规划实施方案应当取得市规划资源部门意见。

区域更新方案涉及控制性详细规划优化的，由控制性详细规划组织编制主体会商统筹主体，依据更新方案中的规划实施方案，同步编制控制性详细规划成果，按规定开展控制性详细规划优化相关工作。

区域更新方案经认定后，统筹主体应当有序组织开展产权归集、土地前期准备等工作，配合完成规划优化和土地供应，落实城市更新项目开发时序，优先落实公共要素建设。

区域更新方案中明确的各城市更新项目的实施主体，应当在统筹主体的协调下，根据认定的区域更新方案予以实施。

06 附录

•	更新行动计划编制	区人民政府
•	更新行动计划听取意见和审批	市规划资源部门
		市经济信息化部门
		市商务部门
		市交通、生态环境、绿化市容、水务、文化旅游、应急管理、民防等市政交通设施、公共服务设施相关部门
		城市更新专家委员会
•	更新行动计划审定和发布	市人民政府
•	统筹主体确立	区人民政府
•	区域更新方案编制	统筹主体
•	区域更新方案听取意见与评审	区规划资源部门
		区经济信息化部门
		区商务部门
		区交通、生态环境、绿化市容、水务、文化旅游、应急管理、民防等市政交通设施、公共服务设施相关部门
		城市更新专家委员会
•	区域更新方案认定与发布	区人民政府
•	区域更新方案与控制规划调整	区规划资源部门
•	区域更新方案实施	区规划资源部门
		统筹主体
		街道办事处、镇人民政府
•	实施主体确立	区规划资源部门
		统筹主体
		街道办事处、镇人民政府
•	项目更新方案	区规划资源部门
		统筹主体
		街道办事处、镇人民政府

市级

市人民政府
- 更新行动计划听取意见和审批。
- 更新行动计划审定和发布。

市规划资源部门
- 审查更新行动计划后报市人民政府，审核更新方案中涉及控制性详细规划优化的内容。
- 负责制定更新行动计划和更新方案编制的规则、城市更新规划土地实施细则等配套文件。
- 负责牵头组建城市更新专家委员会并开展相关工作。

市住房城乡建设管理部门
- 牵头制定与城市更新活动相适应的消防、抗震、交通、市政配套等建设标准。

市经济信息化部门
- 制定产业升级类城市更新相关行业配套政策。
- 推动各区开展存量产业用地资源利用效率评价，利用差别化政策推进低效产业用地的城市更新。
- 对产业升级类城市更新活动给予行业指导。

市商务部门
- 市商务部门负责制定商业商办类城市更新相关行业配套政策。
- 推动各区开展存量商业商办用地资源利用效率评价。
- 对商业商办类以及生活物资保障设施的城市更新活动给予行业指导。

市交通、生态环境、绿化市容、水务、文化旅游、应急管理、民防等市政交通设施、公共服务设施相关部门
- 梳理相应类型低效闲置用地与空间。
- 制定城市更新相关行业配套政策。
- 对相应类型城市更新活动给予行业指导。

市发展改革、财政、金融、税务、国资等有关部门
- 在职责范围内，制定相关政策措施，协同开展城市更新相关工作。

区级

区人民政府
- 推进本辖区城市更新工作的主体，负责细化制定区级城市更新相关政策文件和工作机制，包括统筹主体遴选、土地价款确定规则等内容。
- 负责组织编制本辖区更新行动计划、组织遴选统筹主体、组织认定更新方案。

区级部门
- 区级部门按照市级部门职责分工，协同开展城市更新相关工作。

街道

街道办事处、镇人民政府
- 组织公众参与城市更新活动，收集更新建议，配合推进城市更新项目实施。

专家

专家委员会
- 专家委员会由规划、房屋、土地、产业、建筑、交通、生态环境、城市安全、文史、社会、经济和法律等方面的人士组成，具体组成办法和工作规则由市规划资源部门制定。专家委员会按照工作规则，为更新行动计划、更新方案的决策提供咨询意见。

2022—2023年
长三角三省一市
城市更新法规政策述评

文/上海市建纬律师事务所

2022年，城市更新无论是从法规政策层面，还是实践案例层面，都在不断深入推进。重点城市均发布了本地的城市更新条例或办法，上海已经基本形成了新的城市更新法规政策体系框架，其他城市在各自的规定中，也形成了包括居住类、产业类、商业类、历史风貌类等多方面更新内容的规定，并从规划、土地、财政、管理体制等各层面出台意见，力求能突破陈规，形成适应新时代城市更新的新经验、新方案。

上海市城市更新法规政策述评

《上海市城市更新条例》的颁布拉开了上海城市更新的新框架。这一年，上海颁布了不少城市更新配套规定。从体系上来说，包括上海市规划和自然资源局牵头制定的《上海市城市更新指引》《上海市城市更新规划土地实施细则（试行）》和《上海市城市更新操作规程（试行）》，中国共产党上海市委员会和上海市人民政府颁布的《关于加快推进旧区改造、旧住房成套改造和城中村改造工作的实施意见》，上海市住房和城乡建设管理委员会和上海市房屋管理局牵头制定的《上海市旧住房成套改造和拆除重建实施管理办法（试行）》《上海市旧住房更新有关行政调解和决定的若干规定》，以及上海市人民政府办公厅发布的《上海市城市更新行动方案（2023—2025年）》。由此，上海城市更新法规框架体系基本搭建。从已发布的法规来看，各部门基本遵循了《上海市城市更新条例》规定的职权范围，市规划资源部门为城市更新法规的主要牵头制定部门，住建部门和房管局主要负责旧住房更新的相关规定。

在上述规定中，尤其以《上海市城市更新指引》和《上海市城市更新规划土地实施细则（试行）》最为核心和重要，两者基本搭建了上海城市更新涉及的部门、主体、协议、文件的四梁八柱，未来在上海开展区域统筹更新或零星更新，都会依据该等文件规定的程序和要求推进。

以《上海市城市更新规划土地实施细则（试行）》为例，该细则明确了城市更新中的规划政策和土地政策。在规划政策方面，明确了公共要素的要求，公共要素是规划政策适用的前提，明确了什么是公共要素以及其设置的要求；规定了用地性质调整的细则，包括商业服务业用地与商务办公用地可以相互转换，工业用地、仓储物流用地可以相互转换或者转换为研发用地，工业用地、仓储物流用地、住宅用地、研发用地可以转换为商业服务业或商务办公用地，各类用地可以更新为保障性租赁住房用地以及营利性的文化、教育、体育、医疗卫生、养老福利等公共服务设施用地，市政、交通设施用地在满足底线型功能的前提下可以与相适应的功能进行综合开发等，因此基本打通了用地性质转换的障碍；此外，还明确了建筑高度调整、用地范围调整、风貌保护等政策。

在土地政策方面，城市更新土地供应方式包括收储、收回再供应（招标、拍卖、挂牌、协议出让、划拨等）和存量补地价（应当具备独立开发条件，权属清晰，由更新方案明确的实施主体办理）。位于区人民政府明确的特定区域内、已纳入旧区改造范围或者涉及商品住宅开发建设等，应当通过收储、收回再供应方式实施城市更新（拒绝以城市更新之名，进行商品房开发）。物业权利人利用自有土地实施城市更新的，对于规划保留地块，在原用地范围内，按照原用途对建筑物进行改建、拆除重建并不超过原登记合法建筑面积的，不需要办理用地手续，直接办理建设相关手续。土地使用期限问题上，对存量补地价而言，可根据土地利用情况和相关政策要求，在相应用途的法定最高出让年限范围内重新设定；土地价款问题上，存量补地价可以按照新、旧条件下土地使用条件，委托土地评估机构进行市场评估，并经区人民政府集体决策后确定。市场评估中可以综合考虑拆除重建项目的旧房屋拆除成本、土地通平费用等土地前期开发成本及新条件下无偿提供产权移交的公共要素土地和建设成本。此外在不动产登记、物业持有及转让管理要求等方面，也进行了详细规定。

《上海市城市更新行动方案（2023—2025年）》则聚焦了近期上海要推动的城市更新事项，重点开展城市更新六大行动：综合区域整体焕新行动，人居环境品质提升行动，公共空间设施优化行动，历史风貌魅力重塑行动，产业园区提质增效行动，商业商务活力再造行动。以"两旧一村"改造为主的人居环境品质提升行动是重中之重。在上海中心城区成片二级旧里以下改造全部完成后，行动方案明确提出，到2025年，全面完成中心城区零星二级旧里以下房屋改造，基本完成小梁薄板房屋改造；实施3 000万 m^2 各类旧住房更高水平改造更新，完成既有多层住宅加装电梯9 000台；中心城区周边"城中村"改造项目全面启动。这无疑与最近国务院通过的《关于在超大特大城市积极稳步推进城中村改造的指导意见》形成了互动。

浙江省城市更新法规政策述评

浙江省住房和城乡建设厅于2023年3月发布《关于开展城市更新省级试点工作的通知》（以下简称《通知》），在杭州市等34个市、县（市、区）开展城市试点工作，在上城区老城区传统风貌保护更新等52个片区开展片区试点工作，在拱墅区拱宸桥运河沿岸活力重塑等72个项目开展项目试点工作。由此可知，浙江省级层面，在尚未出台省级城市更新地方性法规的情况下，先行选取试点，并按照片区城市更新和项目城市更新两类，分别推进试点。《通知》要求，建立健全城市体检评估制度，将城市体检评估作为实施城市更新行动的前提；完善城市更新规划设计管理制度，探索制订城市更新规划和年度实施计划。探索建立城市设计管理制度，强化对城市、社区、小区、建筑等不同尺度更新的指导和管控，提出精细化的设计条件，作为建设工程方案设计审查的重要依据，完善存量用地和建筑管理政策。建立历史文化保护与城市更新统筹协调机制，加强底线管控，坚持"留改拆"并举，以保留利用提升为主，严格执行城市更新前的历史文化资源前置评估工作。探索建立存量资源统筹协调机制，坚决防止大拆大建。可以说，浙江省的《通知》实际上要求各地方自主探索更新路径，并希望通过试点为后续的法规制定形成实践基础。

杭州市人民政府办公厅于2023年5月发布《关于全面推进城市更新的实施意见》（以下简称《意见》），作为全市推进城市更新行动的总体框架性文件，解决了城市更新是什么、怎么做的问题，为城市更新指明实施路径，提供政策支撑和组织保障。《意见》明确了杭州特色的7+1类更新类型分别是：居住区综合改善类，产业区聚能增效类，城市设施提档升级类，公共空间品质提升类，文化传承及特色风貌塑造类，复合空间统筹优化类，数字化智慧赋能类，以及市人民政府确定的其他类。围绕杭州的重点工作方向，《意见》提出七大类工作任务：推动居住片区改善，提高宜居生活品质；推动产业片区改造，助力经济高质量发展；推动基础设施能级提升，守住城市安全韧性底线；推动公共空间优化升级，打造绿色生态魅力天堂；推动文化遗产传承利用，彰显城市特色风貌；推动复合空间集约开发，树立区域更新标杆；推动设施数字化运用，支撑智慧城市建设。《意见》也提出了一些政策体系和技术支撑，在规划、土地和产权、资金支持方面有一定规定，但整体较为简略。

浙江省宁波市的城市更新工作也一直处于前列，2021年宁波市成为住建部首批城市更新试点中唯一的浙江省试点城市。2022年12月，宁波市发布《城市更新试点实施方案》，选择了48个试点项目进行更新，并明确了项目各自的更新目标。到2023年6月，宁波市出台了《宁波市城市更新办法》，并明确自2023年7月9日起施行。宁波对于城市更新的定义很像上海，是指在本市建成区内开展的持续改善城市空间形态和功能的活动，主要包括5大类：以整体提升危旧房屋、老旧小区、城中村等居住品质为主的居住类城市更新；以加强历史街区、古镇老街等历史文化保护，塑造特色风貌为主的人文类城市更新；以推动老旧厂房、低效楼宇等提质增效为主的产业类城市更新；以提升滨水空间、道路沿线等环境品质为主的公共空间类城市更新；以统筹存量资源配置，优化功能布局，实现片区可持续发展为主的区域综合性城市更新。

《宁波市城市更新办法》给出了更多有突破性政策支持的城市更新方式。例如，城市更新项目涉及安置房、租赁住房、未来社区、轨道TOD等项目的，可采取公开带方案招拍挂等方式办理供地手续；符合协议出让条件或用地划拨目录的，可以协议出让或划拨方式办理供地手续。简化审批手续，允许城市更新项目打包立项审批，分子项实施。旧改类城市更新项目在按照相关技术规范进行核算的基础上，满足消防等安全要求并征询相关权利人意见后，部分地块的绿地率、间距、停车位、退让、交通出入等指标无法达到现行标准和规范的，可按不低于现状水平控制。对于符合低效用地再开发条件的城市更新项目，可由原权利主体自主实施或与其他企业合作实施改造；也可通过收购归宗、作价入股或者权益转移等方式形成单一改造主体实施改造，其改造主体依据详细规划，按规定申请并获批后，允许以协议方式办理供地手续（商品住宅用地除外）；零星新增建设用地（包括边角地、夹心地、插花地等）难以独立开发，符合低效用地条件的，经批准可以和邻宗土地一并开发，并按照低效用地再开发政策办理供地手续。城市更新项目涉及土地使用权及房屋所有权变动的，可通过房屋征收、房屋转让、协议搬迁、协议收购、资产划转、股份合作等方式实施；不涉及土地使用权及房屋所有权变动的，可通过市场租赁等方式获得原建筑使用权后实施；不涉及国有土地使用权及房屋所有权变动，且不需要取得原建筑使用权的，可经征求原建筑权利人意见后实施。

江苏省城市更新法规政策述评

江苏省的城市更新立法工作，仍然是以各市自行立法为主。在省级层面，2023年6月，公布《江苏省人大常委会2023—2027年立法规划项目安排（草案）》，其中就有《江苏省城市更新条例》的立法计划。但从立法规划项目安排来看，《江苏省城市更新条例》处于调研项目类别，还不属于正式项目，因此近年内预估不会有正式的立法出台。2023年7月，江苏省住房和城乡建设厅发布《江苏省城市更新行动指引（2023版）》（以下简称《指引》），《指引》正文包括内涵认识、推进方法、关注重点、实施举措和支撑保障五大部分，约5万字。《指引》全文以29条"问一答"的形式展开，涵盖城市更新内涵认识、技术方法、实施路径、保障措施等具体内容，围绕城市更新行动"是什么""做什么""怎么做"等关键环节，有针对性地指导全流程工作开展。

在城市层面，《南京市城市更新办法》（以下简称《办法》）在2023年7月正式发布，自2023年8月1日起施行，有效期至2028年7月31日。《办法》包含5个章节、38条细则，进一步明确了南京市城市更新的内涵原则、职责分工、责任义务、实施流程、支持政策等，建立创新突破、特色鲜明、实用管用的政策底板。《办法》明确，南京的城市更新，是对存量用地、存量建筑开展的优化空间形态、完善片区功能、增强安全韧性、改善居住条件、提升环境品质、保护传承历史文化、促进经济社会发展的活动。主要包括：居住类城市更新、生产类城市更新、公共类城市更新、综合类城市更新。在城市更新的实施主体方面，物业权利人可以作为实施主体进行更新或者委托第三方实施主体进行更新，也可以与市场主体合作明确实施主体进行更新。城市更新活动应当在市或者区领导小组的统筹监督下进行。更新主体的职责主要是：编制、上报项目更新方案；办理用地、规划、立项、施工、验收等手续；通过协议搬迁、租赁、购买、置换、作价出资（入股）、公房让渡等多种方式归集权益；组织工程建设；按照有关规定和合同约定，移交、运营、管理建筑物或者设施。更新项目的工作流程主要包括：详细规划编制、方案编制、项目入库、项目计划、方案审定、项目审批。实施主体应当在城市更新项目申报入库前，依据详细规划编制项目更新方案，更新项目经市领导小组办公室审核并报市领导小组批准后，纳入城市更新项目库，实施动态管理。市城乡建设部门牵头编制市级城市更新年度计划，各区政府和管委会编制区级城市更新年度计划。《办法》从规划、土地、不动产、空间复合利用、历史建筑活化利用、施工图审查、消防审验、搬迁、施工许可及质量安全监督管理、竣工验收备案、土地出让金测算、资金、规费、资源统筹等方面的支持政策，更好地服务于城市更新项目推进。

苏州市作为住建部确定的全国第一批城市更新试点城市之一，涌现出了一系列具有创新性的城市更新优秀做法和典型项目。在近年《苏州市城市更新试点工作实施方案》和成立城市更新试点工作领导小组的基础上，《苏州市城市更新条例》在2023年被列为立法计划调研项目。在地方性法规暂时无法出台的情况下，苏州住建局近年发布了三项实操性操作指引文件。其中，《苏州市城市更新社区设计师服务制度（试行）》将引入社会专业力量参与城市更新，实践自下而上、专业指导、共建共治的城市自治方式。《苏州市城市更新技术导则》主要内容包括：总则、术语定义、基本规定、城市更新总体策划、城市更新片区策划方案、城市更新项目实施方案，将规范和指导苏州各板块从城市体检，到总体及片区策划，再到项目实施各个更新环节的工作。《苏州市城市微更新建设指引》将提高城市微更新建设的科学性、合理性、规范性，聚焦"宜居住区、口袋公园、活力街巷、魅力街角、特征空间、艺术空间"六类空间，提出建设目标、更新内容、技术指引，助力"苏式空间"微更新品牌的成功塑造。

安徽省城市更新法规政策述评

安徽省省级层面仍然是以省政府在2021年发布的《关于实施城市更新行动推动城市高质量发展的实施方案》为主。合肥市在2022

年3月3日发布了《合肥市城市更新工作暂行办法》(以下简称《暂行办法》),以该办法为引领,合肥重点构建"1+N"的城市更新政策法规体系。"1"就是指《合肥市城市更新工作暂行办法》;"N"指的是制定涉及土地、消防、不动产等一批城市更新配套政策,为城市更新提供实施路径和制度保障。《暂行办法》的主要内容包括:组建市城市更新中心,负责统筹编制全市城市更新行动计划及市级实施方案;组建市城市更新公司,作为市级城市更新项目的统筹主体;城乡建设部门负责编制城市更新技术导则,自然资源和规划部门负责组织编制城市更新专项规划;城市更新采取"区域+专项"行动计划方式实施;设立城市更新专家委员会;城市更新中可调整用地性质和用途、城市更新项目纳入土地全生命周期管理、创新土地供应方式等。从内容上看,合肥的办法与上海的城市更新规定非常相似,这也意味着,上海的规定和做法对长三角其他城市有着极强的指引作用。

安徽省芜湖市在2022年11月发布的《芜湖市城市更新暂行办法》,对城市更新工作做了具体规定,明确了城市更新方式及实施流程,提出了相关的支持政策,包含"总则、工作机制、方案与实施、资金筹措、支持政策、附则"等内容,共6章27条。在"方案与实施"一章中,明确了城市更新专项规划编制、单元设计、项目审批及实施等全流程管理要求。"资金筹措"一章中,明确了城市更新资金的多渠道来源及利用,同时鼓励金融机构和住房公积金积极支持城市更新项目,以满足城市更新的资金需求。"支持政策"一章中,在国家、省、市现有政策基础上,通过政策组合和优化,明确了规划、土地、不动产登记、征收安置、税费等方面的支持政策。在土地供应方面,根据城市更新地块具体情况,除法律规定必须采取招标、拍卖、挂牌方式出让的,经市政府同意,可以采取协议出让方式供应土地。

从长三角三省一市已发布的城市更新法规政策来看,上海的法规政策体系更全,其规定与做法无疑对其他省份有着极强的借鉴作用。上海已经明确了近期的工作目标,各区也在编制各自的城市更新行动计划,更新区域有哪些、如何遴选统筹主体,都将在未来发布的各区更新行动计划中予以明确。无论是国有企业还是优质民营企业,都应抓住机遇,敏锐地发现优质项目,提前介入,大胆实践新的城市更新体制机制。江苏、浙江、安徽三省,更侧重因地制宜,将试点实施和全面展开相结合,形成适合本地区发展阶段和实践情况的城市更新经验。

上海城市更新政策"进化"：
上海城市更新方式探索与变迁

文/邹翊　上海市建纬律师事务所自然资源与基础设施部律师

"人、空间、城市与时代，如何建立恰如其分的连接，东方精神在邂逅国际化的当代语境时，又会产生怎样的惊喜"，著名设计师邱德光先生的这句话同样可以形容上海城市更新这30多年来所历经的沧桑。城市更新是人对城市空间形态的期许，是人为因素影响下，对城市功能的持续完善和优化调整，是一种在可控规模下逐步渐进又可持续的调整优化方式，更是基于现有资源禀赋受限的背景下，转向"存量挖掘"的高质量发展之路，标志着城市建设从"粗放式发展"进入"精细化运营"时代。

但这些并不是一蹴而就的，在这些理念的建立之前，上海也经历过必要的"大拆大建"时代。如果旧改、城中村是广义维度城市更新的必然内涵，那么上海在全国可以算是最早开展城市更新的超大型城市，其历史沿革和政策演进基本可以分成三个阶段，分别是：365旧改时期、狭义城市更新时期、广义城市更新时期。

365旧改时期
（20世纪90年代中叶到2010年前后）

"365旧改"主要是20世纪90年代至21世纪初针对上海的危棚简屋、不具有历史价值的旧式里弄、非成套房等进行的大规模更新行动。上海市确定的第一批纳入危棚简屋范围的拆改房屋共计约365万m²，史称"365旧改"，后续经不断地增补更新范围，经历年测算，该时期上海达到的旧房改造总面积高达2 000万~3 000万m²。这一时期主要由1991年的《上海市城市房屋拆迁管理实施细则》、1996年的《上海市关于加快本市中心城区危棚简屋改造的若干意见》、1997年的《关于执行〈加快本市中心城区危棚简屋改造若干意见〉中有关问题的实施意见》、1998年的《上海市人民政府关于加快本市中心城区危棚简屋改造的实施办法》等一系列规则予以明确，也形成了历史上著名"毛地旧改""毛地出让"等具有历史符号的特殊政策产物，比如著名的静安"东八块"、卢湾"新天地"，都是这些历史政策下的特殊产物，至今还发挥着极大的影响力。

该时期，拆改了大量的危棚简屋、一级旧里、二级旧里和非成套房，构建了现代化上海的都市雏形，延安路隧道、延安路高架、南浦大桥、杨浦大桥、内环线和南北高架等这些重要的上海闹市区市政基础设施的构架，都是在这些危棚简屋和旧式里弄的基地上形成，为上海的城市建设立下汗马功劳。该时期的城市更新政策虽然看似简明扼要，但其政策扶持力度却一点也不弱，从规划土地、融资扶持、政策税收、费用减免等各个维度均给予最大程度的支持，即使放到现在，"365旧改"的历史毛地项目，因其存在开发后直接"一二级联动"的优势，在甄别之后依然是上海旧改项目中的"香饽饽"，受到各类开发企业与各路资金的青睐。

狭义城市更新时期
（2011年前后到2021年）

该时期的产生，其实主要源于2011年国

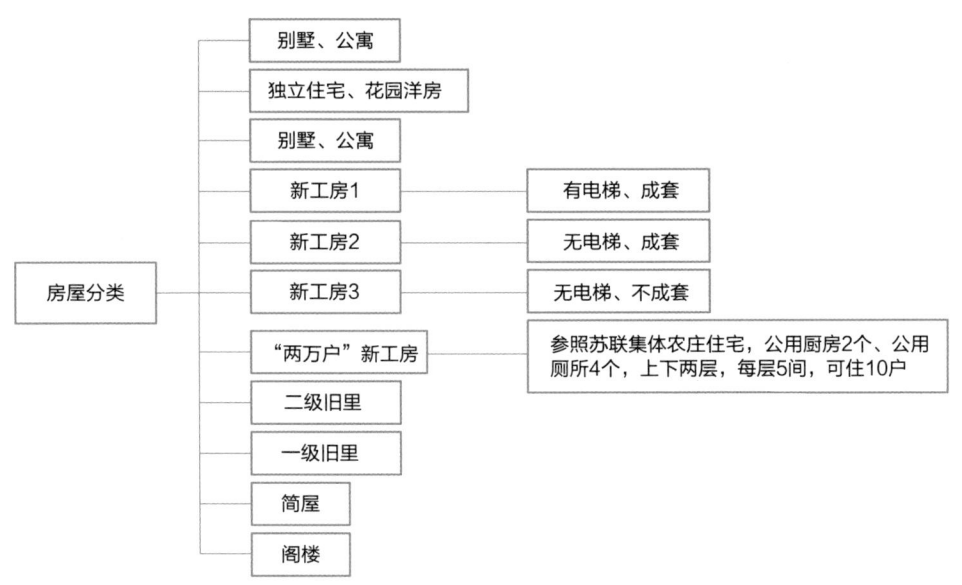

上海老旧房屋分类

务院590号令《国有土地上房屋征收与补偿条例》以及上海市政府《上海市国有土地上房屋征收与补偿实施细则》《上海市国有土地上房屋征收补偿决定的若干规定》《关于推进本市房屋土地征收中企事业单位房屋补偿工作的若干意见》等配套文件完全改变了365旧改时期城市更新的旧改程序和管理机制，再随着《上海市城市总体规划（2017—2035年）》的编制与实施，上海开始发现过去较为粗放的城市建设开发中所暴露出来的严重问题。根据《上海市城市总体规划（2017—2035年）》，以2014年为例，上海市陆域建设用地已经占到上海总体建设用地总量的44%，已经基本到了城市建设用地的临界极限，再继续无计划无休止地扩大建设用地规模，会让上海成为真正的钢筋水泥城市，而失去健康城市应有的生命力、延展力与必要的弹性。这种城市不断巨构化的过程，也是城市逐渐丧失宜居性的过程，其市政设施、生活配套、公益设施、绿化水系等严重不足，根本无法匹配一个2 000万~3 000万人的国际性大都市的日常需要。与此相反，上海工业用地却严重低效化。据上海市发展和改革委员会2014年的统计，上海市各类工业用地总量竟然占到全市建设用地总数的27%之巨。在数据的"一高一低"之下，明显存在需要优化调整的必要。

为此，2014年前后，随着新一轮上海市总体规划理念的构建和提出，上海市政府通过不断梳理发现超巨型城市的总体建设容量依然是有限的，无限增加的容积率、高耸入云的建筑物与安静宜居的居住氛围、快捷通畅的市政交通和高质量的公共设施与公共空间等公共要素相互冲突。如何解决这个冲突，同时又能够配合提升产业能级，加强产业集聚，带来了上海后来独具特色的城市更新内涵。

为此，上海有序地进入了城市更新的第二阶段。这个阶段具体来说可以划分为3大任务：一是延续旧改、城中村改造，继续加大对危棚简屋和二级旧里以下社区的成片改造，争取消灭二级旧里以下的老旧社区；二是通过2015年的《上海市城市更新实施办法》及2017年《上海市城市更新规划土地实施细则》，用狭义城市更新的手段增加调整公共空间的布局，增加医院、学校、公园、绿地、菜场等重要的公共要素；三是在2014年通过《关于本市盘活存量工业用地的实施办法（试行）》，将上海的工业用地划分为规划工业区块（104）、现状工业用地（195）、零星工业用地（198）三类，分类调整，提升产业能级、提高产业聚集度，对低效工业用地予以调整或者收回，有效达成"退二进三、腾笼换鸟"的目的。

2014年后，上海开始转变以拆迁重建为主要手段的单一更新做法，而转向强调多方参与、历史保护、多尺度、多类型的城市更新运作办法。城市更新的核心政策突出政府引导探索下的"减量增效，试点试行"，强调政府和市场力量的"双向并举"。实践中，物业权利人提出的自主更新是目前《上海市城市更新实施办法》的施政重点，开发商主导的市场力量介入型更新通常不在办法覆盖的范畴内。因此，以"小步慢跑"的方式探索城市更新制度建设和政策创新是上海的路径选择。而上海又是典型的政府主导型城市更新，目前国内大多城市均采取这种方式，政府在其中充当主导角色，拆迁主要由政府或政府授权的主体进行实施，拆迁完成后，土地收储，在公开市场进行招拍挂。对于住区改造而言，根据不同的项目情况、地域特色所采取的城市更新方式也不尽相同。

而之所以称之为狭义城市更新，主要因为上海市政府相继于2015年的《上海市城市更新实施办法》及2017年《上海市城市更新规划土地实施细则》，此时的城市更新自成一套管理体系，与旧改、城中村、工业用地升级转型等均分开管理，行政决策体系上也自成一体，城市更新、城中村、旧改、保障房均是分头管理。因此，此时上海的城市更新，更多是针对城市建设中的个别顽疾、特殊项目等，援用该套城市更新体系予以政策支持并继而实施。

同时，与之平行的工业用地城市更新管理体系源于2014年的《关于本市盘活存量工业用地的实施办法（试行）》，之后在2015年、2016年不断更新，形成上海独有的工业用地更新制度，并在城市更新的道路上积累了大量成功案例，并探索出了诸多运作模式，在全国有着广泛的影响力。尤其是将工业用地划分为"104、195、198"3类，分类调整，使上海市行政辖区内的许多零星工业用地得以分类整合，为收回提供了政策依据；对于开发园区的工业用地（104）在符合规划与环评的基础上，不断提高产业能级，提高单位亩产，改变原先"花园工厂"之类的土地利用低坪效的现状，取得很好良好的效果。再配合《上海市城市总体规划（2017—2035年）》所开展的战略预留区的综合管理策略，将所有的低效用地均予以了"规划冻结"，避免在上海极为宝贵的产业用地被无序使用，充分体现了政府主导城市更新的主旨。因此，可以定论的是，上海的城市更新几乎是上海市各级政府有组织、有计划、有策略、有谋略的整体行动。

新的城市更新探索期（2021年9月至今）

2021年9月，上海市政府出台了全新的《上海市城市更新条例》，该条例的推出，让上海城市更新的政策演进和探索进入了全新的时期。这部《上海市城市更新条例》是在对第二时期广义领域的上海城市更新各种路径、工具的归纳总结与探索创新的基础上提出的。

该条例具有以下5个特点。

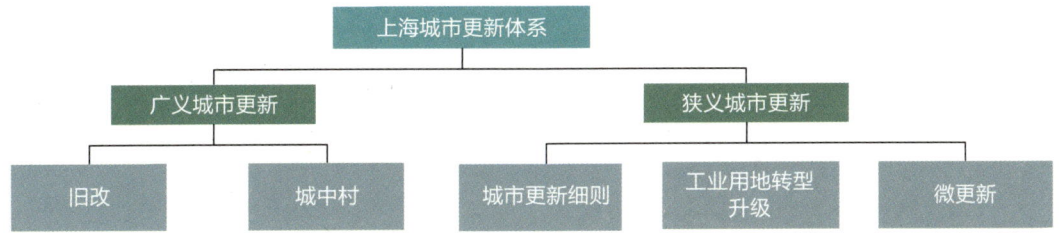

2021年9月之前的城市更新体系

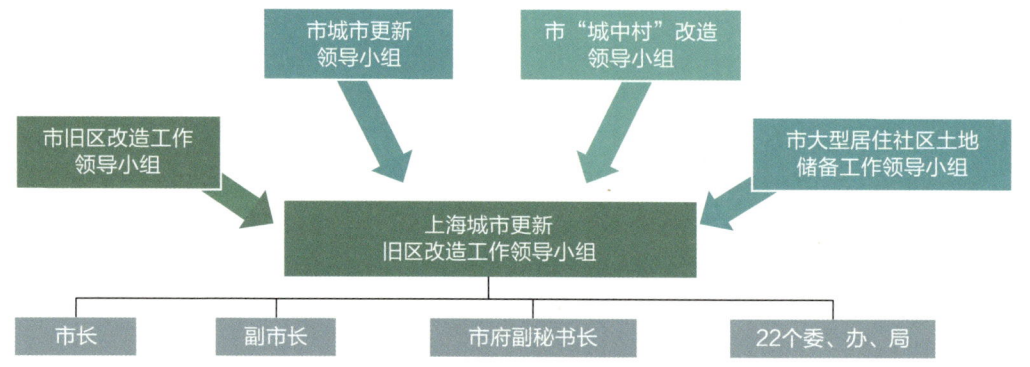

上海城市更新政府管理机制

更新立法的统一融合

上海地方立法首次将城市更新全门类进行统一，将历史上的广义城市更新、狭义城市更新等各种规则予以融合。

将过去九龙分治的城市更新体系予以整合，将过去在上海并未囊括的旧改、城中村、存量工业用地升级转型的全部管理体系均纳入城市更新范畴，同时还另外增加旧商业办公、旧市政设施及公共设施、旧住房更新的门类，并形成管理体系。

其中旧房更新与旧区改造的主要区别是旧房更新更关注房屋与建筑的单体（包含历史上执行政府制定租金标准的公房），包括加装电梯、成套改造等，而旧区改造则更关注旧式里弄、旧住宅区的整体更新改造，其主要延续过去上海旧改政策和国有土地上房屋征收的体系规则。

旧商业办公和市政设施及公共设施更新，则会注重将目前现存的年代久远的商业办公项目、公共设施项目、已经无法适应现代社会功能需求和产生极低坪效的项目，其中旧商业办公也包含各种形式的"烂尾楼""休眠楼"等，即使在上海的城市繁华区，也一样存在这些需要后续逐步攻坚克难的"城市顽疾"。

政府为主、市场为辅，人民意见、兼容并蓄

《上海市城市更新条例》全面确定上海城市更新应当以政府主导为核心主基调，倡导成片统筹推进，并以市场运作为配套实施方式。

我们会看出3条对应的行动脉络。

市政府及各委办局—区政府（含管委会）—国有企业或者市场主体。

更新协调推进机制—更新中心—更新统筹主体。

更新指引—更新行动计划—区域更新方案。

创新城市更新体制，引入更新统筹主体概念

更新推进协调机制（市政府）—更新中心（市、区政府）—更新统筹主体（管理委员会、平台国企或市场化企业）。

更新指引（市政府）—更新行动计划（区政府）—区域更新方案（更新统筹主体）。

这个体系是互为依托相辅相成的，其中最重要的无疑是"更新统筹主体"。

在规划土地建筑管理等诸多领域，多渠道、多工具、多方式推进城市更新

具体包括：①特殊情况下，可协议出让；②特殊情况下，可组合供地；③有条件的可重新计算年限；④符合要求的可以对红线外的扩大用地进行使用；⑤提供公共利益的，补地价可做利益统筹；⑥满足公共利益诉求的，可按照异地补偿机制予以奖励；⑦提供公共要素的，可以给予容积率奖励；⑧支持建筑功能改善；⑨支持腾笼换鸟产业升级等满足条件的，共九大领域的规划土地方面的政策工具。

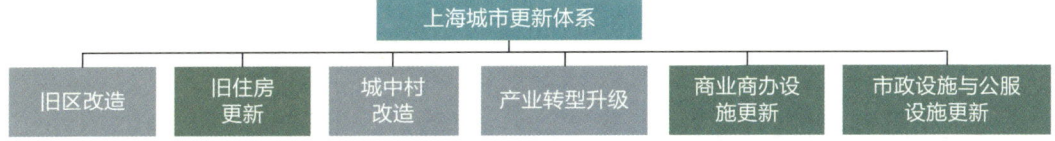

2021年9月之后的城市更新体系

浦东新区的突破性特别政策规定

在《上海市城市更新条例》中，有着对浦东新区的特殊倾斜，这让浦东新区这个发展历史并不久远的新区，在产业更新领域带动全市走出一条新路来。具体有如下特点：一是原成片出让区域可以指定统筹更新实施主体；二是探索建设用地垂直空间分层设立使用权；三是立法支持浦东城市更新创新产业用地盘活机制。浦东新区特别规定虽然看似寥寥数语，实则却具有深厚且复杂的立法背景，如果对近年来上海产业用地升级转型和土地集约利用政策不了解，是无法领会的。

上海的城市更新政策进化之路经历了大拆大建的365旧改时期，多头分治的狭义城市更新时代，直到如今《上海市城市更新条例》《上海市城市更新指引》《上海市城市更新行动方案（2023—2035年）》等文件相继出台，相信在这条探索城市更新政策执行的道路上，上海依然会交出亮眼的答卷。

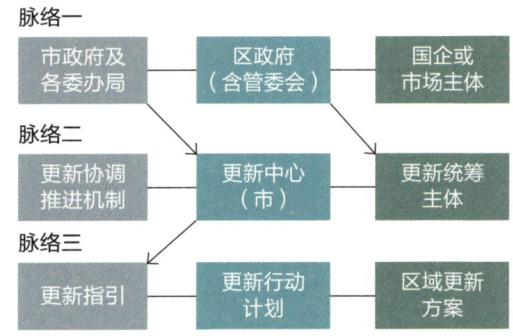

上海城市更新参与主体合作机制

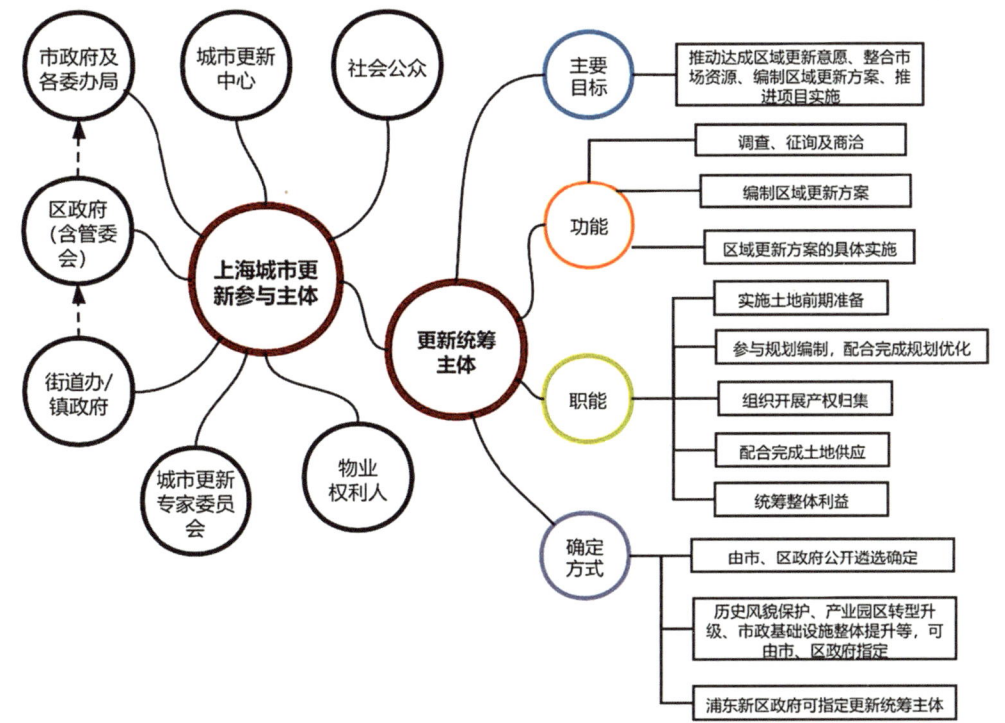

上海城市更新统筹主体的功能及职能

| 267

上海城市更新的"羽化成蝶"：
更新规则体系的建立与操作系统革迁

文/邹翊　上海市建纬律师事务所自然资源与基础设施部律师

以2021年8月25日《上海市城市更新条例》颁布为标志，上海城市更新迈入新纪元。此后至今，上海连续颁布了城市更新配套规则。2022年11月12日颁布《上海市城市更新指引》，2022年12月30日分别颁布《上海市城市更新规划土地实施细则（试行）》和《上海市城市更新操作规程（试行）》。上海城市更新领域的最新规则体系形成了。

此后，中国共产党上海市委员会和上海市人民政府颁布《关于加快推进旧区改造、旧住房成套改造和城中村改造工作的实施意见》，上海市住房和城乡建设管理委员会和上海市房屋管理局牵头制定《上海市旧住房成套改造和拆除重建实施管理办法（试行）》《上海市旧住房更新有关行政调解和决定的若干规定》。

在上述规定中，尤其以《上海市城市更新指引》《上海市城市更新规划土地实施细则（试行）》最为核心和重要。这两份文件搭建了上海城市更新的规则，未来在上海开展区域统筹更新或零星更新，对规划、土地、建设领域政策进行突破创新都将有法可依。

在上述规则体系基础上，上海市人民政府又于2023年4月19日发布了《上海市城市更新行动方案（2023—2025年）》，提出并聚焦了近期上海要推动的城市更新事项，包括重点开展城市更新的六大行动，即综合区域整体焕新行动、人居环境品质提升行动、公共空间设施优化行动、历史风貌魅力重塑行动、产业园区提质增效行动、商业商务活力再造行动。

其中，以"两旧一村"改造为主的人居环境品质提升行动是重中之重。首先是到2025年，要全面完成中心城区零星二级旧里以下房屋改造，完成小梁薄板房屋改造并实施3 000万m²各类旧住房更高水平改造更新，完成既有多层住宅加装电梯9 000台等多项量化指标要求。

根据《上海市城市更新指引》《上海市城市更新行动方案（2023—2025年）》，下一步各区将编制上报更新行动计划，逐步实施区域更新及零星更新，从而形成城市更新指引—更新行动计划—区域更新方案、零星更新方案的上海城市更新最新实操路径。

其中，更新行动计划将围绕更新区域划示、

```
上海市城市更新条例
2021年8月25日
        ↓
《上海市城市更新指引》
2022年11月12日
        ↓
《上海市城市更新规划土地实施细则》
2022年12月30日
        ↓
《上海市城市更新操作规程》
2022年12月30日
```

上海城市更新规则体系

目标任务1	开展10个以上区域统筹更新
	一江一河、外滩二立面、衡复历史风貌
	北外滩、虹桥中央商务区
目标任务2	推动"两旧一村"彻底完成二级旧里改造
	完成3 000万平旧住房更新、加装电梯9 000台
	中心城区周边"城中村"全部启动
目标任务3	完成3个以上历史风貌保护区和历史古镇保护修缮更新
	推进3个以上重点产业集聚区提质增效，盘活产业用地3万hm²

《上海市城市更新行动方案（2023—2025年）》

更新规划设计方案和统筹主体的确定等主要事项来制定。在明确了更新划示范围、规划设计方案和统筹主体后，即进入与统筹主体签署区域更新统筹实施协议，并制定区域更新方案的具体工作阶段。与区域更新并行实施的还会有物业权利人自发申请的零星更新。此两类更新方式和路径在主体确定、方案审批、发起流程、资源调度、公共利益输出和市场化程度等各个维度都不尽相同。

为此，上海市城市更新事实上形成了2大操作系统，无论是政府主体、国有平台企业、市场参与主体还是有待更新的物业权利人都需要对新的更新规则体系和操作路径流程有一个新的认知和熟悉的过程。

尽管目前具体更新行动计划尚未公布，区域更新和零星更新项目还未大面积开展，但上海城市更新规则体系整体均已发生重大变化，经过"羽化成蝶"，将规划、土地、建筑、财政、金融等各项政策有机融合，各方协力将上海城市更新工作积极有序推进。

```
《上海市城市更新指引》
2022年11月12日
      ↓
   更新行动计划
      ↓
区域更新方案、
零星更新方案
```

上海城市更新操作路径

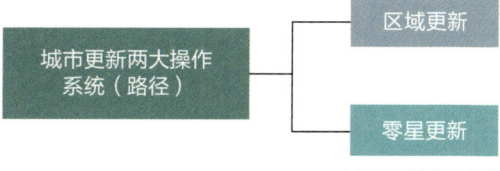

上海城市更新操作系统

参考文献

黄浦江两岸公共开放空间
唐燕，杨东，祝贺. 城市更新制度建设[M]. 北京：清华大学出版社，2019.
上海规划资源. 上海：土地储备撬动滨江岸线转型升级[EB/OL]. (2020-11-20). https://mp.weixin.qq.com/s/K41ive1kz1guvg6dE57UfA.
文明徐汇. 徐汇70个瞬间|世博契机启动滨江转型[EB/OL]. (2019-10-23). https://mp.weixin.qq.com/s/luh2S49s-Sn7bYvptyvwow.
上海西岸. 头条|徐汇滨江开发八周年，城市更新永不止步[EB/OL]. (2016-05-12). https://mp.weixin.qq.com/s/3nc7evf5FEiWAQBObE0zPA.

苏州河两岸公共空间
上海发布. "串珠成链"打造世界级滨水区！李强今天实地调研苏州河两岸公共空间提升情况[EB/OL]. (2021-09-18). https://mp.weixin.qq.com/s/jNWJXJHY-Z5dob4P9ZFxlQ.
上海大调研. 苏州河中心城区岸线：42公里新画卷，亮点这么多[EB/OL]. (2020-12-23). https://mp.weixin.qq.com/s/EG_6RVzoMo7lxCcng5Zlsw.
上海住房城乡建设管理. 官宣！苏州河中心城区42公里岸线已基本实现贯通啦！[EB/OL]. (2020-12-28). https://mp.weixin.qq.com/s/Ps8qJKklXA1xDEvlpal_jA.
建筑联盟. 上海《苏州河沿岸地区建设规划(2018—2035)》[EB/OL]. (2022-10-09). https://mp.weixin.qq.com/s/-DtasTAniGYkRUrmw1wMTA.
上观新闻. 苏州河整治走过20年！一图看懂苏州河治理的前世今生[EB/OL]. (2018-12-30). https://www.shobserver.com/zaker/html/124616.html.

徐汇跑道公园
SASAKI. 徐汇跑道公园[EB/OL]. [2023-09-25]. https://www.sasaki.com/zh/projects/xuhui-runway-park/.
gooood. 徐汇跑道公园[EB/OL]. (2019-03-22). https://www.gooood.cn/xuhui-runway-park-by-sasaki.htm.
上海市徐汇区人民政府. 上海徐汇跑道公园获"建筑界奥斯卡"奖，这里曾是机场[EB/OL]. (2021-12-24). http://www.xuhui.gov.cn/xwzx_bmlf/20211224/297514.html.

"上海低线公园"——苏州河中环桥下空间
FISH DESIGN. 苏州河中环立交桥下空间[EB/OL]. [2023-09-25]. http://www.fishdesign.cn/portfolio/central-overpass-space-on-suzhou-river/.
人民网. 上海唯一！长宁区的桥下空间利用开发，入选国家自然资源部的"典型案例"[EB/OL]. (2022-03-03). http://sh.people.com.cn/BIG5/n2/2022/0303/c134768-35158374.html.
中国自然资源报. 城市桥下空间如何利用？一起看看这里的做法[EB/OL]. (2022-02-28). https://new.qq.com/rain/a/20220228A06IFV00.
上海长宁. 长宁这片3 700平方米的桥下空间，已打造成多功能体育公园！[EB/OL]. (2021-02-07). https://mp.weixin.qq.com/s/KQnHP5gK0XWIx0k_Hyk2AQ.

绿之丘
韩爽. 绿之丘/原作设计工作室(Green Hill/TJAD Original Design Studio)[EB/OL]. (2020-03-02). https://www.archdaily.cn/cn/934527/lu-zhi-qiu-yuan-zuo-she-ji-gong-zuo-shi.
刘畅. 绿之丘：未来之丘[EB/OL]. (2021-05-11). https://ny.zdline.cn/h5/article/detail.do?artId=128680.
同济大学建筑设计研究院(集团)有限公司. 绿之丘——烟草仓库更新改造项目[EB/OL]. [2023-09-25]. http://www.tjad.cn/project/536.

光明东滩源
同济原作设计工作室. 光明东滩源(原前哨织布厂改造)——客房区[EB/OL]. (2022-11-08). https://www.gooood.cn/guangming-dongtangyuan-the-hotel-area-by-original-design-studiotjad.htm.
同济原作设计工作室. 光明东滩源(原前哨织布厂改造)——会议中心[EB/OL]. (2022-08-16). https://www.gooood.cn/guangming-dongtanyuan-conference-center-by-original-design-studio-tjad.htm.
Wutopia Lab. 水塔里的凡人纪念馆[EB/OL]. (2021-11-10). https://www.gooood.cn/memorial-of-everyman-shanghai-by-wutopia-lab.htm.
Wutopia Lab. 凡人三部曲：黄金晒谷场[EB/OL]. (2022-03-23). http://www.archcollege.com/archcollege/2022/03/50753.html.
光明国际. 将东滩源打造成为光明在崇明现代农业的示范平台[EB/OL]. (2021-03-05). https://www.sohu.com/a/454272850_120054212.

张园保护性综合开发
上观新闻. 张园，焕新[EB/OL]. (2022-10-31). https://export.shobserver.com/baijiahao/html/544655.html.
ELLE DECORATION家居廊. 深度|开幕一个月后，我们来聊聊这个"百年大IP"[EB/OL]. (2022-11-27). https://gov.sohu.com/a/621479387_672680.

徐家汇T20大厦
gooood. 徐汇T20大厦[EB/OL]. (2019-06-19). https://www.gooood.cn/t20-china-by-jacques-ferrier-architecture-sensual-city-studio.htm.
上观新闻. 西亚宾馆底层空间微更新，规划师说"要让每一笔都有出处"[EB/OL]. (2017-05-02). https://www.jfdaily.com/news/detail?id=51889.
股民天地. 上海城市更新试点：西亚宾馆前世今生[EB/OL]. (2016-7-14). http://www.bjzq.com.cn/mobile/viewnews.asp?newsid=1001231.

南京东路世茂广场

Kokaistudios. 上海世茂广场改造[EB/OL]. (2019-04-19). https://www.gooood.cn/shanghai-shimao-festival-city-renovation-china-by-kokaistudios.htm.
韩文强, 孟娇. 对话老建筑：老建筑保护与改造[M]. 北京：机械工业出版社，2020.
柳淼. 老牌商业建筑的突围之路[EB/OL]. (2019-10-14). http://bgimg.ce.cn/culture/gd/201910/14/t20191014_33337753.shtml.
Kokaistudios. 李伟. 发现·重塑·超越——上海世茂广场改造项目设计思考[J/OL]. A+建筑专刊，2019-06-10.

锦沧文华广场

建斐官方网站. 上海锦沧文华大酒店[EB/OL]. [2023-09-25]. https://www.greenbergfarrow.com/projects/jc-mandarin/.
商业地产. 实探锦沧文华I南京西路上的小而美，十年磨一剑[EB/OL]. (2022-09-09). https://mp.weixin.qq.com/s/NM5M35EIBCJtHKhduPKkIw.
澎湃新闻. 十年"更新"之路I从锦沧文华大酒店到锦沧文华广场[EB/OL]. (2022-08-20). https://baijiahao.baidu.com/s?id=1741671714495802035&wfr=spider&for=pc.
搜狐. 上海初代五星级酒店改造：锦沧文华广场/GreenbergFarrow[EB/OL]. (2022-07-17). https://www.sohu.com/a/568568053_121124642.
新闻晨报爱申活. 锦沧文华有了全新"颜值"和升级"功能"，助推南京世界级商圈升级飞跃[EB/OL]. (2022-08-23). https://www.sohu.com/a/579225931_100159860.
长江网. 上海老地标"锦沧文华"新亮相！今天讲讲其"沧"字的由来I睡前分享[EB/OL]. (2022-08-18). http://news.cjn.cn/zjjjdpd/yw_20048/202208/t4216561.htm.

黄浦区160街坊保护性综合改造

中国历史建筑保护网. 黄浦区160街坊保护性综合改造项目开工，"老市府大楼"将迎新起点[EB/OL]. (2019-10-11). https://mp.weixin.qq.com/s/qFTvc3kLqhShD7E3DaVvag.
华东院. 历久弥新 重现风貌I黄浦区160街坊保留历史建筑顺利完成往复平移[EB/OL]. (2022-07-19). https://mp.weixin.qq.com/s/IQp8sXJqqAYt0LnbaYKiUw.
华东院. 黄浦区160街坊保护性综合改造项目[J]. 建筑遗产，2020(4)：3.

黄浦区179街坊保护性综合改造

黄成豪, 张炯. 上海外滩179号地块内建筑保护与更新[J]. 华中建筑，2011(5)：137.
上海市文物保护工程行业协会. 2021上海市文物保护工程行业发展报告[M]. 上海：上海人民出版社，2021.

锦和越界陕康里

商业地产志. "活生生"的越界·陕康里，大概又会成为魔都一则范本式的城市街道更新案例[EB/OL]. (2021-05-26). https://mp.weixin.qq.com/s/Tjnx8L2SS014BmS5w2ZKQQ.
弘兴资本. 锦和城市更新新作：从杂乱破败的建材市场到时尚生活Xin街区![EB/OL]. (2020-11-11). https://mp.weixin.qq.com/s/zC9magH4Y0ZwUhxFVc VrXw.
筑梦师. 城市更新优秀案例推荐："老静安·新活力"——锦和越界陕康里城市更新之路[EB/OL]. (2020-11-25). https://mp.weixin.qq.com/s/FZXo0qPXUpfUu5Cv4qGVHA.

恒基·旭辉天地

努维尔. 千红花街上海恒基·旭辉天地THEROOF商业街[J]. SPACE空间，2021：8-11.
张琳. 弥异所210：上海旭辉天地红墙街区入口[J]. 城市设计，2021(6)：42-43.

裕通面粉厂宿舍旧址改造

毛寿亚. 同生共进——上海裕通面粉厂旧址与四安里历史建筑保护工程[J]. 建筑技艺，2020(4)：48-53.
曹梦雅. 焕彩苏河展新卷：历史建筑里飘出咖啡香，在苏州河畔讲述新旧交融的故事[EB/OL]. (2022-09-15). https://www.jingan.gov.cn/rmtzx/003008/003008006/20220915/f4e3a7aa-41fb-4c8b-80cf-b5741484ee42.html.
李继成. 上海不可移动文物原裕通面粉厂宿舍被拆？官方：落架大修[EB/OL]. (2015-05-10). https://www.thepaper.cn/newsDetail_forward_1329886.

苏河湾万象天地

商业地产志. 情绪价值难以估量的上海苏河湾万象天地[EB/OL]. (2022-10-13). https://zhuanlan.zhihu.com/p/573132961.
LOHAS乐活杂志. 苏河湾中心I在拥挤的上海，建构开放的城市绿洲[EB/OL]. (2021-12-26). https://mp.weixin.qq.com/s/J06BOf9BygpH6POQ9P_oXg.
iziRetail热点. 首发揭秘：自然人文与商业的深度融合，看上海苏河湾万象天地的商业迭代[EB/OL]. (2022-07-11). https://mp.weixin.qq.com/s/dH9bFnRsWF3SkwQFm_9gCA.

洛克·外滩源

东方网. 洛克·外滩源2022年将全面开街[EB/OL]. (2021-12-03). https://caijing.chinadaily.com.cn/a/202112/03/WS61a9ced1a3107be4979fb457.html.
刘刊. 建筑可阅读I上海外滩源美丰大楼：可持续的建筑存量更新示范[EB/OL]. (2022-08-17). https://baijiahao.baidu.com/s?id=1741365918296687361&wfr=spider&for=pc.

一起设计. 上海洛克·外滩源2022年将全面开街[EB/OL]. (2021-12-21). https://mp.weixin.qq.com/s/B0biaIf5rwZMX_H3qSeDqQ.

曹杨新村更新

王昱. 家门口的好去处 | 行走上海曹杨，看曾经的工人新村大变样 [EB/OL]. https://www.thepaper.cn/newsDetail_forward_15056702，2021-10-26.

刘宇扬建筑事务所. 曹杨百禧公园，上海[EB/OL]. (2022-04-15). https://www.gooood.cn/caoyang-centennial-park-shanghai-atelier-liu-yuyang-architects.htm.

普陀区民政局. "一街(镇)一品"串起基层治理新思路⑥ 曹杨新村街道盘活"一村、一环、一轴"，打造最老工人新村"15分钟便民生活圈"[EB/OL]. (2022-11-25). https://mp.weixin.qq.com/s/uo-ZLecAZ-i6YOCyoLqp4g.

宋志良. 新中国第一个工人新村——曹杨新村[EB/OL]. https://mp.weixin.qq.com/s/_qJoakwW_ABlNwMONhUfDQ，2022-06-21.

同济规划TJUPDI. 曹杨新村社区更新与规划实施[EB/OL]. (2022-07-29). https://mp.weixin.qq.com/s/K-wPkGDU2a9n09TEnmFkhg.

长白社区228街坊更新

Kokaistudios. 上海世茂广场改造[EB/OL]. (2019-04-19). https://www.gooood.cn/shanghai-shimao-festival-city-renovation-china-by-kokaistudios.htm.

韩文强，孟娇. 对话老建筑：老建筑保护与改造[M]. 北京：机械工业出版社，2020.

柳森. 老牌商业建筑的突围之路[EB/OL]. (2019-10-14). http://bgimg.ce.cn/culture/gd/201910/14/t20191014_33337753.shtml.

Kokaistudios. 李伟. 发现·重塑·超越——上海世茂广场改造项目设计思考[J/OL]. A+建筑专刊，2019-06-10.

创智农园

刘悦来，尹科娈，魏闽，等. 高密度中心城区社区花园实践探索——以上海创智农园和百草园为例[J]. 风景园林，2017(9)：16-22.

刘悦来，尹科娈，魏闽，等. 高密度城市社区花园实施机制探索——以上海创智农园为例[J]. 上海城市规划，2017(2)：29-33.

刘悦来，尹科娈，孙哲，等. 共治的景观——上海社区花园公共空间更新与社会治理融合实验[J]. 建筑学报，2022(3)：12-19.

刘悦来. 高密度中心城区社区花园实践探索——上海市杨浦区创智农园和百草园[J]. 城市建筑，2018(25)：94-97.

曾荆玉，陈寅屹. 都市农业初探——以杨浦区创智农园为例[J]. 园林，2017(2)：39-43.

永嘉路口袋公园

阿科米星建筑设计事务所. 永嘉路口袋广场[EB/OL]. (2020-11-30). https://www.gooood.cn/pocket-plaza-yongjia-road-atelier-archmixing.htm.

青浦章堰村

李振宇，刘敏. PPP模式下的城市近郊传统村落复兴策略成型探索——以上海市青浦区章堰村建筑策划实践为例[J]. 新建筑，2021(3)：23-28.

朱怡晨，李振宇，王修悦. 共享推动乡村社区生活圈的构建——以上海重固镇章堰村古村落核心区更新设计为例[J]. 时代建筑，2022(2)：155-159.

老城厢露香园片区改造

胡剑虹，周武. 露香园历史文脉及近现代变迁[M]. 上海市城市经济学会，2018.

上海市规划和自然资源局. 上海市老城厢历史文化风貌区保护规划(土地使用 建筑管理)[S]. 2005.

陈业伟. 上海老城厢历史文化风貌区的保护[J]. 城市规划汇刊，2004(5)：50-58.

图片来源

章节封面图片

目录底图，Andrés Rodríguez from Unsplash.
01 城市记忆与城市更新，Sherwin Ker from Unsplash.
02 城市更新大家谈，chingying-liu-mj2axuVhH3U from Unsplash.
03 上海城市更新实践，Oliver Zhou from Unsplash.
04 城市更新多元主体，Yigang Zhou from Unsplash.
05 城市更新永续运营，Decry. Yae from Unsplash.
06 附录，Adi Constantin from Unsplash.

01 城市记忆与城市更新

上海城市记忆调查、上海城市记忆高频词、城市记忆词云、城市记忆热力图、上海城市记忆清单、上海城市记忆的多元印象，上海现代城市更新研究院提供.

"城市记忆"城市更新的使命，denys-nevozhai-QjuGO9hI90k from unsplash.

"城市更新"城市记忆的延续，@roadtripwithraj from Unsplash.

02 城市更新大家谈

城市有机更新的温度（伍江）
生生不息的街巷，多拉财经.疫情后的报复性消费是假象吗?. [EB/OL]. (2022-06-09). https://baijiahao.baidu.com/s?id=1735107927720501627&wfr=spider&for=pc.
充满温情的里弄邻里生活、人性化的里弄空间，上海现代城市更新研究院提供.
徐汇滨江，大观景观. 杨浦滨江公共空间二期设计[EB/OL]. (2020-04-21). https://www.hhlloo.com/a/yang-pu-bin-jiang-gong-gong-kong-jian-er-qi-she-ji.html.
漫步南昌路梧桐树下，伍江提供.

城市记忆与烟火气（薛理勇）
上海街道，Yvonne from Unsplash.
东方明珠塔和上海国际会议中心，Claire Chang from Unsplash.
老街，Luca Deasti from Unsplash.
陕西南路，Andrea Sun from Unsplash.
乌中市集，乐游上海. 梧桐树下的百种风味，感受潮流与烟火气并存[EB/OL]. (2024-06-23). https://mp.weixin.qq.com/s/ZO6G1mhEp-mJPqWXbC1imQ.
2019年上海黄浦区老西门居民区，Kevin Olson from Unsplash.

历史建筑保护与城市更新（李孔三）
外滩建筑群，Darren Nunis from Unsplash.
外滩12号，Beth Macdonald from Unsplash.
众安·美丰大楼外立面、RAMA外滩建筑节空间介入装置，田方方. 洛克·外滩源更新修缮／戴卫奇普菲尔德建筑事务所[EB/OL]. (2023-09-12). https://www.archdaily.cn/cn/1006652/luo-ke-star-wai-tan-yuan-geng-xin-xiu-shan-dai-wei-qi-pu-fei-er-de-jian-zhu-shi-wu-suo?ad_source=search&ad_medium=projects_tab.
马勒别墅，上海静安. 陕西南路30号马勒别墅：这幢漂亮精致的房子有许多富有传奇色彩的故事[EB/OL]. (2023-10-15). https://mp.weixin.qq.com/s/jG8Wsq-ElWo3HFXMAKtWkw.
洛克·外滩源，洛克·外滩源内广场市集，洛克外滩源. 洛克·外滩源的自我介绍[EB/OL]. (2024-07-01). https://www.xiaohongshu.com/explore/6641b0aa000000001e03911d.

从生活出发的城市更新（俞挺）
思南书局咖啡厅、上海市历史博物馆满坡栗咖啡馆一、思南书局·诗歌店、思南书局·诗歌店咖啡馆、徐家汇书院中庭、徐家汇书院永璞咖啡、上海市历史博物馆满坡栗咖啡馆二，Wutopia Lab、CreatAR Images提供.
上海星巴克旗舰工坊，Aleksandr Buynitskiy提供.
上海的咖啡店、上海街头的咖啡与美食，Dynamic Wang提供.
黄浦区的咖啡店，Ruofeng Lei提供.
蓝瓶咖啡张园店，朱润资提供.
上海外滩源咖啡店，Taha提供.

社区更新的实践与思考（王伟强）
建新社区房屋类型；2019年起开展多轮座谈会，广泛征询建新社区居民更新意见；建筑改造效果图；公共空间改造效果图；建新社区创新型更新机制示意图；建新社区2种更新路径探讨示意图；建新社区新建10套公寓方案；建新社区口袋公园整治工程；建新社区入口空间整治工程；建新社区街道立面整治工程. 上海现代城市更新研究院提供.

15分钟社区生活圈打造（俞进）
静安寺街道美丽街区愚园路、街道生活圈规划愿景图示，上海营邑城市规划设计股份有限公司提供.
更新后的张园，上海静安城市更新建设发展有限公司提供.

工业遗产的保护与更新（张松）
世界遗产英国铁桥峡谷工业旧址、世界遗产英国铁桥峡谷博物馆、全国工业遗产保护利用会议现场，张松提供.
杨树浦电厂旧图（更新前）、杨树浦电厂遗迹公园（更新后）、杨浦滨江"生活秀带"，同济原作设计工作室提供.
上海力波啤酒厂改造前、上海力波啤酒厂改造后，SCT深城投提供.

影像记录上海城市空间变迁（席闻雷）
2012年济南路、2012年安庆路、2009年上海青浦区徐泾镇蟠龙村香花桥、2019年上海青浦区徐泾镇蟠龙村香花桥、2023年上海青浦区徐泾镇蟠龙村香花桥、2012年西康路、上海的日常空间－济南路、2012年福州路、2017年东大名路、2015年常熟路延庆路路口、2016年北王医马弄、康定路，席闻雷提供.

历史文脉与生活和谐相融（沈晓明）
中心城分级风貌保护范围示意图、开明里修缮意向，上海明悦建筑设计事务所有限公司提供.
第二届上海市建筑遗产保护利用示范项目，上海住房城乡建设管理. 共10个！第二届上海市建筑遗产保护利用示范项目推介名单公布啦！[EB/OL]. (2021-06-11). https://mp.weixin.qq.com/s/TmKoeu7GI-p0uKxrWLRvvQ.

03 上海城市更新实践

历史沿革 五个阶段，Siyuan Hu from Unsplash.
更新对象 四种类型，Jorick Jing from Unsplash.

• 城市温度

城市温度，Kevin Lee/Getty Images from peapix.

黄浦江两岸公共开放空间

黄浦江两岸核心段规划总平面图，《黄浦江沿岸地区建设规划（2018—2035）》.
杨浦滨江段更新前鸟瞰图，SUSAS 提供.
徐汇滨江段更新前鸟瞰图，大舍提供.
徐汇滨江西岸美术馆、杨浦滨江公共空间示范段，上海市规划和自然资源局. 一江一河：上海城市滨水空间与建筑[M]. 上海：上海文化出版社，2021.
黄浦世博滨江，澎湃新闻. 上海黄浦正加快推动黄浦世博片区"中央科创区"建设[EB/OL].（2024-01-19）. https://new.qq.com/rain/a/20240119A0A0X300.

苏州河两岸公共空间

苏州河两岸规划总平面图，《苏州河沿岸地区建设规划（2018—2035）》.
苏州河区段特征总结，上海现代城市更新研究院提供.
苏州河岸中国石化第一加油站、苏州河岸上海市划船俱乐部、苏州河外滩源段、苏州河岸飞鸟亭，章鱼见筑提供.

徐汇跑道公园

跑道公园鸟瞰图、更新前卫星影像与更新方案图示，SASAKI 提供.
场地使用现状场景，上海徐汇. 高颜值、好出片，你想好带谁来了吗？[EB/OL].（2023-09-30）. https://mp.weixin.qq.com/s/UwqkkEKm6X2RKRbjh-Y78Q.
项目亮点总结，上海现代城市更新研究院提供.

"上海低线公园"——苏州河中环桥下空间

更新前桥下空间、桥下空间慢行道、桥下空间整体、桥下空间步道，翡世景观提供.

• 园区赋能

园区赋能，山间影像提供.

静安区中环两翼产业用地区域更新研究

信谊药业地块方案效果图，HDR 建筑事务所提供.
申林木业地块方案效果图，华建集团华东建筑设计研究院有限公司提供.
中环两翼范围示意图，上海现代城市更新研究院提供.

杨树浦电厂

第二轮方案鸟瞰效果图，BDP 建筑事务所提供.
杨树浦电厂原始照片，上海现代城市更新研究院提供.
第一轮方案模型效果图、第一轮方案模型图，David Chipperfield 建筑事务所提供.

绿之丘

滨水空间与绿之丘的联系、烟草仓库原状、建筑改造方案图示、内部结构、建筑改造分析图示、功能剖面图示、建筑外部结构，同济原作设计工作室. 绿之丘－上海杨浦区杨树浦路1500号改造[EB/OL].（2020-04-15）. https://www.gooood.cn/green-hill-regeneration-of-no-1500-yang-shupu-rd-yangpu-district-shanghai-china-by-tjadoriginal-design-studio.htm.

光明东滩源

东滩源鸟瞰实景图，章鱼见筑提供.
凡人纪念馆，Wutopia Lab. 水塔里的凡人纪念馆[EB/OL].（2021-11-10）. https://www.gooood.cn/memorial-of-everyman-shanghai-by-wutopia-lab.htm.
牛奶巧克力泵房，Wutopia Lab. 牛奶巧克力泵房[EB/OL].（2021-10-21）. https://www.gooood.cn/shrine-of-everyman-china-by-wutopia-lab.htm.

不锈钢地区城市更新

规划方案鸟瞰效果图、滨河沉浸式体验馆效果图、超级创新工厂－假日社区市集效果图、超级创新工厂－超级环效果图、超级创新工厂鸟瞰效果图、水轴夜景效果图、三水交汇效果图、中央钢铁公园金色炉台片区效果图、TOD冷轧厂片区效果图，AS+P 建筑事务所、上海营邑城市规划设计股份有限公司提供.

• 商圈焕活

商圈焕活，Krzysztof Kotkowicz from Unsplash.

张园保护性综合开发

张园鸟瞰图，上海发布. 南京西路风貌保护区的核心"钻石地"，明年将这样变化[EB/OL].（2020-11-12）. https://mp.weixin.qq.com/s/cI9gz1YX3MNOemX0FZaQ7A.

张园巷弄更新前, 上海静安. 张园 "有机更新", 延续城市文脉 | 城市新地标[EB/OL]. (2022-06-26). https://mp.weixin.qq.com/s/2M5gwhNkmHy1QS9ERF4uJw.

保存弄堂名称的浮雕形式, 上海发布. 探索: "海上第一名园"张园即将焕新开放! 带你领略首批开放的16幢建筑风采[EB/OL]. (2022-11-26). https://mp.weixin.qq.com/s/dh51-ywW7rW1OMvTjrHGBA.

街巷空间, 华建集团现代院. 作品 | 上海首个成片里弄住宅类历保文保建筑群——张园地区规划与更新实践[EB/OL]. (2023-04-08). https://mp.weixin.qq.com/s/ibBwkuqZHP_VCuFTZP9V5Q.

蓝瓶咖啡张园店外立面, 如恩设计研究室. 蓝瓶咖啡张园店[EB/OL]. (2022-12-02). https://www.archdaily.cn/cn/993090/lan-ping-ka-pei-zhang-yuan-dian-ru-en-she-ji-yan-jiu-shi?ad_source=search&ad_medium=projects_tab.

"修旧如旧"的张园里弄, 三层阁. 张园西区修缮完成, 还是原汁原味的昔日"海上第一名园"吗? 独家探访[EB/OL]. (2022-10-20). https://mp.weixin.qq.com/s/psBN6mtYjUHAcIE8iJdVFQ.

张园地面地下空间一体化, 上海国资. 城市更新 | 助力张园城市更新, 上海建工打造5.2万平米地下空间[EB/OL]. (2024-03-28). https://mp.weixin.qq.com/s/bZ6GPkDzCNHpOYvz4LKi3A.

徐家汇T20大厦

T20大厦外立面, T20大厦方案立面图、剖面图, T20大厦更新前, T20大厦、美罗城、徐家汇空中连廊整体鸟瞰图, T20大厦建筑绿化, T20大厦停车场绿化; Jacques Ferrier Architecture, Sensual City Studio . 徐家汇T20大厦[EB/OL]. (2019-06-19). https://www.gooood.cn/t20-china-by-jacques-ferrier-architecture-sensual-city-studio.htm.

南京东路世贸广场

世茂广场正立面、改造后动线、一期中庭、二期中庭, Kokaistudios. 上海世茂广场改造[EB/OL]. (2019-04-19). https://www.gooood.cn/shanghai-shimao-festival-city-renovation-china-by-kokaistudios.htm.

锦沧文华广场

锦沧文华广场、建设中的锦沧文华大酒店、1995年锦沧文华大酒店、2022年锦沧文华广场, 建斐官方网站. 上海锦沧文华大酒店[EB/OL]. [2023-09-25]. https://www.greenbergfarrow.com/projects/jc-mandarin/.

老结构分阶段拆除, 上海建工科技创新平台. 头条 | 上海锦沧文华大酒店改建工程[EB/OL]. (2022-11-09). https://mp.weixin.qq.com/s/o9eTXho1EBcQKaFWkumMzA.

"活力金三角"格局示意图, 上海现代城市更新研究院提供.

黄浦区160街坊保护性综合改造

黄浦区160街坊整体效果图, 上观新闻. 弥补百年"缺憾", 上海老市府大楼今天成功围合, 年底向公众开放[EB/OL]. (2023-04-24). https://export.shobserver.com/baijiahao/html/605962.html.

黄浦区160街坊更新前, 华建集团华东院ECADI. 历久弥新 重现风貌 | 黄浦区160街坊保留历史建筑顺利完成往复平移[EB/OL]. (2022-07-19). https://mp.weixin.qq.com/s/IQp8sXJqqAYt0LnbaYKiUw.

黄浦区160街坊立面效果图, 上观新闻. 助力外滩"第二立面"保护性更新, 这个科研项目顺利通过验收[EB/OL]. (2023-10-11). https://sghexport.shobserver.com/html/baijiahao/2023/10/11/1147767.html.

黄浦区179街坊保护性综合改造

黄浦区179街坊夜景, 文汇报. 外滩中央广场迎来这场"春游会", 夜间经济与多元体验为历史街区带来新活力[EB/OL]. (2023-03-10). https://baijiahao.baidu.com/s?id=1759911495558499216&wfr=spider&for=pc.

中央商场旧照片, 黄浦区档案馆提供.

黄浦区179街坊穹顶, 上海市国有资产监督管理委员会. 上海建工推动城市更新, 承建上海名人苑项目开工[EB/OL]. (2022-12-28). https://www.gzw.sh.gov.cn/shgzw_zxzx_gqdt/20221228/7b3863f1cbfd402d9339475c5e31780b.html.

锦和越界陕康里

陕康里航拍图、更新前鸟瞰图、陕康里更新前, COLORFULL昱景设计. 陕康里[EB/OL]. (2021-02-03). https://www.gooood.cn/shankangli-china-by-colorfull-yujing-design.htm.

陕康里内街, COLORFULL昱景设计. 昱景NEWS | 陕康里回访, 回归里弄社交[EB/OL]. (2024-05-11).https://mp.weixin.qq.com/s/kZM3u10XQNXdudG7c1IMCw.

陕康里内公共休憩空间, 上海城市空间艺术季. 更新·街区 | 三把"钥匙"助力街区再生[EB/OL]. (2022-09-23). https://mp.weixin.qq.com/s/5vZmv_3OVN-yCFg9hsfwEw.

恒基·旭辉天地

鸟瞰图、马当路入口、屋顶、建国东路半鸟瞰图, Ateliers Jean Nouvel. 千红花钵道[EB/OL]. (2021-06-03). https://www.gooood.cn/the-street-of-1000-red-jars-jean-nouvel.htm.

内立面、外立面, ASPECT Studios. The Roof[EB/OL]. [2024-04-23]. https://www.aspect-studios.com/projects/the-roof.

裕通面粉厂宿舍旧址改造

长安路街景、裕通面粉厂宿舍建筑内部, 澎湃新闻. 蓝瓶咖啡上海首店开幕: 浓浓"在地感", 还能欣赏苏州河风光[EB/OL]. (2022-02-25). https://baijiahao.baidu.com/s?id=1725736982538821111&wfr=spider&for=pc.

裕通面粉厂宿舍建筑外部, Schemata Architects. Blue Bottle Coffee Shanghai Cafe[EB/OL]. (2023-10-11). https://www.archdaily.com/983478/blue-bottle-coffee-shanghai-cafe-schemata-architects.

裕通面粉厂宿舍建筑更新前, 上海文旅智宣. 一江一河 | 福新面粉一厂旧址裕通面粉厂宿舍建筑更新前[EB/OL]. (2023-01-25). https://mp.weixin.qq.com/s/9t9q-bH-RbJXqEHuoWUjiw.

苏河湾万象天地

苏河湾万象天地鸟瞰图一、天后宫与"梦游天地"艺术作品、海派石库门建筑慎余里、苏河湾万象天地鸟瞰图二, Kokaistudios. 新作 | 上海苏河湾

06 附录

万象天地：以城市绿地打破历史、文化与商业的界限. [EB/OL]. (2022-11-28). https://mp.weixin.qq.com/s/JJoQA2E0SuJNYNmalulqLQ.

洛克・外滩源
外滩源鸟瞰图、外滩源老建筑地图、外滩源街景、5栋新建建筑、亚洲文会大楼（现为上海外滩美术馆）、东方网. 洛克・外滩源2022年将全面开街 [EB/OL]. (2021-12-03). https://caijing.chinadaily.com.cn/a/202112/03/WS61a9ced1a3107be4979fb457.html.
广学大楼、外滩源街景、众安・美丰大楼，有方. 奇普菲尔德在外滩，上海百年建筑街区将有什么新变化？[EB/OL]. (2023-09-18). https://www.archiposition.com/items/9af34bbec0.
外滩源壹号，搜狐网. 外滩源壹号 | 在前英国驻上海总领事馆内尊享半岛奢华体验 [EB/OL]. (2017-04-06). http://mt.sohu.com/20170406/n486826544.shtml.

・社区营造
社区营造，Justin Guariglia/Getty Images from peapix.

曹杨新村更新
曹杨新村鸟瞰图、邻里微空间，澎湃新闻. 家门口的好去处 | 行走上海曹杨，看曾经的工人新村大变样 [EB/OL]. (2021-10-26). https://www.thepaper.cn/newsDetail_forward_15056702.
曹杨新村有机更新 "一张蓝图"、曹杨新村20世纪50年代总平面图、改造前后的曹杨一村、修旧如旧的 "五星门头"，同济规划TJUPDI. 曹杨新村社区更新与规划实施 [EB/OL]. (2022-07-29). https://mp.weixin.qq.com/s/K-wPkGDU2a9n09TEnmFkhg.
曹杨环浜风景，普陀区民政局. 曹杨新村街道盘活 "一村、一环、一轴"，打造最老工人新村 "15分钟便民生活圈" [EB/OL]. (2022-11-15). https://mp.weixin.qq.com/s/uo-ZLecAZ-i6YOCyoLqp4g.
百禧公园，刘宇扬建筑事务所. 曹杨百禧公园 [EB/OL]. (2022-04-15). https://www.gooood.cn/caoyang-centennial-park-shanghai-atelier-liu-yuyang-architects.htm.
曹杨社区幸福饭堂，上观新闻. 上海老工人新村建百禧公园、幸福饭堂，还成套改造旧住房，出自谁的大手笔？[EB/OL]. (2021-11-15). https://new.qq.com/rain/a/20211115A00TMP00.
百姓会客厅，上海新闻广播. 来曹杨，遇幸福！曹杨，因你而Young | "15分钟社区生活圈 ——人民城市" 样本② [EB/OL]. (2021-09-29). https://mp.weixin.qq.com/s/fyT4ORD2mWK7RlafCQzF8Q.

长白社区228街坊更新
长白社区228街坊俯瞰图、长白社区228街坊实景鸟瞰图、长白社区228街坊社区食堂、长白社区228街坊社区服务，上海城市空间艺术季. 更新・街区 | 穿透历史照见未来：关于杨浦长白街坊更新项目的思考 [EB/OL]. (2023-05-19). https://mp.weixin.qq.com/s/OkBzzZSjxVurqHMb5zaYTQ.

创智农园
创智农园现状图、创智农园平面图示、创智农园多元参与结构图，四叶草堂提供.

永嘉路口袋公园
永嘉路口袋公园鸟瞰图、屋面下形成带遮盖的活动空间、市集活动，阿科米星建筑设计事务所. 永嘉路口袋广场 [EB/OL]. (2020-11-30). https://www.gooood.cn/pocket-plaza-yongjia-road-atelier-archmixing.htm.

徐汇区天平街道建新社区综合更新
总体方案鸟瞰示意图、社区路径贯通、公共设施补充、建筑更新方式、成片更新区域划定方式、方案总平面图、多层住宅效果图、里弄住宅效果图、社区口袋公园效果图、历史文化艺术街区效果图，上海现代城市更新研究院提供.

"漫步番禺"街区更新
番禺路街景、番禺路更新前街景，上海长宁. 越变越美！1.2公里长的番禺路，竟有这么多 "网红打卡点" [EB/OL]. (2021-12-12). https://mp.weixin.qq.com/s/RWmfdpGS6cqsmahuvy-_Q.
番禺路总平面图、番禺路更新社会提案，上海现代城市更新研究院提供.

青浦章堰村
章堰村鸟瞰图、改造前的章堰村、章堰文化馆鸟瞰图，GVL怡境国际设计集团. 上海中建章堰村 [EB/OL]. [2024-04-25]. http://www.greenview.com.cn/case/index_100000093211631.html.

老城厢露香园片区改造
露香园片区规划鸟瞰图、露香园片区街道风貌实录、街弄墙院空间尺度的重塑、万竹街41号落架大修前后对比、露香园低层风貌区新建住宅，上海城投置地（集团）有限公司提供.
露香园片区规划平面、露香园项目工程重要节点、2000年露香园地区传统肌理、露香园项目肌理优化保护、露香园历史保留建筑，上海现代城市更新研究院提供.

04 城市更新多元主体
章节内容由上海市国际股权投资基金协会、世联评估价值研究院、中证鹏元提供.

05 城市更新永续运营
章节内容由仲量联行提供.

06 附录

- **国内城市更新实践**

国内城市更新实践，Gueorgui Pinkhassov from Unsplas.

南京石榴新村

石榴新村更新鸟瞰效果图、石榴新村更新前照片、明确办理流程示意图、石榴新村改造前鸟瞰图、石榴新村更新方案效果图，南京市规划和自然资源局提供.

深圳南头古城双年展展场

原南头古城鸟瞰图、南头古城改造更新平面图、改造后的居民日常、改造后的报德广场，URBANUS都市实践.南头古城保护与更新 2022. [EB/OL]. [2024-04-25]. http://www.urbanus.com.cn/projects/nantou-old-town/.

南京小西湖街区保护与再生

改造前马道街街景、改造后马道街街景、改造前共享院、改造后共享院、改造前堆草巷、改造后堆草巷，新华网. 新华全媒＋老街故事｜南京小西湖街区焕新记[EB/OL].（2024-04-09）.http://www1.xinhuanet.com/culture/20240409/a5947fe0ca1f49998ded52b0f5790edd/c.html.

北京西城区菜市口西片老城保护和城市更新

菜市口西片老城鸟瞰图、造后的西砖胡同甲19号院、改造后的永庆胡同17号院，北京规划自然资源. 北京城市更新"最佳实践"系列｜①西城区菜市口西片老城保护和城市更新项目 [EB/OL].（2022-07-20）. https://baijiahao.baidu.com/s?id=1738838547593583240&wfr=spider&for=pc.

重庆红育坡老旧小区改造

白马凼小区改造项目实景，重庆市住房和城乡建设委员会提供.
PPP模式示意图、改造后的红育坡小区，愿景集团提供.

杭州浙工新村危旧房有机更新

浙工新村改造项目效果图、改造前的浙工新村一、改造前的浙工新村二、改造前的浙工新村三、更新效果图一、更新效果图二，拱墅区住房和城市建设局提供.

- **城市更新政策解读**

章节内容由上海市建纬律师事务所、上海现代城市更新研究院提供.

后记

有温度的城市更新

俞斯佳
上海现代城市更新研究院院长

经过两年多断断续续零打碎敲的整理和编写，《城市记忆：书写上海城市更新实践》这本书终于面世了，这本书记录了我们的一些实践以及过程中的感悟，也收录了不少专家学者的真知灼见，我们从城市记忆的角度切入，探究上海给予我们的印象，这些印象琐碎、真实、庞杂，却慢慢构筑起上海的轮廓。

上海现代城市更新研究院在近几年默默深耕上海有机更新的实践中，梳理了上海有机更新的不同类型和方向，社区、商圈、园区、市政、乡村等，同时也进行了小规模的问卷调查，整理了不同年龄段公众和专业人士对上海城市记忆的"敏感词"，借助大数据分析提炼了上海那些物质和非物质的记忆。我们发现，城市记忆本身也在不断更新，哪怕不一定光鲜，不一定宏伟，不一定完整，但植入于心灵深处，也许是弄堂里的一碗阳春面，也许是初恋时兜过的马路，也许是一句遥远的洋泾浜沪语，也许是初到上海的第一眼场景，也许是路边爷叔善意的豁翎子……时间的积淀，感受的变化，内涵的拓展，让这座城市的记忆更为丰满和立体，慢慢成为城市的基底本色，成为我们城市研究者、观察者需要关注和珍视的内容。

快速发展的30多年，我们沉淀下一个完整的规划编制和管理体系，自上而下，环环相扣，这个体系成为了规划从业者的舒适圈，我们很享受在这样一个精密有序的体系内生存，熟练高效，价值丰沛。虽然过程中通过规土融合、多规合一等调整，但依然显示了这一体系强大的惯性，就像现代足球，分工明确，套路清晰，但这样的体系无法延续街头足球的魅力，也催生不出小罗、巴乔和伊布，很难重现和挖掘存量时代城市有机更新的本质，城市特质和烟火气被装在一个个相似的瓶子里，缺少反应，缺少生长，缺少味道，留下了大量面目模糊的流水线产品。现在的环境正在倒逼行业破圈，成熟的大数据建设、AI辅助和实施评估制度的建立让其成为可能，越来越多直面难题、动态调整的解决方案为我们打开窗门，八股式的文本、缺乏研判的指标强管控，应该成为历史，应对城市管理，应对公益和市场价值判断的留白弹性管控应该成为更新方法论的主流。

精英式的思维方式既赋予规划从业者强大的社会责任感，又可能催生盲目的自信，从上帝视角转化为民众视角，是痛苦的蜕变。创造力的源泉原本是生活工作在其中的人，而他们成为被动的接受者和旁观者，唤醒他们的记忆，激发他们的灵感，让城市管理和有机更新真正成为一项有温度的工作。在城市更新实践中，我们欣喜地看到一些城市真正意义上的公众参与、"三师联创"，多专业、多层次、全过程的运作机制需要规划队伍调整站位，规划师们的知识结构需要大大充实，既能画图，又懂运营，还会算账。去生活吧，去体验吧，去交流吧，不要在办公室苦思冥想，不要做社恐，不会生活、不会社交的设计师做不出城市的情趣。我们是民众的绘图员。

每个城市、每个街道、每个社区都有特别的记忆，彼此面临的困境也各不相同，有些需要智能化管理平台，有些需要有温度的小微空间，有些需要应对人口产业进出的变化，有些需要重拾传统的味道，没有一个更新是可以复制的，有机更新的量身定做将渐渐成为城市底色和城市记忆。面对不可知的未来，面对严峻的内外部环境，我们要保持初心，我们的初心是什么，不光是"一轴二心三组团"的城市结构，错落有致的天际线，美轮美奂的CAZ，更是人的需求，从基本需求、品质需求到精神需求的满足。

伟大的城市都该有她与众不同的记忆让其在千城中闪光，伟大的大城市也该有她的多姿多彩让她的城民有愉悦的选择。在有机更新的实践中，当她从基本需求迈入品质需求的阶段，再逐步上升到精神需求时，城市才成为本土人骄傲和外乡人向往的家园。

本书编写中，得到了很多热心市民的帮助，上海现代城市更新研究院学术委员会的顾问和专家们也给予了大量认真负责的指点，毛佳樑先生、伍江先生、王伟强先生、薛理勇先生、张松先生、李孔三先生等多位顾问在学术上进行指导和把关。我们的合作伙伴上海市国际股权投资基金协会、仲量联行、上海市建纬律师事务所提供了大量有益的研究成果。感谢更新领域诸多设计、投资、运营的同行者的帮助，为我们分享了大量成功的案例。感谢上海市徐汇区文化和旅游局、徐家汇书院、徐汇区艺术馆的支持，促成了新书发布和成果分享。尤其感谢同济大学出版社吕炜老师和她的团队付出心力，在审核校对过程中提出了大量严谨专业的意见，使新书得以顺利出版。上海现代城市更新研究院的编写小组数易其稿，反复打磨，付出了辛勤的工作，在此无法一一赘述，一并谢过。希望在大家的共同努力下，凝聚智慧，直面困境，为更新事业作出新的成就。

图书在版编目（CIP）数据

城市记忆：书写上海城市更新实践/俞斯佳主编.
上海：同济大学出版社，2024.7. —ISBN 978-7-5765-1220-5

Ⅰ. F299.275.1

中国国家版本馆CIP数据核字第2024L8E961号

城市记忆：书写上海城市更新实践

主　编　俞斯佳

策划编辑：吕　炜
责任编辑：吕　炜　金　言
责任校对：徐春莲
排版制作：嵇海丰
封面设计：完　颖

出版发行	同济大学出版社　www.tongjipress.com.cn	
	（地址：上海市四平路1239号　邮编：200092　电话：021-65985622）	
经　销	全国各地新华书店、建筑书店、网络书店	
印　刷	上海安枫印务有限公司	
开　本	787mm×1092mm　1/16	
印　张	18.25	
字　数	445 000	
版　次	2024年7月第1版	
印　次	2024年7月第1次印刷	
书　号	ISBN 978-7-5765-1220-5	
定　价	158.00元	

版权所有　侵权必究　印装问题　负责调换